本著作系上海社会科学院哲学社会科学创新工程资助项目

价值哲学

理论路径与中国实践

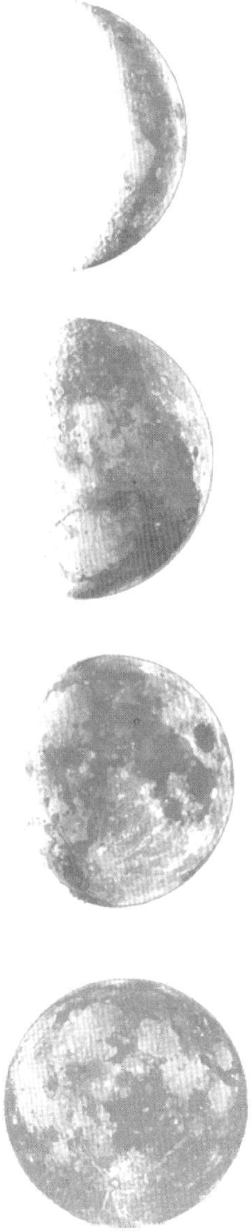

Philosophy of Value

黄凯锋◎主编

上海社会科学院出版社
SHANGHAI ACADEMY OF SOCIAL SCIENCES PRESS

小　引

20世纪80年代以来，我国的价值哲学研究，无论是力度还是规模，曾出现爆发式增长，并已加入这一领域前沿的国际对话。正如中国价值哲学研究会会长李德顺教授所强调的那样，我国的价值理论并不是先学了西方再来模仿的产物，也不是在原有哲学教科书体系框架内重组和发挥的产物，而是反映了"文化大革命"之后一种历史反思和理论重建的趋势。20世纪70年代末的"实践标准大讨论"既是它的历史起点，也是它的逻辑起点。这种研究的基础、取向和风格，既有普遍的哲学理论和逻辑根基，又有特殊的中国历史文化和当代实践根基。是以理论和实践中的"问题"为对象，跨越了单纯学习和引进的阶段，用中国式的体验、话语和风格，走向了这一领域的深处。诚然，目前的理论体系未必成熟，研究的方法和观点也存在着许多争议。但我们首先要正视并理解这段历史，珍惜这段历史，并在总体上将这段历史的价值哲学研究看作是我国学者结合当代现实在理论上进行自主创新的尝试，看作是马克思主义中国化的一个具体表现和环节，具有构建当代中国哲学部分话语的意义。

笔者从事价值论研究已有近20年。2001年，在博士论文基础上出版《价值论视野中的美学》，试图以马克思主义价值论研究方法梳理美学基本问题，为价值论分支学科研究打下基础。2005年出版《价值论及其部类研究》，一方面总结概括中国学者近30年价值论研究的现状、特点、成果和前景，另一方面试图以美学、伦理学、历史学等人文价值学科中涉及的基本价值问题入手进行部类研究，希望通过自己的学术探索，丰富马克思主义价值论研究的多学科视野。2007年与唐志龙教授合著《建设社会主义核心价值体系》，探索价值哲学一般理论与主流意识形态的关系。2012年主编《价值论研究：地方实践与国际视野》，更加注重社会主义核心价值观的提炼与培育。2015年下半年开始，承担中共上海市委宣传部创新工程攻关项目"文化软实力落细落深落小之中华文化游学"系列研究，两年时间，在深入调研基础上设计并实践了"移民文化与江南儒学"等五条游学线路，涉及中华优秀传统文化及其价值观的海外传播。2017年7月，组建上海社会科学院创新工程"价值哲学：理论路径与中国实践"研究团队，期待在理论路径和中国实践探索上能延续历年来的思考，做出更为系统的梳理和总结，也是对已经开启却未能深入的话题的继续探讨。

价值论无论在中国还是在其发源地都被看成是一般意义上哲学研究的组成部分，主要对价值及其意识的本质、规律和实践方式进行研究。价值论源于西方（德国和奥地利），不久传入英语国家，20世纪30年代东渐日本。由于当时中国更需要理性主义和科学主义以及对旧道德旧文化的批判，少有人引介价值论。杜汝楫1980年在《学术月刊》发表《马克思主义论事实的认识和价值的认识及其联系》一文，从马克思主义哲学入手开启有别于"原产地"的中国式的价值论，立足于实践、认识、历史、主体、人与世界的关系等规定价值的内涵，集中研究价值的本质及其客观性、需要的社会性、价值的多元与统一、价值的选择、创造和实现的历史过程、社会进步的历史标准和价值标准等问题。由此，研究"哲学一般"意义上的价值还是马克思主义价值论成为学者的两难。21世纪初，路径依赖的问题意识愈益凸显。李德顺关注普遍价值、学科和学说以及价值论研究的意义问题，冯平发表《重建价值哲学》《哲学的价值论转向》等论文，晏辉发表《哲学问题与问题哲学》《价值哲学研究的基本范式及其效应》等文章，以西方价值理论研究见长的江畅重视价值论本身的定位问题。陈新汉、孙伟平、韩东屏等也以相关研究强化价值哲学学科支撑的必要性。笔者发表《路径依赖与中国价值论研究》一文，在此基础上，梳理概括前辈和同侪相关成果并出版《价值论及其部类研究》。

本书是笔者带领创新团队成员从“马克思主义哲学与中国实践”“儒释道传统及其现代转化”“西方伦理与人文精神”三种路径展开理论研究的合作成果，概括总结和反思具体价值学科的进展，面向现实的价值生活和中国特色社会主义文化建设的客观需求，推动价值论与马克思主义哲学共生发展，深化研究社会主义核心价值观的基础性和前提性问题。希望综合不同路径的优势和特色，实现价值论研究的集成创新，促进主流意识形态建设和部门哲学的发展。

理论路径之一：马克思主义哲学与中国实践

价值论的发展使马克思主义研究有了自己的一个独特视角，使人们能借此对哲学的本性和多年来定型的思维方式进行反思，创造出更加符合现代实践和认识水平、更加有利于人的发展的理论。马克思主义哲学研究四分法——本体论、认识论、价值论和方法论已成为国家社会科学基金项目哲学分类基本标准，一定程度上可视为价值论和马克思主义哲学共生的注脚。应当充分肯定以马克思主义哲学和哲学观为路径进行价值论研究的重要意义。自信和自省同在，与此同时，也不能忽视这一特定路径依赖可能存在的副作用。如果我们依赖的研究路径本身不是不证自明的公理，而是需要不断解释和丰富发展的开放体系，那么这个意义上的价值论研究将面临理论上无穷后退的困境——解释本身还需要进一步解释，而进一步的解释又需要另外的理由和依据。因此，不能简单地认定特定阶段采用的路径依赖就一定是科学的，而需要合理辩证地理解。实际上，任何一种方法从哲学的角度来说都不能是独断论的，并没有一种普适一切领域的方法。

理论路径之二：儒释道传统及其现代转化

中国哲学要建立自身的主体性，关键在于发掘自身独有的问题意识。宋明时期，儒释道思想多元并进交融。儒学在这一时期吸收佛老，形成新的理学结构和形态，并确立中国精神和气度的核心。宋明理学对于宇宙、人生意义及天人关系等的思考通过理、气、心、性、情、意等一系列关键概念加以展开。思想家结合自身的修养实践进行了不同的阐释，这些阐释虽名同实异，但不乏会通之处。故三教汇通，最终成为中国文化的核心话题之一。

降至近代，尤其19世纪中叶至20世纪中叶，随着西学东渐和中国现代化进程的开展，一套现代的价值系统在中国初步成型，可称之为中国的现代传统。据学者总结，现代传统主要包括了"进步""竞争""创造""民主""科学""大同""平民化理想人格"等价值观念。现代传统在形成过程中曾采取激烈反对古代传统，尤其是儒家传统的表面形式，但两者之间不仅有断裂，还有内在深层的延续。当今思想界对20世纪上半叶的激烈反传统潮流多有反思，进而试图直接从古代儒释道传统出发，来寻找应对当代问题的知识资源。但这并不意味着我们能够绕过20世纪中国思想的探索成果，毋宁说，这种文化保守主义复兴的潮流是现代传统形成所应经历的辩证阶段。在这个意义上，以更公允的态度回顾20世纪上半叶传统价值的现代转化过程，将为我们今天将文化自信与文化自省相结合，创造有自我意识的现代文化，提供有益的经验教训。

儒家之外，中国佛教和道教在近现代也经历了一场变革风暴，对自身神圣价值和社会意义进行着深度改写。佛教和道教的转变，实际围绕中国社会在近现代的转型展开，背后充满着民族主义、国族主义、现代化、国际化、市场化、世俗化、科学化、去魅化、"宗教与社会主义相适应"等种种话语，也不乏"经济利益"和"社会地位"的刺激鼓动。然而，近代以来这些深有意味的佛教和道教现象是不是中国宗教发展的良好途径，其中是否存在不可避免的哲学悖论，其发展与转变对当代中国构成怎样的价值，都是有待探究的问题。随着中国宗教的影响力越来越大，对这些问题做出回答也越来越成为当下急务。因为，这已不仅仅是纯粹的学术问题，也已成为我们正在面对的现实问题。

理论路径之三：西方伦理与人文精神

作为Axiology的价值论与西方伦理和人文精神内在契合。主要体现为两个方面：一是广义的价值研究，其对象是构成西方人文精神的重要观念。譬如，在个人主义的外表下，传统西方宗教的伦理观念通过世俗化运动，转变为现代西方社会的一般价值，成为凝聚西方社会的精神力量，如果仅仅以拿来主义，将其可取之处当作现代社会的一般要求来推广，则很可能无法适应现代中国社会。因而研究西方宗教伦理观念对于更好地理解西方人文精神与构建当代中国社会主义核心价值观具有借鉴意义。又譬如，西方现代的理性主义精神源于笛卡尔，从笛卡尔开始西方强调独立思维对于人文精神的意义与伦理选择的价值，研究笛卡尔的伦理学可以帮助理解西方人文精神的理性传统。二是狭义的价值哲学的研究。狭义的价值哲学的提出源自文德尔班、李凯尔特等人为代表的德国新康德主义，他们明确将“价值”作为精神科学或人文科学（Geisteswissenschaften）的研究相关项而提出。狭义的价值哲学关注自然科学与人文科学之间的真正差异，即自然科学研究的是抽象的普遍规律（自然科学的定律、定理），而人文科学所要研究的是具体的特殊事物（历史事件、生命活动）之间的差异。其结果是自然科学不需要做出价值判断，人文科学则必须把价值判断作为自己不可缺少的一部分，而价值的整体则是对人类生命的研究，这使得以狄尔泰为代表的生命哲学成为西方价值哲学的重要领域。

从马克思主义哲学、中国哲学和西方哲学主干学科出发，以马克思主义哲学与中国实践、儒释道传统及其现代转化、西方伦理与人文精神为切入口，我们可以具体分析三种路径依赖的优势、特色、局限并加深对综合创新必要性的认识。

价值哲学与中国实践

面向生活实际，从应用出发，开启针对现实的价值观念研究，是价值哲学本土化的客观需要。中国特色社会主义理论和道路为这个领域的研究提供了样本。培育和践行社会主义核心价值观实际上就需要传承和创新中华5000年文明的核心理念，重视革命文化和社会主义先进文化，实现马克思主义中国化和中国传统文化现代化的互动融合。来自改革开放实践的理论总结及其标志性概念的提炼，是当前和今后较长一段时间内理论工作者的使命和分内之事。以价值和意义为研究对象的价值哲学，理应追随和回应这个堪称伟大的时代。

近些年来，我们党的主流意识形态建设工作取得了极大的进展，人民主体论、科学发展观、社会主义核心价值观、习近平新时代中国特色社会主义思想等重要理论成果正式提出，使价值哲学研究成为一门"显学"。如何以一个马克思主义价值论研究者的身份参与党的理论创新也成为笔者着力思考的问题。"铁肩担道义，妙手著文章"不复是诗人的豪情，而是党的理论工作者应尽的责任和义务。虽不能奢望成为大手笔和思想家，但学者总有他放不下的人间情怀。

黄凯锋

2018年1月

目　录

理论路径之一：

马克思主义哲学与中国实践

主题一
传播、变迁、内化、共生

中国共产党在马克思主义指导下已经走过近百年的伟大征程，带领全国各族人民走上了富强、民主、文明、和谐的社会主义道路，见证了马克思主义中国化的每一个历史阶段，有力地推动了马克思主义基本理论和中国实际相结合的飞跃，在此过程中逐步形成和完善中国特色社会主义文化。无论经典马克思主义在百年来的实践中发生怎样的变化，在今天的中国，马克思主义已经实实在在地嵌入中国特色社会主义文化成长和完善的全过程，已然成就这种文化的基本品格。认真盘点近百年马克思主义中国化的历史进程（哪怕是挂一漏万），了解和思考它传播、变迁、内化的发展轨迹，对于我们认识中国特色社会主义文化及其价值具有基础性和全局性意义。

一、传播及其可能

在中国，马克思主义已经变成中国的马克思主义，毛泽东思想、邓小平理论、“三个代表”重要思想、科学发展观等已成为马克思主义中国化的理论成果。一般意义上的马克思主义究竟如何变成中国的马克思主义？在现代世界史上出现过各种各样的思潮和理论，但像马克思主义那样留下如此深重的影响，决定和支配着十几亿人数代的命运，绝无仅有。这个影响在中国究竟如何可能？今天和未来的命运又将如何？这不仅是中国现代思想史的重要命题，也是说清中国特色社会主义文化之根脉的必须功课。笔者先以李泽厚1987年发表于《中国现代思想史论》(安徽文艺出版社)中的“试谈马克思主义在中国”和2006年发表于香港明报出版社的《马克思主义在中国》两个文本为基础来概括陈述在中国的马克思主义如何可能的问题。之所以选取李泽厚的两个带有互补性的文本主要有如下考虑：其一，李泽厚本人对马克思主义唯物实践观的阐述依然有较强的理论说服力，在学术界和理论界曾经产生过很大影响，对西方近现代哲学家经典著作的阅读、分析、了解、把握相对全面；其二，他所讨论分析的马克思主义，结合了传播史、思想史和中国传统文化的成败得失，虽有粗疏之嫌，相对还算客观；其三，他本人总体上是一个马克思主义信仰者，对马克思主义的历史贡献和理想远景有充分自信。尽管如此，笔者并不赞同他的所有观点和看法。

李泽厚认为马克思主义早年在中国的传播中存在一个很有意思的现象，那就是像李大钊、陈独秀、毛泽东等中国最大的马克思主义者当时并没有读过今天所谓的马克思、恩格斯经典著作，他们所能接触到的是一些经过日本译者介绍和解说的马克思主义和列宁主义。也就是说他们是在没有阅读原典的情况下接受马克思主义的。那么接下来的一个问题就是他们接受了什么？他们的选择是出于理论的兴趣，还是现实的需要？这个接受和选择是如何可能的？相比于1987年《中国现代思想史论》中的“试谈马克思主义在中国”，香港明报出版社2006年出版的《马克思主义在中国》一书更加集中、明确地概括了马克思主义得以在中国传播的主要原因，值得研究当代中国马克思主义的学者参考。

首先是客观的、社会的原因。在辛亥革命(政治革命)、五四运动(思想革命)失败之后，找不到社会变革出路的焦虑在一部分知识分子中尤为突出。对照第一次世界大战展示出的资本主义的丑恶，以及俄国革命造成社会大变革所带来的希望，陈独秀由提倡思想文化革命直接转向社会革命，这就是毛泽东说的“十月革命一声炮响”——马克思主义通过列宁主义被中国人首先是少数知识分子热情接受、忠诚信仰并决心为之奋斗。是当时中国的社会现实使一部分知识分子在各种主义的比较中最终选择了马克思主义，认定走俄国人的道路，认为马克思列宁主义切合当时中国的现实，并且可以立即实行。正因为中国的马克思主义是经过列宁主义而进入中国的，并不直接与马克思有关，所以马克思的许多经典著作、思想并未被中国人仔细研读、了解和思考。

其次是传统思想方面的原因。事实上，与马克思主义同时或先后进入中国的还有许多主义，如尼采、伯格森、杜威、易卜生、托尔斯泰、克鲁泡特金等人的学说，为什么最终选择马克思主义呢？值得继续追问的是：为什么1949年后中国绝大多数高级知识分子包括第一流的教授和作家，如著名哲学家、史学家和文学家汤用彤、金岳霖、冯友兰、陈垣、雷海宗、顾颉刚、朱光潜、宗白华、老舍、曹禺、傅雷，甚至沈从文、萧乾等先后接受和信仰了马克思主义，而其中不少人原来是反对马克思列宁主义的，但他们放弃了原来的思想立场和学术主张？客观社会的原因恐怕就难以解释了。李泽厚认为，这些知识分子接受并信仰马克思主义虽然或多或少有这样那样的压力，但绝大多数在思想上、情感上是真心诚意的。这不但因为在实践上，中国共产党领导的革命成功地把百年来统治、欺负中国的外国势力赶走，使绝大多数怀有民族情感的中国知识分子感到扬眉吐气，在政治上拥护共产党。更重要的是，他们在理论上也真心认为马克思的理论学说具有说服力。马克思理论本身使他们感到比他们以前所学的和他们自己的思想要深刻。李泽厚举了逻辑学家金岳霖的事例加以具体说明：金岳霖是著名逻辑学家，在英国写过政治学的博士论文。但1960年在《哲学研究》上却发表了一篇《论所以》的数万字长文，详细论证形式逻辑有阶级性，“管内容”。这是个纯学术问题，并没有人要他这么写，是他自己认为想通了而主动写的，而且做了细密的学术论证。当时许多人读后都觉得有点不可思议。但金岳霖认为这就是他所接受的真理：人间的一切事物包括形式逻辑都有阶级性。有人批评他，他还不接受。这个例子很有代表性。连一向潇洒的宗白华也坚持用马克思主义批判别人的美学是“主观唯心论”。尽管不少高级知识分子当时了解和接受的马克思主义远非原貌，但他们那种对马克思主义真心信服的态度，却是严肃认真、忠诚老实的。他们当时的确认为马克思主义是真理(当然也不是没有例外，其中陈寅恪最为突出。)[①]

笔者部分同意李泽厚的分析，认为上述知识分子之所以做出如此的选择和思想认同，也许是因为马克思、列宁的一些思想学说和他们浸染其中的中国传统思想有沟通和协调之处，在一定情境和条件下便凸显出来，使他们较易接受马克思、列宁的思想学说，特别是较易接受马克思的思想学说。中国传统文化有一种对理想社会的怀想和追求，而且这个理想是世俗的，并不真的寄托在灵魂世界。士大夫和知识分子最高的人生目标就是济世救民，并为之奋斗，这与马克思、列宁所说的为无产阶级、为世界劳动人民服务，为共产主义的理想社会而奋斗，容易连接沟通。而且马克思对这个理想社会有一整套非常科学的理论话语，即认为历史发展是有普遍必然的客观规律，从而资本主义一定灭亡，共产主义即理想社会一定实现。这与中国传统文化承认与人事相关但有客观规律的天道观念也容易接轨。中华人民共和国成立初期知识分子的思想改造主要也是从学习社会发展史而取得实效的。当时人们认为共产党的武器装备还不如国民党，由于体现了这种历史必然性，代表了广大人民的意志和利益，所以取得了胜利。而且这一理论还赋予知识分子一种崇高的人生理想、道德情操、奋斗精神和生活价值。相比于这个理想，相比于共产主义和广大人民的幸福利益，其他一切理论、学说以及个人成就、事业，甚至身心存在就微不足道了。

总的来说，是马克思主义给了一般知识分子以一种崭新的认识论观点和伦理学理念，而它之所以可能，则与中国传统文化有某种心理上的连接。中国传统文化并非只有理想的价值追求，流于清谈，还非常重视实际行动，即实践。不尚空谈，不重思辨，强调以实事程实功，工夫即本体，从修身处世到建功立业，无不如此。而马克思列宁主义所强调的也恰恰是“革命实践”，并且无论在理论(马克思)还是实践(列宁)都有一套言之成理的办法

① 李泽厚：《马克思主义在中国》，明报出版社2006年版，第88—90页。

和措施。这也是中国知识分子容易接受马克思列宁主义的重要原因。在重伦理实践的中国传统文化中，儒家所说的个人本就在五伦关系之中，这与马克思所说“人是社会关系的总和”可以衔接。于是中国大批知识分子为了马克思主义理论指导下的共产党的事业，听指挥，服调配，前仆后继，自觉自愿地奉献和牺牲自己的一切，即使中华人民共和国成立以后，大量知识分子也接续这一革命传统，为国家建设、国防建设、农村建设，包括“两弹一星”贡献了全部的力量。不管付出怎样的代价，走了多少弯路，中国现代革命知识分子为国为民而寻求真理，追随共产党奋斗终生，永远值得尊敬。这也是马克思主义在中国最光彩、最成功的一部分。

二、变异、偏差及其代价

被接受的马克思主义在中国的土壤究竟发生着怎样的变化？由于早年民族独立和革命斗争的现实需要，马克思主义的阶级斗争学说是马克思主义中国化极其重要的部分。1949年前，中国知识分子中的马克思主义者绝大多数是中国共产党党员，承认或否认阶级斗争从而积极参加或消极拒绝阶级斗争，几乎成了是否接受马克思主义的一个理论上的区分界线和标准尺度。[①] 毛泽东的概括更加清晰：“阶级斗争，一些阶级胜利了，一些阶级消灭了。这就是历史，这就是几千年的文明史。拿这个观点解释历史的就叫作历史的唯物主义，站在这个观点的反面的是历史的唯心主义。”[②]

这虽然不能概括马克思主义者甚至毛泽东本人关于唯物史观的全部看法。阶级斗争不就是唯物史观，唯物史观也远不止是阶级斗争，但作为唯物史观一个重要的基本内容，对中国知识分子确实具有十分关键的意义。共产主义作为唯物史观的未来图景，提供的只是革命的信念和理想，阶级斗争作为唯物史观的现实描述，才既是革命的依据又是革命的手段和途径。

---

① 李泽厚：《中国思想史论》下，安徽文艺出版社1999年版，第973页。
② 《毛泽东选集》（第4卷），人民出版社1991年版，第1487页。

于是它成了马克思主义在中国最根本的理论学说和基本观念。于是从阶级斗争的角度认识、研究，甚至描述阶级成为一种方法论。这种方法按照李泽厚的判断更加接近《1848年至1850年的法兰西阶级斗争》和《路易·波拿巴的雾月十八日》，而不接近《资本论》和《俄国资本主义的发展》。阅读恩格斯1885年为《路易·波拿巴的雾月十八日》写的第三版序言，可以认为李泽厚的这个分析大致不错：

"正是马克思最先发现了重大的历史运动规律。根据这个规律，一切历史上的斗争，无论是在政治、宗教、哲学的领域中进行的，还是在其他意识形态领域中进行的，实际上只是或多或少明显地表现了各社会阶级的斗争，而这些阶级的存在以及它们之间的冲突，又为它们的经济状况的发展程度、它们的生产的性质和方式以及由生产所决定的交换的性质和方式所制约。"①

而马克思在《路易·波拿巴的雾月十八日》中关于小农和马铃薯关系的分析更是熟悉马克思主义哲学史的学者记忆犹新的。② 这种阶级分析方法在毛泽东1926年的《中国社会各阶级的分析》中就有具体的运用。重点不在结构性的阶级阶层分析，也不以严密的数量统计为基础进行所有制和财产分布的描述性研究，更看重的是政治处境和政治态度。说到底是为了明确谁是我们的朋友？谁是我们的敌人？

与这种区别朋友和敌人的泾渭分明的立场相对应的是李大钊所宣讲的马克思主义及其道德色彩。李大钊在一开始介绍阶级斗争学说时，又特别着重宣传克鲁泡特金的互助论，用互助来"补充"阶级斗争：

"他（指马克思—作者注）并不是承认人类的全历史，通过去未来都是阶级斗争竞争的历史。他的阶级竞争说，不过是把他的经济史观应用于人类历史的前史一段，不是通用于人类历史的全体。他是确信人类真历史的第一页当与互助的经济组织同时肇启……"

---

①《马克思恩格斯文集》（第2卷），人民出版社2009年版，第469页。
② 参见《马克思恩格斯文集》（第2卷），人民出版社2009年版，第566—567页。

“这最后的阶级竞争，是改造社会组织的手段。这互助的原理是改造人类精神的信条。我们主张物心两面的改造，灵肉一致的改造。”①

以互助、协和、友谊、人道等改造人类精神作为改造社会组织的互补剂和双行道，使社会主义革命和阶级斗争具有某种伦理的内容和性质，强调心物、灵肉的同时改造。主张人道主义经济学和社会主义经济学相结合，阶级斗争与在劳动基础上的互助合作相结合。这就是李大钊所宣传的马克思主义。

但是在革命时期真正起作用的事实上还是中国化的马克思主义——毛泽东思想。毛泽东思想形成于长期的革命战争，得益于革命战争经验的总结。从20世纪30年代三次反围剿到1949年前的三大战役，毛泽东运筹帷幄，决胜千里，他的《中国革命战争的战略问题》一书由军事而政治，逐步形成一整套战略策略，包括“统一战线中的独立自主，又团结又斗争”“联合中有斗争，斗争中有联合”“有理、有利、有节”等，这些都是在与国民党的斗争中所总结的思想成果。在组织上毛泽东非常重视党的建设，把支部建在连上，彻底实现党对军队的绝对领导，以后又把军队中行之有效的办法扩展至整个社会，使人们的一切生活和思想都在党组织的掌握之中，党组织成了整个社会的筋骨血脉，上下贯通、坚固持久，效率极高。只要管好了党也就管好了整个社会。这个党组织远不只是具有军事特征，还成为个人安身立命之所依。组织和同志的关系超乎寻常，其价值和感情远远超过和优越于任何其他关系和情感。残酷的战争环境和军事斗争要求党不但管政治，而且要管个人的一切，特别要管思想和情感，统一思想成为党组织的轴心任务，毛泽东因此非常强调改造思想，即以整风方式解决问题——不断严格地要求党的干部、知识分子以无产阶级思想、无产阶级的立场、观点和方法来判断、考察、分析、裁判一切，不断进行批评和自我批评。

---

① 李大钊：《阶级竞争与互助》，《李大钊选集》，人民出版社1959年版，第224页。

毛泽东后来把阶级斗争极端化、绝对化，认为阶级和阶级斗争无处不在，阶级斗争一抓就灵，各种思想无不打上阶级的烙印，必须年年讲、月月讲、天天讲，这就与李大钊所宣传的马克思主义相去甚远，与我们今天通过原典所了解的马克思列宁主义也很不一样。毛泽东在哲学、军事和政治上一直强调发挥主观能动性，认为只要努力发扬人的思想、意志、干劲和精神，就能改造世界，达到目的。中华人民共和国成立以后，他又把这些想法和经验搬用到各个领域和方面，包括“先合作化后机械化”“三大改造”“大跃进”“鞍钢宪法”以及“文化大革命”等。马克思主义在中国取得胜利，并形成其中国化的成果，进而变成在中国的马克思主义，其间曾经发生的差异、变迁，透过这段历史，我们可以了解大致的轨迹。

尽管如此，我们依然不能把毛泽东与建设中国特色社会主义实践对立起来。其实在中国的政治领袖群体中率先发起对苏联经济模式的反思与冲击的恰恰也是毛泽东，率先提出为中国创造新实践的还是毛泽东。[①]中华人民共和国成立以后，由于对如何进行社会治理和建设社会主义缺乏应有的经验积累，中国在政治经济文化等领域表现出一种苏联模式的过度辐射，甚至呈现出某种照搬苏联模式的趋势，后来随着1000多名苏联专家出任中国诸多行业和部门的顾问，仿效、移植甚至复制苏联的做法就成为更加自然而然的现象。但是这种状况的出现毕竟有违中国革命的基本经验，毛泽东对此十分不满，他后来在谈到这个问题时指出：“建国之初，没有办法，搬苏联的，这有一部分真理，但也不是全部真理，不能认为非搬不可，没有其他办法。”根本的原因就是“不独立思考，忘记了历史上教条主义的教训”。因此随着1956年苏共二十大对斯大林错误的批判，打破对斯大林和苏联经验神秘主义的崇拜，毛泽东也公开检讨新中国对苏联模式的教条主义倾向，重新强调坚持马克思列宁主义与中国革命实际相结合的基本经验，他指出：“我们要学的是属于普遍真理的东西，并且学习一定要与中国实际相结

① 徐俊忠：《毛泽东社会主义建设道路几个问题再探讨》，载《马克思主义与现实》2010年第6期。

合。如果每句话，包括马克思的话，都要照搬，那就不得了。我们的理论，是马克思列宁主义的普遍真理同中国革命的具体实践相结合。”①1958年6月，毛泽东在一个批示中指出：“自力更生为主，争取外援为辅，破除迷信，独立自主地干工业、干农业、干技术革命和文化革命，打倒奴隶思想，埋葬教条主义，认真学习外国的好经验，也一定要研究外国的坏经验——引以为戒，这就是我们的路线。”②

当然，毛泽东也清醒地认识到，进行新的路线创新不可能一蹴而就，反复强调新的路线尚待完备，尚待证实，同时对党内和国内关于新路线的认同他很不乐观，还预言这种创造将会是一个曲折的过程，还会犯错误，甚至出乱子。这里反映了毛泽东作为政治家的清醒和自信，他认为即使发生这种错误，也是发生于积极探索新道路的过程中，与固守苏联模式的教条主义错误性质不同，他希望的是探索过程中犯的错误能小一点再小一点，但无论如何他始终确信照搬苏联模式是没有出路的。当然历史的发展证明，毛泽东虽然自信并殚精竭虑地致力于新的路线创造，但是实际效果并不尽如人意，尤其是作为创造产物的“三面红旗”在某些地区产生了十分消极甚至灾难性的后果。站在历史发展的高度，尤其在建设中国特色社会主义已成为共识的今天，毛泽东当年反对建设社会主义过程中照搬苏联模式的教条主义和自觉探索适合中国国情的社会主义建设新道路的实践，意义尤为深远。

在马克思主义基本理论与中国革命实践相结合的毛泽东思想指引下，我们有了一个独立、统一和社会平等的中国，为今天的现代化建设减少不少困难和阻力，避免了受外国政权干扰和地方割据的种种冲突和战争，减少资本原始积累时期因无政府状态的资源浪费和对劳动力的过渡剥削。全国一盘棋的工业布局和统筹调节，为今天市场经济的快速发展，打下了良好稳定的基础。反传统等级的平等观念，集体观念，劳动光荣、劳动人

---

①《毛泽东文集》(第7卷)，人民出版社1999年版，第42页。
②《毛泽东文集》(第7卷)，人民出版社1999年版，第380页。

民至上观念仍然留下深厚影响，使保护弱势群体等工作在社会和政府两个方面都得到及时的关注，这正是其他地区其他国家在现代化过程中缺少的重要的精神资源，而所有这些为中国现代化提供着某种走自己的路的前提、条件和可能性。但实事求是地分析，马克思主义在中国的变异和理解上的偏差，也付出了沉重的代价。过分倚重生产关系的变革对经济发展和社会进步促进作用的做法产生消极影响。

三、内化——渐进式探索

“文化大革命”以后，“实践是检验真理的唯一标准”这个以学术争论出现的政治命题扫除了人们的思想障碍。但是真正在马克思主义理论领域中展示出新时期特点的是关于“人道主义”的论争。人的尊严、人的价值、人性复归、人道主义，成为新时期开始的时代最强音。对马克思《1844年经济学哲学手稿》的研究盛极一时，把马克思主义解释为“人道主义”，马克思主义是“以人为中心”、“人是马克思主义的出发点”等观点不胫而走。强调马克思主义具有人道主义性质大致不错，但是用人道主义解释马克思主义并不符合马克思当年的原意。一方面，我们确实应该反对在革命、集体的旗号下种种抹杀、轻视个体的所谓马克思主义的理论；另一方面，也要看到“大我”与“小我”之间的关系有一个极为复杂的具体的历史行程，义愤、感伤、情绪以及价值判断、伦理原则是不能真正解释清楚这个行程的。提倡人道主义虽有其现实合理性和正当性，但作为哲学理论，还需要仔细研究、充实和提高。但由于关于人道主义的讨论毕竟表达了人们压抑了很久的思想、观念、情感、意识，又有其现实依据。所以即使当时批判者引经据典，大造声势，大加驳斥，证明马克思主义的确不是人道主义，却始终应者寥寥。马克思主义在当时的中国的确到了一个关键时刻，需要创造性发展，需要更加明确唯物史观是马克思主义的基本理论。马克思主义不仅是革命的理论，而且是建设的哲学，不但因为我们现在主要的任务是建设，而且因为建设对整个人类来说是更为长期的、基本的、主要的事情。邓小平理论正是在这样的客观要求中逐步建立和成熟起来的。

如果说毛泽东思想总体上引领中国走上了一条马克思主义与中国实际相结合的道路，实现了马克思主义中国化的第一次飞跃，那么邓小平理论则实质性开启了中国特色社会主义道路的渐进探索，实现了马克思主义中国化的第二次飞跃。邓小平根据他所处时代经济建设的重要性和拨乱反正的必要性，一方面，恢复党的思想路线，强调实事求是是马克思主义的思想基础，是毛泽东思想的精髓；另一方面，为打破思想僵化的坚冰，走出历史的误区，开拓新的历史时期，又赋予解放思想以特殊的重要意义，提出了解放思想、实事求是的思想路线，开创了建设有中国特色社会主义的新境界，在此基础上形成邓小平理论。邓小平1992年1月18日—2月21日在武昌、深圳、珠海、上海等地的谈话要点强调发展是一个加速形式出现的前进运动，其著名的表述就是“抓住机遇发展自己”。他把发展看成是一个台阶、一个台阶扎扎实实的上升运动，提出著名的“发展才是硬道理”的论断。他还提出了先沿海、后内地、沿海支持内地的梯度发展理论。他强调了区域平衡发展、综合全面发展（生产力的高度发展、综合国力的增强、人民生活水平的迅速提高）和以人为本（需要满足、素质提高、潜力发挥、机会平等、当代人不损害后来人的发展）的重要性。

邓小平理论第一次比较系统地初步回答了中国特色社会主义的发展道路、发展阶段、根本任务、发展动力、外部条件、政治保证、战略步骤、党的领导和依靠力量以及祖国统一等一系列基本问题，指导我们党制定了在社会主义初级阶段的基本路线。邓小平特别强调走自己的路，不把书本当教条，不照搬外国模式，以实践为检验真理的标准，尊重群众的首创精神，建设有中国特色的社会主义。他做出了我国仍处于社会主义初级阶段的科学判断和国情分析，强调不能脱离实际，超越阶段。他认为社会主义的本质是解放生产力，发展生产力，消灭剥削，消除两极分化，最终达到共同富裕；认为现阶段我国社会的主要矛盾是人民群众日益增长的物质文化需要同落后的社会生产之间的矛盾，必须把发展生产力摆在首要位置，以经济建设为中心，推动社会全面进步；他提出建立和完善社会主义市场经济体制的总体要求和政治体制改革的目标。可以说“中国特色社会主义”这样一个理念的深入人心是和邓小平对什么是社会主义、如何认识社会主义的一系列观点直接相连的。也是邓小平建设有中国特色社会主义的一整套理论把当代中国马克思主义带进新的历史阶段。尤其难能可贵的是，邓小平建设中国特色社会主义理论在具体表述上极其智慧，比如他更加强调机遇而不是普遍规律，更加强调群众自发鲜活的实践形式而非自觉有意识的灌输，更加强调探索尝试而非盲目乐观。这是马克思主义内化过程中思维方式上非常重要的变化。既继承了马克思主义与中国实际相结合的第一次飞跃的成果，又善于以改革创新的精神探索具体道路和步骤。随后，“三个代表”重要思想、科学发展观、和谐社会等理念的相继提出，不断丰富我们对中国特色社会主义理论的认识，也使这种渐进式探索逐步趋于成熟，进而实现马克思主义与中国实际情况的紧密结合、实现马克思主义中国化与中国传统文化的互动融合，使在中国的马克思主义获得真正的文化品格。①

四、共生——马克思主义在中国的前景

通过上述比较粗疏的回顾可以看出，在中国，马克思主义已经演变为中国的马克思主义。那么通常所说的马克思主义，究竟是原典意义上的马克思主义，还是毛泽东思想、邓小平理论、“三个代表”重要思想、科学发展观等随着中国特色社会主义事业推进而出现的一系列中国的马克思主义？从历史的经验来看，前者固然充满理想憧憬和抽象义理，但终不免隔了一层，后者固然贴近现实，但也难免不断正名和解释的困境。何去何从？选择的

---

① 相关内容见作者《马克思主义中国化与中国传统文化现代化的互动融合》，载《毛泽东邓小平理论研究》2010年第8期。

关键在于具体问题和困境的理解方式及应答方式。在中国特色社会主义建设事业逐步走向成熟的时期，笔者个人认为完全可以在指导思想一元的基础上，根据国内外社会主义形势的发展和资本主义的新进展，敢于突破具体问题上的见解，联系实际，更好地深化我国主流意识形态的研究工作，为马克思主义中国化的持续推进创造条件。

（一）关于人类远景理想及其意义

包括《共产党宣言》在内的许多著作，对人类历史所作的许多描述和研究，如对各种社会形态、生产方式、生产力、生产关系、经济基础和上层建筑的剖析，对工作日缩短和人类远景的展望等相当精彩和深刻，是马克思主义唯物史观的具体呈现和成果。从哲学的角度分析，劳动价值论和剩余价值论是深刻的，因为价值是由劳动创造，是人类基本实践的产物，而不是来自上帝、语言交往等因素，同时它还有一种人类学的政治理想的含义，即既然劳动创造价值，从而广大劳动者就有权利取回应有的报酬，这为占人口绝大多数的各类劳动者经济和政治上的解放提供了根本依据。马克思的劳动价值论和剩余价值论以及逻辑推演过程中出现的一些范畴概念以高屋建瓴的思辨方式，揭示资本家掠夺工人劳动产生大量财富的根本来源，揭示资本主义自由平等博爱的虚假本质，提出彻底改变这一状况的共产主义远大理想，它在引导人们的思维及其行动方面是很有价值的。但我们也应当看到：这还只是一种哲学上的意义，落实到实证的经济科学，一旦缺乏准确的足够的中介环节就容易变成“先验幻相”（康德）。马克思的经济学之所以未能在经济学领域真正发展，劳动价值论之所以后来为各种具体价格理论所取代，重要原因就在于它虽具有历史哲学和伦理学的重要意义，却缺少经济上的可操作性。了解这些幻相的存在又仍然保存其积极方面——劳动创造价值，劳动者必要也必须从资本主义的制度下解放出来的人类远景的指向，这才能经由马克思和吸取马克思的思想继续前进。当然，这一意义仍将仅仅是哲学的。经验没有证实它，但也没有证伪它，所证伪的是这些概念无中介地直接运用于当下经验之中的错误做法。所以这些理想仍然是可以并值得人们去期待、争辩和相信其未来而实现的。[①]

马克思当年没有设想过社会主义，只是将其作为共产主义的一个过渡阶段，认为这个阶段仍有资产阶级法权。即使如此，社会主义仍然可以作为一种在社会生产力高度发达基础上产生的比资本主义有更大公正、平等、自由、民主，对弱势群体有更多的关注和照顾，由国家或政府适当调节各种收入等相当宽泛的社会理想和具体方法来理解、提倡和实行，这还是极有现实作用和长久意义的。其实在中国也正是怀有共产主义理想和共同富裕观念的党和政府集中权威和有效管理，包括过去的群众路线、两个积极性（中央和地方）、全国一盘棋、统筹兼顾、科学发展、和谐社会等经验和观念，对开拓中国式现代化道路产生非常重要的作用。换句话说，在思想和理论上根本摆脱了幻相以后，可以一方面仍然承接过去社会主义实践中一些值得汲取和发展的具体经验和因素，另一方面更加自由、健康地中国式地去发展市场经济。这样也就保存了理想的性质，并用于范导指引市场经济发展并寻找正确经验的中介环节，创造一条现实的具体的由成功经验所不断支撑的新路，也就是不断发展和完善社会主义市场经济，并区别和优越于资本主义。由此可见，社会主义作为高度物质生产基础上比较公平的分配理想，仍然可以存在、坚持并发展。总之，社会主义不再建立在计划经济的理论之上，反而能更好地找到真正属于自己的界定。这样的社会主义，将具有更多伦理和哲学的含义，也符合当前建设中国特色社会主义的实际。

马克思主义是中国的主流意识形态，如何回顾它、梳理它、认识它，追本溯源到马克思的基本理论，是许多人所关切而学者义不容辞的任务。这个问题既不是高喊创新却依然一味赞颂、掩饰、辩解，也不是将马克思研究繁复化、章句化、琐碎化，更不能闭眼不理、漠视便能胜任或躲开的。笔者认同这样一个基本判断：经过中国化的马克思主义将融化在中国文化中，马克思主义将与根深蒂固的中国文化（生活方式、人生理想、价值观念、人情世

---

① 参见李泽厚：《中国现代思想史论》，安徽文艺出版社1987年版有关“试论马克思主义在中国”部分。

故等）在不断的交错融合中组成中国的现代性。

（二）关于马克思主义的价值取向

马克思、恩格斯等经典作家在许多场合不回避自己的价值取向，说明他们代表的是无产阶级的利益。我们今天如何客观地看待和分析这个问题？今天现代化生产所必需的科层组织（扁平结构）和对工人劳动的关系变得日益复杂，早已无法纳入和接轨于一般的阶级分析思路。唯物史观的核心是使用制造工具的社会实践，它与阶级斗争和无产阶级革命本身并无必然的逻辑关联，由前者推导不出后者，即使就唯物史观的整体理论来说，无产阶级革命也要在资本主义充分发展之后才有可能。就世界范围来说，马克思当年所面临的是资本主义开始发展的年代，根本不可能是成熟期，更不可能是全盛期。即使当年最发达的资本主义国家，无产阶级社会主义革命也根本没有成熟，完全是年轻人的革命激情才使马克思、恩格斯写出了“全世界无产者联合起来”进行国际革命的《共产党宣言》，全世界无产者联合起来在当时也是一种虚幻，因为全世界大多数地区和人民中还根本没有产生无产阶级，所以晚年恩格斯说：“历史表明我们也曾经错了，暴露出我们当时的看法只是一个幻想。”“当时欧洲大陆经济发展的状况还远没有成熟到可以铲除资本主义生产的程度；历史用经济革命证明了这一点，从1848年起经济革命席卷了整个欧洲大陆。在法国、奥地利、匈牙利、波兰以及最近在俄国刚刚真正确立了大工业，并且使德国简直就变成了一个头等工业国——这一切都是以资本主义为基础的，可见这个基础在1848年还具有很大的扩展能力。”①

马克思关于社会主义和共产主义理想远景的设想其实并非只是代表工人阶级的利益，而是对整个人类社会的设想。把马克思主义与工人阶级利益相对分离甚至脱离，并不会降低其现实力量和时代价值。因为这样反而可以使马克思主义摆脱特定阶级的局限而更为自由宽广，可以成为整个人

① 恩格斯：《卡·马克思〈1848年至1850年的法兰西的阶级斗争〉一书导言》，人民出版社2009年版，第538、540页。

类自由生存及其利益的理想，它虽不再只是工人农民的代表却又包括他们。因为工农阶级至少从目前来说，毕竟是占人口多数的劳动群众，他们即使不是人类的先锋，也是主体。马克思主义作为资本主义社会中一部分知识分子对人类整体的远景理想，自然将工农劳动阶级及其利益放在非常基础的位置上。它指望社会科技生产力的发展，将给以劳动者为主体的全人类带来生活的改变和美好的未来，而并不局限在工人阶级特定的时空利益中。① 实际上按照西欧社会民主党的路线，工人阶级的代表是工联主义：要求提高工资，减少工时，保证工作，享有福利。今天的社会民主党相当明确地代表工人阶级的利益，但早已从党纲中去掉了马克思主义。

正如美国著名的马克思主义者詹明信（Fredric Jameson）所说，在这个动荡不定、多极分离的世界，东西方马克思主义者们正在努力寻求概念上的转折。于是有种种超越马克思主义的马克思主义、后马克思主义的说法。种种“后现代主义”“后殖民主义”理论，实际在运用马克思主义基本原理的同时也在寻求观念上的突破。一个核心问题是面对资本的全球扩张与渗透，是否还存在着不同于当代资本主义的建设性选择。尽管从西方中心论的资本主义立场来看，资本的全球化预示着“历史的终结”，但同时它也孕育了多重地缘政治的格局。我们想知道的是能否有一种建设中的马克思主义来让我们重新把握和审视当代世界？中国多年来所做的努力正是在寻求这种新的观念，创立一种建设中的马克思主义。而所谓建设中的马克思主义，一方面需要回到经典马克思主义，回到马克思、恩格斯著作中的某些基本思想，同时必须根据时代的变化创新马克思主义。马克思主义不仅是代表先进生产力、代表最广大人民群众的根本利益、代表先进文化的发展方向的共产党人的世界观，也是知识分子对人类的一种精神理想。对非资本主义社会，马克思主义是有意义的。直到现在，马克思主义对很多发展中国家来说仍然有吸引力。百年来马克思主义对中国人民所具有的很强的

---

① 李泽厚：《马克思主义在中国》，明报出版社2006版，第266页。

感召力就是历史的见证。马克思主义如何更好地扎根于中国的土壤，并同时创造出一种新的中国式的马克思主义，这是一个复杂而漫长的过程，关键在于马克思主义和中国文化的内在价值形成某种融合，比如对中国的文化心理结构中实用理性的依赖以及与具有普遍意义的乌托邦远景的契合等。所以马克思主义中国化所包含的内容，从根本上有别于列宁主义或者马克思主义的俄国化，也有别于马克思主义在其他西方国家中的遭遇。这就需要对马克思主义只是一种阶级斗争的理论或关于资本主义的理论进行再思考，需要强调唯物史观这个核心内容。唯物史观正确说明并强调了生产力和经济发展是整个人类发展的动力，高度重视科学和技术的作用。在这个意义上，我们不赞成各种否定现代化、否定科学技术的武断观点，更不认为同情心和人道关怀可以解决一切问题。

马克思主义中国化的过程实际上也是马克思主义不断在继承中发展的过程。当代中国马克思主义铸成中国独特的道路和具体内涵。中国是世界上人口最多的国家，中国现代化的道路及其成败将直接影响整个世界。中国可以融合马克思主义的历史哲学和中国传统价值，以创造独特的现代性，进而避免现代性给其他国家带来诸如暴力、吸毒、种族歧视、贫富悬殊、对自然环境的破坏等问题。当然马克思主义者不是浅薄的感伤的浪漫主义者和人道主义者，更不应该是狭隘的民族主义者。

主题二
双重身份、双重品格及其互动融合

改革开放以来，在中国特色社会主义理论指导下，中国走出了一条用社会主义方式实现现代化的探索性道路，为世界范围的现代化运动提供了新的思路和可能。目前，中国已走过现代化的启动阶段，即将完成社会主义初级阶段的任务，为基本实现现代化、建设社会主义现代化强国继续努力。如果说在启动时我们更注重科学技术是第一生产力的经济价值，更关注政治层面上的积极推进，对中国传统文化的负面价值有较多揭示的话，那么在新时代新阶段，在中国特色社会主义文化强国的建设过程中，则需要并且有可能更多地从积极的方面关注民族文化的精神价值系统，深入推进马克思主义中国化。值得进一步思考的是：在中国特色社会主义文化的内容构成中，马克思主义中国化和中国传统文化现代化究竟应该是一种怎样的关系？马克思主义中国化除了从理论和意识形态功能的角度去理解，是不是还应该从文化形态的角度去理解？中国传统文化除了从本土的和传承功能的角度去理解，是不是还可以有其他的理解？马克思主义中国化与中国传统文化的转化性创造和创新性发展是不是同一历史过程的两个方面？马克思主义中国化与中国传统文化现代化能不能在不断的互动融合中完成双向建构？笔者将结合已有的相关研究，重点就马克思主义中国化的双重身份及其同构、中国传统文化的双重品格及其扩展、马克思主义中国化和中国传统文化现代化的互动融合等方面谈谈对中国特色社会主义文化的理解。

一、马克思主义中国化的双重身份及其同构

马克思主义传入中国进而指导中国革命和建设的过程，实际上也就是马克思主义融入中国、逐步中国化的过程。尝试将马克思主义民族化、大众化的工作始于“五四”新文化运动期间，1938年中国共产党六届六中全会上毛泽东提出并阐释了马克思主义中国化的问题。作为学术研究，探讨马克思主义中国化与民族文化的关系从改革开放以来就有所涉及，相对比较零散，而作为系统的学术研究，则是20世纪90年代以后的事。国外关于马克思主义中国化的研究，主要有两条路径：一是从史学角度，把马克思主义中国化理解为共产党人对儒学的继承和发展。费正清、列文森、罗兹曼等人都有类似的观点。不过这些看法散见于各处，尚未构成系统、规范的学术研究。二是对毛泽东思想的研究。这个领域有一批著名学者，如史华兹、施拉姆、魏斐德、迈斯纳等。①

20世纪90年代以来，从文化的角度特别是中国传统文化的角度研究马克思主义中国化，主要集中在中国现代化进程的历史梳理、中国共产党领导人思想与民族文化关系、马克思主义与中华民族关系、马克思主义民间化和大众化、马克思主义中国化的实质和维度等方面，比如，许全兴在《毛泽东与孔夫子》一书中认为，马克思主义中国化的全部含义是马克思主义理论、中国的现实实际和中国的历史、文化实际三者在中国革命实践过程中的有机融合，形成新的具有中国特点的马克思主义。基于这样的前提，该书从文化的角度将孔子与毛泽东进行对比研究，实事求是地评价了毛泽东在政治、哲学、道德、教育等方面对孔子思想的继承、发展和扬弃，说明毛泽东思想主要是马克思主义和中国革命相结合的产物，同时也内在包含着中国传统文化的精华，进而在总结马克思主义中国化的经验教训问题方面提出了不少的新见解。②张建新在《儒学

① 参见刘力波：《文化视域中的马克思主义中国化》，中国知网博士文库（2007年）。
② 参见许全兴：《毛泽东与孔夫子》，人民出版社2003年版。

与马克思主义》中对马克思主义与儒学的辩证结合提出了自己独到的理解，他回顾了在近现代中国社会特定的历史背景中，这两大文化相互冲突又相互融合，导致马克思主义中国化和儒学的现代嬗变。从实事求是传统与实践唯物主义、中国阴阳辩证法与唯物辩证法、传统知行观与辩证唯物论的认识论、传统社会历史观与马克思的唯物史观、儒家人格学说与人的全面发展理论等角度分析了儒学与马克思主义的关系。[①]韩国学者宋荣培在《中国社会思想史：儒家思想、儒家式社会与马克思主义的中国化》中全面、深入研究了中国儒家文化的历史和马克思主义在中国的传播过程，以阐明在现代中国的革命过程中出现的独特“中国革命之路”。作者认为，应将中国革命本身理解为一种“脱儒家化及马克思主义的中国化”的漫长历史过程。[②]李泽厚在《浮生论学》《李泽厚近年答问录》《论语今读》《实用理性与乐感文化》《中国现代思想史论》《历史本体论》等一系列著作中也多次谈及儒学与马克思主义的关系。认为儒学除了孔、孟、程、朱、陆、王这条心性修养的内圣脉络之外，还有孔、荀、董、王（通）、陈、叶、顾、黄等通经致用的外王路线。通过转化性创造，完全可以将实用理性和乐感文化运用到政治哲学上，走出一条不是冷冰冰的中国道路，真正实现“有情宇宙观和无情辩证法”的统一。[③]李德顺在《邓小平人民主体价值观思想研究》中以马克思主义价值学说为基础，分析论证了改革开放以来，以邓小平理论为代表的中国特色社会主义价值观念体系的基本内容和理论创新。[④]值得关注的是2007年陕西师范大学刘力波的博士论文《文化视域中的马克思主义中国化》，是从文化的角度讨论马克思主义中国化比较系统的学术成果。该论文在认真梳理既有

① 参见张建新：《儒学与马克思主义》，陕西人民出版社2003年版。

② 参见宋荣培：《中国社会思想史：儒家思想、儒家式社会与马克思主义中国化》，中国社会科学出版社2003年版。

③ 李泽厚：《论语今读》，安徽文艺出版社1998年版前言；《李泽厚近年答问录》，天津社会科学院出版社2006年版；《历史本体论》，三联书店2005年版；《浮生论学》，华夏出版社2002年版；《中国现代思想史论》，天津社会科学院出版社2003年版；《实用理性与乐感文化》，三联书店2005年版。

④ 李德顺：《邓小平人民主体论价值观思想研究》，北京出版社2004年版。

学术成果的基础上，论述了马克思主义对中华民族精神的唤醒和升华，中华民族精神对马克思主义中国化的积极的能动作用，以及在新的历史境遇中马克思主义与中国传统文化的和谐与共融，提出了许多很有价值的思想。[①]另外，还有一批有思想、有观点的论文。[②]

这些已有的成果都集中讨论了理论和意识形态功能之外的马克思主义中国化及其文化意义，都不同程度肯定了马克思主义中国化的双重身份，只是没有特别地诉诸文字表达。在建设中国特色社会主义文化的过程中，笔者认为应当对马克思主义中国化的政治身份和文化身份有更加明确的意识，并且辨析双重身份的历史建构。

中国走上现代化的道路堪称“后发外生型”。被强力推上现代化道路的中国，前要瞻世界领先水平与本国在这个并不公正的世界上的地位，后要顾本国的实际情况与人民的基本要求；缺乏现代化的内在动力，却要在短时间内走完发达国家几百年走过的路程，应然和实然的矛盾、任务的艰巨和时间的冲突交织在一起，这也决定了中国必须走自己的道路。实践证明：中国的现代化虽然是后发外生，却取得了举世瞩目的成就，为其他发展中国家的现代化建设提供了不少经验和启示。回顾中国所走的现代化道路，不难发现政治动员—经济发展—文化追求的逻辑轨迹。也就是说在现代化初始阶段，民族解放和政治革命是极其重要的前提。为赢得革命胜利，挽救民族危亡，扫清前进道路上的各种障碍，传统文化价值的重要性考虑得相对少一些。“打倒孔家店”等彻底反传统文

① 刘力波：《文化视域中的马克思主义中国化》，中国知网博士文库（2007年）。
② 参见郑海呐：《马克思主义中国化与中华民族精神的弘扬和培育》（博士学位论文）；史野：《关于马克思主义与中国民族文化结合问题的研究》，《社会科学战线》2003年第1期；丁云：《毛泽东对中国民间文化传统的继承与马克思主义中国化》，《当代世界社会主义》2004年第3期；王锐生：《马克思主义民族化与当代化的几个问题》，《中国特色社会主义研究》2005年第6期；戴小江：《马克思主义民族化与社会主义的探索》，《河南师范大学学报（哲学社会科学版）》2008年第5期；李军林：《马克思主义哲学中国化的传统文化底蕴》，《云南社会科学》2007年第5期；董四代等：《文化创新与20世纪前半叶科学社会主义中国化》，《长白学刊》2007年第6期；戴兆国：《论马克思主义中国化的伦理价值维度》，《哲学动态》2007年第5期；顾红亮、刘晓虹：《反思、融合、创新：近年来关于马克思主义哲学中国化与传统文化关系的讨论述要》，《毛泽东邓小平理论研究》1999年第5期。

化的行为和主张正是在这个意义上才是可以理解的。马克思主义在中国的早期传播正是在这样的背景下进行的。毛泽东在1949年总结中国革命历史并宣布基本国策的《论人民民主专政》一文中说："十月革命一声炮响，给我们送来了马克思列宁主义"可谓相当准确的概括。马克思主义在中国的早期传播，确实与十月革命和列宁主义紧密联系在一起，中国当时一部分知识分子也确实是把这三者相提并论的。他们所欢迎、接受、传播、信仰的马克思主义实际上是没有一个所谓的理论准备阶段的。这与俄国曾经经过普列汉诺夫等人的多年介绍、翻译、研究、宣传马克思主义的情况是很不相同的。也就是说，马克思主义在中国，一开始就是作为指导当前行动的直接指南而被接受、理解和运用的。马克思主义在中国的第一天所展现的便是这种革命实践品格。马克思主义在中国的早期传播，主要是以其唯物史观中的阶级斗争学说为主要内容的，它也是这样被许多中国知识分子接受、理解和奉行的。"阶级斗争，一些阶级胜利了，一些阶级消灭了。这就是历史，这就是几千年的文明史。拿这个观点解释历史的就叫做唯物史观，站在这个观点的反面的是历史的唯心主义。"① 这样斩钉截铁的论断如果与早期马克思主义传播史联系起来思考，就不会觉得是空穴来风了。应当正视这样的历史事实。紧张的政治局势和严峻的民族救亡斗争使得早年的中国共产党在主客观上很少能有足够的条件来进行深入的理论思考，只能把主要的时间和精力，集中在必要的斗争实践中。这是马克思主义的实践性和革命性在当时的具体体现。在日益紧张的社会斗争和阶级斗争中，在日益加剧的日本帝国主义侵略形势下，马克思主义对革命状况和政治斗争的分析论证，比其他理论学说更有说服力的深刻性。这也正是中国共产党运用马克思主义即唯物史观和阶级斗争学说来研究实际生活的结果。

笔者认为，马克思主义在中国的早期传播和接受过程中就扮演着与

① 《毛泽东选集》（第4卷），人民出版社1991年版，第1487页。

政治革命同呼吸共命运的角色。这时候的马克思主义，首先不是作为文化身份出现在中国的，而是政治斗争和中国向何处去的道路选择的需要所催生的产物；是激烈的政治斗争和民族危亡的困境成就了马克思主义在中国传播初期的命运。它在与各种主义的比较中因符合中国的实际并因指导实际斗争的需要而站到了历史的前台，扮演了呼风唤雨的角色。经过中国化后的马克思主义，以其系统性、理论性和实际斗争中的说服力，赢得了共产党和广大人民群众的心并成为他们的精神支柱。虽然不以文化身份出现，却事实上充当了民族精神支柱的角色。这也为马克思主义中国化日后文化身份的获得奠定了基础。这个过程伴随着政治上的剧烈动荡，伴随着中国传统文化表面上的断裂。1949年，中华人民共和国成立。马克思主义以其中国化的成果——毛泽东思想理所当然地成为中国共产党的指导思想。此后不难发现：毛泽东、邓小平等老一辈党和国家领导人在论及文化建设时必然把马克思主义中国化作为题中应有之义：实践是检验真理的唯一标准，不仅具有政治含义，也具有文化意义，成为符合国情的求真务实、革故鼎新的民族精神的体现。“所谓精神文明，不但是指教育、科学、文化（这是完全必要的），而且是指共产主义的思想、理想、信念、道德、纪律，革命的立场和原则，人与人的同志式关系，等等。”[①] 马克思主义的政治身份与文化身份在精神文明的表述中是有机统一的。按照马克思主义中国化的要求，敢于和善于走自己的路与自强不息的民族精神息息相通。“和而不同”“海纳百川”既是马克思主义指导下把握人类社会发展规律、洞悉时代发展的必然要求，也是从文化层面对改革开放中的中国提出的价值目标。“六十四字创业精神”——“解放思想、实事求是，积极探索、勇于创新，艰苦奋斗、知难而进，学习外国、自强不息，谦虚谨慎、不骄不躁，同心同德、顾全大局，勤俭

① 邓小平：《贯彻调整方针，保证安定团结》，《邓小平文选》（第2卷），人民出版社1994年版，第367页。

节约、清正廉洁，励精图治、无私奉献”[①]和党的十六大报告对以爱国主义为核心的团结统一、爱好和平、勤劳勇敢、自强不息的伟大民族精神的概括，[②]则更加生动体现了马克思主义中国化的文化身份。科学发展观、和谐社会理念作为党的理论创新和意识形态已经为广大党员干部和群众所接受，其实它们又何尝不是人本精神和人文情怀的载体？由此可见，随着时代的不断进步，马克思主义中国化已经悄悄完成从政治身份向文化身份的转变。是高度自觉，更是自然而然、水到渠成。

当然，在工作重心发生转移的中华人民共和国成立初期和随后较长一段时间内一直伴随着对马克思主义的各种不同理解。而这些不同理解（包括片面歪曲理解）随着社会主义中国的曲折道路载沉载浮。尽管如此，在中国，没有人怀疑过马克思主义中国化的政治身份，并深信这种身份在中国现代化进程中所起的举足轻重的作用。倒是对马克思主义中国化的文化身份的认同以往有所疏忽。从上面挂一漏万的分析中我们深深感到：马克思主义尤其是中国化的马克思主义早已远不仅仅扮演着指导中国各项改革的政治身份，而且已然成为中国文化的某种形态。在党的十五大报告关于中国特色社会主义新文化的概括中，中国化马克思主义的价值取向就直接融入了“民族的、科学的、大众的文化”。马克思主义中国化及其成果实际上已一身二任：既是我们党的意识形态又是我们的新文化。政治身份与文化身份在现代化进程中逐步实现同构。

二、中国传统文化的双重品格及其扩展

从2004年开始，中国传统文化复古思潮兴起。儿童读经运动成为媒

---

① 江泽民：《在八届全国人大一次会议上的讲话》，《江泽民文选》（第1卷），人民出版社2006年版，第301页。

② 参见江泽民：《全面建设小康社会　开创中国特色社会主义事业新局面》，《江泽民文选》（第3卷），人民出版社2006年版，第559页。

体报道的热门；韩国申请“端午节”非遗项目引起国人震动和反思；中国在海外相继成立孔子学院；世界各地在每年的9月28日都举行规模不等的祭孔活动。在笔者看来，中华民族的伟大复兴离不开传统文化现代化，但后者恐怕不能依靠恢复“三纲五常”和大规模的读经运动来完成。认识中国传统文化的基本品格，重视其在现代化过程中的转化与创造似更加重要。

中国传统文化一方面重视经世致用和人伦日常，重视具体实践中的活法和做法。在经济很不发达的中国进行现代化建设，自上而下的政治推动是必要条件，中国传统文化原本就讲究轻重缓急，讲究一定的秩序。邓小平所强调的“发展是硬道理”和日后倡导“科学发展观”，从最根本的意义上恰恰符合中国传统文化对秩序和优先的理解。因为精神生活、个人的权利和利益、社会的公正和平等、政治民主等都需要以经济为基础。[①] 当中国在经济发展上已经取得显著进步并为实现其他价值创造一定条件和可能的情况下，政治民主和公平正义才具有现实的可操作性。改革开放以来的实践也充分证实了这一点。东方国家似乎都走过这样一个过程：立足自身实际，用一种比较集权的方式，先打造一种秩序，推动经济发展，然后再利用这种秩序朝着民主制方向发展。孙中山将社会革命与政治革命毕其功于一役的想法因此是天真的，欲速则不达。怎样把握经济发展、个人自由、社会正义和政治民主等各个方面的度和优先顺序，根据时间和情况的变化，哪一个方面重一点，哪一个方面轻一点，也没有一定的模式，不能到处搬用。这些来自中国特色社会主义实践的经验和理性，离不开中国传统文化及其思维方式的优势。

随着改革开放的不断推进，现代性本身的一些弱点和弊病也暴露出来，道德主义的谴责日渐增多，恢复朴素生活方式的情感需要也日益迫切。中国传统文化经世致用的一面十分清醒地提醒我们：伦理价值、

① 关于后发外生型现代化国家在政治、经济、文化发展上的推进顺序，可参见罗荣渠：《现代化新论》，北京大学出版社1993年版；罗荣渠：《现代化新论续编》，北京大学出版社1997年版。

心性修养确实具有独立的价值，道德精神可以照亮世俗生活，对整个人类的发展也极有价值，但这些价值不是用来否定中国现代化所取得的成绩、所创造的实现幸福生活的重要物质条件，而是成功运用到政治哲学上，走出一条不是那么冷冰冰的中国道路，真正实现“有情宇宙观和无情辩证法”合一的价值目标。[①]中国传统文化在马克思主义中国化的过程中会根据实际需要顺势转化。重视实践，尊重历史，顺应现代化的理念，又探索出新的形式，逐渐实现创造性的转化，这也正是中国传统文化的现代化所追求的目标。这个目标的实现，不是依靠复古主义和国粹主义。因为中国社会发展总体来说已走上了现代化之路，这个现代化确实是从西方引进的，社会存在和日常生活的现代化已是中国的客观事实，这个“西体”不像有些人说的那样是什么虚无缥缈的中国精神、文化传统。今天中国的现代化建设不能以人情、乡情、报国之情为基础，还是要以契约为基础，以竞争为条件，以效率为原则，只有在这个基础上才讲人情、讲公平。如果以人情为主，契约、效率等为次就错了。我们提倡现代意义上的协商和调解，但毕竟要建立在法治基础上，主次应当分明。我们依然要系统学习西方的管理体制，所谓理无可恕，情有可原，正是从这个意义上才能说得通。中国文化中的实用理性也应该是在理的基础上讲情，这样才能走出一条既不是过去的计划经济，也不是资本主义，而是中国自己的道路，创造出比传统中国和外国更加合情合理的社会。

另一方面，中国传统文化又历来重视内心修养，重视崇高理想，重视虽面有菜色而抚琴高歌的君子品格，这一品格与中国式现代化进程中始终伴随的社会主义理想相契合。马克思当年没有设想过社会主义，只是将其作为共产主义的一个过渡阶段，认为这个阶段仍有共产主义法权。即使如此，社会主义仍然可以作为一种在社会生产力高度发达基础上产生的比资本主义更大的公正、平等、自由、民主，对弱势群体有更多的关

---

①《李泽厚近年答问录》，天津社会科学院出版社2006年版，第29页。

注和照顾，有由国家或政府适当调节各种收入等相当宽泛的社会理想和具体方法来理解、提倡和实行，这对实践中走上社会主义道路的国家和人民将具有长久意义和现实价值。其实在中国也正是怀有共产主义理想和共同富裕观念的中国共产党集中力量和有效管理，包括过去的群众路线、“两个积极性”（中央和地方）、全国一盘棋、统筹兼顾和今天的科学发展、和谐社会等经验和观念，对开拓中国式现代化道路起到非常重要的作用。中国传统文化中高悬理想的一面可以承接社会主义建设中一些值得汲取和发展的具体经验和因素，更加自由、健康地中国式地去实践和发展市场经济。这样既有效保存社会主义的理想性质，并用于范导指引市场经济发展，寻找正确的经验的中介环节，又能创造一条现实的具体的由成功经验所不断支撑的新路，也就是不断发展和完善的社会主义市场经济，并区别和优越于资本主义。由此可见，社会主义作为高度物质生产基础上比较公平的理想，在中国传统文化现代化的基础上仍然能坚持并发展，也就是说在中国传统文化现代化进程中，社会主义将具有更多伦理和哲学的含义。①

中国文化具有准宗教的信仰和理想，“天下一家”、“四海之内皆兄弟也”是中国人对整个世界的远景眺望。今天中国现代化正日益与世界紧密联系，中国有责任为自己同时也为人类寻找一条和平、安康、富裕、幸福的道路。看起来这样的大同理想难免书生清谈，但为中国现代化寻找一个有理想和信仰的人类远景，不会没有意义。一方面，强调中国要走出一条中国自己的道路，不必亦步亦趋模仿西方发达国家；另一方面，儒家大同思想和马克思主义又都是从人类角度着眼。如能在这个方向走出这一条中国道路，那是对人类的贡献。

---

① 参见《李泽厚近年答问录》“关于马克思主义的理论及其他”部分或《马克思主义在中国》香港明报出版社2006年版。

三、马克思主义中国化与中国传统文化现代化的互动融合

马克思主义中国化和中国传统文化现代化实际上是中国特色社会主义现代化事业推进过程中的一体两面，两者的互动融合构成中国特色社会主义文化最基本的特征。如何正确认识这个特征，把握中国特色；如何深化这个特征，优化中国特色，将是今后较长一段时间内广大理论工作者的使命和责任。

（一）中国传统文化与马克思主义中国化的内在契合

马克思主义中国化能否成功，有一个前提：马克思主义与中国传统文化能否"兼容"并从中找到生长点。从理论上说，马克思主义与中国传统文化，尤其是儒家文化有许多相似、契合之处。[①]

从社会理想层面上看，《礼记·礼运》的大同理想，以"天下为公"为基本原则和根本特征，与马克思对共产主义社会的远景设想多有类似之处。在中国历史上，从《春秋》公羊学的"三世说"、老子的小国寡民、孟子的"仁政"学说、墨子的兼爱尚同，直到近世洪秀全的"人间天国"、康有为的"大同世界"、孙中山的"三民主义"等思想，都体现出对大同社会理想的渴求。伴随这种社会理想，均平共富思想不绝如缕，并逐渐内化为人伦日常。当然，"大同"理想是一种建立在自然经济基础上的乌托邦式的远景，认识不到理想的实现需要遵循社会发展的客观规律，也找不到其实现的正确道路和动力所在，它与建立在高度发达的大生产基础上，通过对人类社会发展规律的科学揭示和把握而提出的共产主义理想是有本质区别的。但客观上它确实与科学社会主义对人人平等、没有阶级、没有剥削、财产公有、按需分配的共产主义社会的设想，有诸多的相似、相通之处。因此，马克思主义一经传入中国，就给人以似曾相识的文化亲切感，无形中也加速了知识分子和人民群众对马克思主义的接纳。

---

① 参见孙美堂：《马克思主义哲学中国化的价值路径初探》，《马克思主义研究》2007年第4期；刘力波：《文化视域中的马克思主义中国化》，中国知网博士文库（2007年）。

从思维方式的角度去看，中华民族有着悠久而又独具特色的辩证法传统。“一阴一阳之谓道”“反者道之动”“有无相生，难易相成，长短相形，高下相倾”“祸兮福之所倚，福兮祸之所伏”，讲究相反相成、一分为二、合二而一、阴阳变化，这些见解逐渐渗透到社会、历史、道德、政治、军事等各个领域，成为中华民族思考事物运动变化和发展的思维方式。马克思主义哲学与中国哲学中的辩证法也是相通的。对立统一思想是马克思主义哲学的重要观点和方法论原则，列宁把它理解为唯物辩证法的实质和核心。马克思主义主张普遍联系的有机整体观，中国哲学更是承认万事万物的整体联系；马克思主义承认事物的运动、发展、变化，承认事物内在的矛盾运动以及由此导致的新陈代谢，中国哲学亦承认事物的氤氲和合，五行相生相克，以及由此导致的新陈代谢和大化流行。中国传统的辩证思维构成了马克思主义在中国传播的重要文化基础，也为中华民族接受唯物辩证法架起了思想桥梁。中国共产党人正是立足于实际，在中国革命和建设的实践中，有效地利用传统文化资源，剔除其非科学因素，吸收其合理内容，创造性地发展了马克思主义的辩证法，取得了马克思主义中国化的一系列成果。

从人生境界和价值追求的角度看，中国传统文化尤其是儒家提倡以群体为本位，着眼于整体利益，重义轻利。在处理人际关系上主张相亲相爱，以保持人际和谐。与此相关，在个人与民族国家的关系上，中国自古以来就形成了以关心社稷民生、维护民族独立和继承中华文化为基本内容的爱国主义传统。这种人生境界和价值追求虽然也有其局限，但主张个人利益服从群体利益，个人独立人格与高度的社会义务感和历史责任感相统一，与社会主义集体主义人生价值观具有相似、相通之处。马克思主义主张社会本位，认为人的本质是一切社会关系的总和，人的需要是社会实践的产物，任何个人都不能脱离一定的社会关系和联系而存在。中国共产党人正是在把握这种文化契合的基础上，在马克思主义的指导下，将个人利益与集体利益结合起来，并确立了国家利益、集体利益、个人利益的“三兼顾”原则，丰富并发展了社会主义的人生价值观。

此外，马克思主义主张群众史观，认为历史是由那些促使整个的民族、整个的阶级行动起来的重大持久的动机促成的。每个人都参与历史活动，而他们行为的总的结果就构成历史的合力，这个合力代表了历史运动的方向。这一观点与儒家的民本思想也有相通之处。儒家提倡仁政，主张“民贵君轻”，以民为本。

（二）马克思主义中国化对中国传统文化的现代塑造

在马克思主义中国化的实践中，中国传统文化现代化的两难困境得以化解。与世界上后起的民族国家一样，中国的现代化曾面临这样的尴尬：为了本民族国家的生存和发展，需要学习甚至移植西方的文化（包括学问制度），但这种移植又好像在受屈辱，因为它是西学，与本土文化直接相对。而马克思主义中国化使后起的中国现代化摆脱了文化上的尴尬。[①] 作为文化建制上的社会科学，隐含着两个困难，一个是特殊对象与普遍知识原则的矛盾，另一个是经验理性与政治利益的矛盾。[②] 而马克思主义—列宁主义—毛泽东思想作为一种社会科学的形态既普遍又特殊，并能将经验理性与政治取向最佳地结合起来。掌握了这样一种文化和意识形态的国家才可能在心理上重拾自信，并对中国传统文化的现代塑造产生积极影响。马克思主义中国化不断为中国文化注入现代性的同时又规避了西化，走上了符合中国国情、具有中国特色的现代化之路，也为中华民族继承和弘扬民族精神开辟了道路。在马克思主义指导下，不仅“从孔夫子到孙中山，我们应当给以总结，承继这一份珍贵的遗产”，[③] 而且“一切民族、一切国家的长处都要学”，[④] 以“取其精华、去其糟粕、去粗取精、去伪存真”的精神，做到“古为今用，洋为中用”，立足当下

---

① 刘小枫：《拣尽寒枝》，华夏出版社2007年版，第16—17页。
② 参见华勒斯坦等：《开放社会科学》，刘锋译，三联书店1997年版。
③ 毛泽东：《中国共产党在民族战争中的地位》，《毛泽东选集》（第2卷），人民出版社1991年版，第534页。
④ 毛泽东：《论十大关系》，《毛泽东文集》（第7卷），人民出版社1991年版，第41页。

向前看，走出一条综合创新的文化发展之路。

在马克思主义中国化的实践中，中国传统文化在不舍弃心性修养的同时不断朝着经世致用的方向发展，把我们民族文化心理中的务实、理性、乐观等已经成为习焉不察的东西充分地激发出来。在中国与现代化的世界已有如此紧密联系的今天，中国传统文化的发展事实上也不应该还只是一个纯粹理论建构的“明道”问题，而是在高度关注现实的过程中有所总结，并找到中国传统文化转化性创造的形与神。

在马克思主义中国化的第一次历史性飞跃中，以毛泽东为核心的党的第一代领导集体以马克思主义为指导，开启了中华民族精神从自在到自为发展阶段的转变，并结合中国革命和建设的实际以及中国文化发展的要求，从不同层面对中华民族刚健有为、自强不息精神的弘扬和培育做出了贡献：马克思主义成为弘扬民族精神的指导思想；中华民族的精神品格被赋予时代性和阶级性内涵，实事求是、群众路线、独立自主熔铸和提升民族精神。当然，马克思主义中国化对中国传统文化的现代塑造并非简单移植和修正延续。陈晋在《毛泽东的文化性格》中就曾强调：“当毛泽东在马克思主义范畴中思考现实问题时，他那意识深处的传统智慧和行为方式往往得到淋漓尽致的发挥；当他怀着伟大的民族感情一意要在尽可能短的时间内改造中国社会使之强大起来时，他确实又在自觉地同某些传统的价值观念实行‘决裂’，并一意遵奉马克思主义提供的思想武器和社会目标。”①

在马克思主义中国化的第二次历史性飞跃中，以邓小平为核心的党的第二代领导集体，通过解放思想、实事求是，坚持了毛泽东思想的指导地位，并赋予马克思主义中国化崭新的时代内容，创立了邓小平理论。邓小平求真务实的实践风格，给国内外民众留下十分鲜明的印象，在晚年他发表了一个非常意味深长的结论：“我们讲了一辈子马克思主义，

---

① 陈晋：《毛泽东的文化性格》，中国青年出版社1991年版，第166—167页。

其实马克思主义并不玄奥。马克思主义是很朴实的东西，很朴实的道理。”[①]邓小平坚信马克思主义是生活实践的道理，把马克思主义的精髓理解为实事求是的真理，他强调要按照马克思主义的方式来学习马克思主义，求真务实，讲求实效。所以，内容重于形式，手段服从目的。[②]邓小平理论及其风格强化了中国传统文化经世致用、务实乐观的一面。“三个面向”为中国传统文化现代化提供了开放的思路，“四有新人”为中国传统文化现代化提供了明确目标。解放思想、实事求是进一步强化了革故鼎新、理性务实的文化精神。

在马克思主义中国化的新阶段，中国共产党人坚持以马克思主义、毛泽东思想、邓小平理论为指导，结合新的时代特征和历史任务，创立并正在丰富发展着中国特色社会主义理论，对中国传统文化现代化、提升国家文化软实力产生了积极影响，针对弘扬和培育中华民族精神的具体途径和方法提出了要求——纳入国民教育全过程和精神文明建设全过程。[③]

（三）马克思主义中国化与中国传统文化的互动融合

马克思主义中国化的过程也就是马克思主义经过改造，不断融化在中国文化中的过程。中国的马克思主义与中国传统文化，即生活方式、人生理想、价值观念、情感态度以及中国特有的人情世故等，在不断交错融合中组成中国的现代性。

马克思主义作为中西两元对立的解决方案和出路选择，已经成为今天中国的意识形态，也获得了当仁不让的文化身份。不仅引导中国社会摆脱殖民主义体系并赢得民族国家的建立，而且在改革开放进程中，促使中国获得少有的经济进步和国家繁荣。所谓中国式现代化，应当正视这样一个基本事实。而中国特色社会主义文化，也离不开对马克思主义

---

① 《邓小平文选》（第3卷），人民出版社1993年版，第382页。
② 李德顺：《邓小平人民主体价值观思想研究》，北京出版社2004年版，第275—283页。
③ 参见刘力波：《文化视域中的马克思主义中国化》第四部分，中国知网博士文库（2007年）。

中国化及其创新成果的理论概括和升华。它是外来思潮在中国本土文化开花结果的合法依据。

中国传统文化现代化的过程也就是不断吸收马克思主义中国化的成果并实现创造性转化的过程。马克思对资本主义生产关系本质的揭示，对人的本质和人的解放的分析，对未来共产主义社会的远景展望，以及马克思主义的历史观、方法论和人民主体的价值取向不断强化中国传统文化的社会关怀、大同理想和伦理追求，“内圣”的心性修养转化为对生活意义和人生境界的追求，“外王”的入世关怀融入经济社会政治体制的建构。

马克思主义中国化和中国传统文化现代化的互动融合，无论在理论还是实践上，都不是简单相加，而是通过民族形式来实现马克思主义，赋予其普遍原理一种新鲜活泼的并为百姓喜闻乐见的中国作风和中国气派；是把中国历史和现实中的一些特殊规律上升到马克思主义普遍原理的高度来说明和发挥；是在两种文化的交合作用下，总结出一套关于中国问题的过去、现实与未来及其改造途径的理论体系和实践形态。它既不是原封不动的马克思主义，也不是传统文化的简单复归。①

马克思主义中国化与中国传统文化的互动融合将是一个不断不尽的过程。在此过程中，中国特色社会主义文化的形态和面貌将越来越清晰。坚持中国特色，优化中国特色，就应该继续走马克思主义中国化与中国传统文化现代化的互动互化之路。既用马克思主义创新中国传统文化，又用传统文化的现代化实践创新马克思主义；既使中国传统文化现代化成为马克思主义中国化的重要任务，又使马克思主义中国化成为中国传统文化现代化的题中应有之义。使马克思主义具有中国性格、中国气象、中国风韵，使中国传统文化真正获得其现代形态。

---

① 陈晋:《毛泽东的文化性格》，中国青年出版社1991年版，第169页。

主题三
和谐哲学及其辩证思维

一、作为哲学思考方式的“和谐”“斗争”

和谐、小康正逐步成为广大人民群众乐意接受的一种价值观念。其实，从更深广的视野来看，和谐还是一种哲学思考方式。这种思考方式不是一味追求绝对的、无差别的统一，而是善于在不同主体的利益、需要、能力、条件等方面寻找相互关联的共同点和交叉面。“寻求共同点”也是处理多元矛盾和冲突，形成统一意志或一致意见的一条基本途径。

社会主义和谐社会的观念与早期中国共产党人的奋斗目标从最终意义上说并不矛盾。在早年马克思主义的传播中，李大钊实际上十分强调“大同团结”的重要性，他在一开始介绍马克思主义阶级斗争学说的同时，特别着重宣传克鲁泡特金的“互助论”。他以“互助”“协和”“友谊”“人道”“改造人类精神”作为改造社会组织的互补剂和双行道，使社会主义革命和斗争具有某种伦理性质，并且将这种双行和互补建立在下层人民的劳动基础上。[①] 阶级斗争与劳动基础上的互助合作相结合，这才是李大钊所理解和宣传的马克思主义。不仅如此，早期中国共产党的所有革命活动，最终目的就是完成拯救中国于危难的重任，走向“大同团结”。

---

① 参见《李大钊选集》，人民出版社1978年版，第194页。

但是在学术界和普通大众的印象中，早期中国共产党的活动更多地与斗争哲学联系在一起，而斗争哲学的名声实在不怎么样，何以如此？笔者认为要实事求是地进行历史分析。为实现“大同团结”理想而付出最大牺牲的是无数共产党人，承认这一点就意味着要把斗争哲学曾经有的历史合理性和运用不当产生的灾难性后果加以合理区分，还意味着要在革命和建设的双重意义上认识马克思主义，发展马克思主义，为今天和谐社会的建设奠定扎实的理论基础。

说到斗争哲学，就不得不谈及青年毛泽东的哲学思想、马克思主义在中国的早期传播以及中国共产党诞生时的社会背景。从毛泽东青年时期的《讲堂录》（1914—1915年）、《伦理学原理批语》（1917—1918年）或《体育之研究》（1919年）等来看，“动”“斗”是他的核心哲学观念：“人者，动物也，则动尚矣。……动以营生也，此浅言之也；动以卫国也，此大言之也；皆非本义。动也者，盖养乎吾生、乐乎吾心而已。……愚拙之见，天地盖惟有动而已。”①

言下之意，“动”是天地身心的本性，并非为某种外在目的而服务；“动”还是豪杰之士的人格之源，一切外在的束缚、阻碍都被和应被这“动”的本性所排除和摧毁。正因为认定“动”是宇宙本性和人格本性，所以一方面应注意任何现象、事物、对象的变化性、相对性和二重性，另一方面强调自我主体的活动性和斗争性。青年毛泽东对动乱、差异、对立、冲突持完全肯定的态度，认为无抵抗则无动力，无阻碍则无幸福乃至真之理，至彻之言。他强调运动、对立、冲突、斗争，以此作为宇宙规律，强调斗争不会因任何缘故而削减，它将永恒存在，所以是普遍规律，而这种运动、斗争实际上又是由自我设定、自我觉察、自我实现的。这种哲学观以不断运动、顽强奋斗、克服“抵抗”、实现自我为人生至乐。我们可以称之为“力行哲学”，也可以称之为“斗争哲学”。它贯穿着青年

---

① 毛泽东：《体育之研究》，《新青年》1917年4月，转引自李泽厚：《中国现代思想史论》，东方出版社1987年版，第124页。

毛泽东思想和行为的始终，也是他经过深思熟虑的自觉意识和理论主张，更是身体力行、锤炼意志的行动指南。但是应当引起注意的是，这种"动""斗"的哲学观在青年毛泽东那里不只是心灵性、精神性的活动，而是身心俱往的，包括体魄性的活动："欲文明其精神，先自野蛮其体魄，苟野蛮其体魄矣，则文明之精神随之。……体全则而知识之事以全。"①

其实，明清以来掀起的人性解放运动中已经出现了李贽、袁宏道、汤显祖等一批"一世不可余，余亦不可一世"的人物，而且在强调运动、斗争、相对性和自我精神、意志等方面，青年毛泽东的思想与当时许多人大体相同，与中西好多哲学家相比，也无特殊之处，甚至连表述思想的某些语言也脱胎于谭嗣同的《仁学》。只有看重体魄活动这一点，还别具特色。"自信人生二百年，会当水击三千里"不复是读书人一般的豪言壮语和潇洒文辞，而是具有体力活动的实在根基，凝聚着意志成果和人生愉悦的思想表述和自我志向。②总之，在青年毛泽东的哲学思想中，运动、斗争是身心存在的第一需要。这与"天行健，君子以自强不息"也有些许相通之处。

一个伟人哲学思想的形成和发展不会无缘无故，它与时代的需要、主客观条件紧密联系在一起。马克思主义在中国早期传播也许就是一个重要因素。正如前文所说，毛泽东在1949年总结中国革命历史并宣布基本国策的《论人民民主专政》一文中说："十月革命一声炮响，给我们送来了马克思列宁主义。"这可谓相当准确的概括。马克思主义在中国的早期传播，确实与十月革命和列宁主义紧密联系在一起，中国当时一部分知识分子也确实是把这三者相提并论的。马克思主义在中国，一开始就是作为指导当前行动的直接指南而被接受、理解和运用的。马克思主义在中国的第一天所展现的便是这种革命实践品格。

---

① 毛泽东：《体育之研究》，《新青年》1917年4月，转引自李泽厚：《中国现代思想史论》，东方出版社1987年版，第126页。

② 李泽厚：《中国现代思想史论》，东方出版社1987年版，第128页。

今天的学者已经越来越清楚地认识到：马克思主义的内容其实非常丰富，涵盖的领域也相当广泛，但由于当时中国的资本主义刚刚起步，无产阶级也非常薄弱，连可以进行宣传鼓动的厂矿企业都少得可怜，虽然李大钊、陈独秀等人介绍马克思主义时都要介绍剩余价值学说，但仔细阅读当时的文献就能发现，他们介绍的重点，真正进入接受者头脑和心灵并直接影响其实际行动的，更多的是马克思主义的唯物史观，尤其是阶级斗争学说。而李大钊、陈独秀所接受的唯物史观与阶级斗争学说又与列宁坚决反对第二国际的议会道路直接联系在一起。不走社会民主党的和平道路，而走俄国布尔什维克的暴力革命道路，成为早期马克思主义者对中国现实斗争道路的自然又必然的选择，而且也决定了他们所接受和理解的唯物史观总是与激烈的阶级斗争紧密联系在一起，用李大钊的话来说，马克思关于过去（历史观）现在（经济学）未来（社会主义）的理论，都由阶级斗争这一条金线联络起来。[①] 总之，马克思主义在中国的早期传播，主要是以其唯物史观中的阶级斗争学说为主要内容的，它也是这样被许多中国知识分子接受、理解和奉行的。

中国共产党正是在这样的马克思主义理论背景下建立的。建党是列宁主义的基本学说。以职业革命家为主体、有严格组织和铁的纪律的中国共产党组织在北京、上海、长沙等地相继成立，先后召开第一次、第二次全国代表大会，开始领导组织工人进行斗争。紧张的政治局势和严峻的民族救亡斗争使得早年的中国共产党人在主客观上很少能有足够的条件来进行深入的理论思考，只能把主要的时间和精力，集中在必要的斗争实践中。这是马克思主义的实践性和革命性在当时的具体体现。在日益紧张的社会斗争和阶级斗争中，在日益加剧的日本帝国主义侵略形势下，中国共产党对革命状况和政治斗争的分析论证，具有比其他理论学说更有说服力的深刻性。这也正是他们运用马克思主义即唯物史

---

① 参见李大钊：《我的马克思主义观》，《李大钊选集》，人民出版社1978年版，第177页。

观和阶级斗争学说来研究实际生活的结果。由此看来，中国接受马克思主义，中国共产党的诞生和发展，中国的道路和命运确实并非偶然，它并不完全取决于个别人的意志和倾向。

英国著名的左派史家艾瑞克·霍布斯鲍姆曾经在分析1789年和1848年欧洲双元革命时肯定了革命和斗争在非常时期所具有的历史合理性，他指出：在旧势力和新生的资产阶级社会之间存在潜在的冲突，这种冲突不可能在现存的政治体制框架内得到解决，当然像英国这种资产阶级已经赢得巨大胜利的地方除外。旧制度受到来自三个方面的压力，即新生的力量、越来越顽固不化的既得利益集团，以及外国竞争对手。这三方面的压力使得旧体制变得更加脆弱。在西欧和中欧，使封建土地关系在各处都得以废除的的确是法国大革命（通过直接行动、反作用或树立榜样）和1848年革命。[①]

只有清醒地意识到这一点，才能实事求是地肯定斗争哲学在一定历史阶段所具有的重要价值，崇敬无数为最终实现大同理想而献身的革命先烈，也才能在今后的实践中避免它带来的缺陷和弊病，从而更自觉地理解和掌握马克思主义。也只有从这样的历史渊源出发，我们才能理解：中国化的马克思主义，其辩证法和认识论不是思辨的纯粹理性，也不是静观描述，而是直接立足并运用于实践的活生生的理论。

二、目的与手段的辩证法

在一定条件下具有历史合理性的斗争哲学如果被不适当地夸大、扭曲、变形，那么就会造成灾难性的后果，给党和国家的事业蒙上阴影。事实上，早期中国共产党人运用的斗争哲学在中华人民共和国成立以后到“文化大革命”的一段时期内被不同程度地放大了，以1957年为转折点，

① （英）艾瑞克·霍布斯鲍姆：《革命的年代》，王章辉译，江苏人民出版社1999年版，第27—28页。

片面强调政治挂帅和阶级觉悟，强调要用阶级和阶级斗争的观点，用阶级分析的方法去看待一切、分析一切，终于酿成大祸。在抗日战争中，以毛泽东的《新民主主义论》为理论基础的中国共产党曾明确提出过建立一个新民主主义新中国的纲领，这个新民主主义在经济上允许资本主义存在和适当发展，在农村实行“耕者有其田”，政治上实行真正普遍平等的选举制，文化则是“民族的、科学的、大众的”。可惜在扩大和扭曲了的斗争哲学的作用下，在生产关系的不断革命中，这样的设想根本无法实现。学术界和民众对斗争哲学的诸多非议概在于此。但是我们不能因为扭曲和扩大的斗争哲学所造成的恶果而否定它曾经起过的重要作用和所具有的历史合理性。值得思考的倒是，斗争哲学的扩大和扭曲都是以马克思主义的名义进行的。如果到目前为止，我们还误以为马克思主义只是革命的理论、批判的理论，那就太危险了。站在今天的认识水平上，应该明确：革命理论、阶级斗争只是马克思主义理论的一个方面，尽管曾经是主要的和基本的方面。但无论如何，阶级、阶级斗争、革命总体来说都只和一定的历史阶段相联系。在漫长的人类历史上，它毕竟是比较短暂的现象。不能天天革命，岁岁战争。阶级斗争不能年年讲、月月讲、天天讲。如果认为坚持和发展马克思主义，就是坚持和发展批判、革命，老是不断革命，这就要走向反面。[①] 马克思主义不仅是革命的哲学，更是面向现实、重在建设的哲学。建设对整个人类来说是更为长期、基础和主要的事情。邓小平理论、“三个代表”重要思想、科学发展观以及习近平新时代中国特色社会主义思想正是从建设的角度丰富和发展马克思主义的。

经历过急风暴雨式的阶级斗争以后，我们转入以现代化建设为中心、以人民对美好生活的向往为目标的中国特色社会主义建设新阶段。这是马克思主义发展史和共产主义运动史上具有重大意义的思考方式

① 李泽厚：《中国现代思想史论》，东方出版社1987年版，第207页。

的改变，也是中国现代化路径的合理调整。和谐哲学总体上代替斗争哲学，成为我们党改革开放以来执政为民的新思路。但是为了专心致志地从事社会主义现代化建设，我们还必须对一些蓄意在人民中间、在党群之间制造分裂和冲突的势力保持高度警惕，必要时进行坚决斗争。因为和谐哲学总体上代替斗争哲学，并不意味着我们目前的现代化建设中就没有尖锐的矛盾和冲突。农民土地确权问题、城市拆迁中的利益补偿问题、引进外资的质量和数量反差问题、国外敌对势力渗透与破坏问题等都是新的历史条件下碰到的新难题，这些领域引发的矛盾处理不当，照样会造成不和谐的社会环境。用和谐哲学的思维方式取代斗争哲学，实际上更多强调的是工作方式方法的转变，目的是为了更好地为人民服务，实现我们党“立党为公，执政为民”的誓言。从这个意义上说，和谐哲学与斗争哲学不是非此即彼的两极。

从学理的角度分析，和谐哲学可以分为两种：一种是相容式的，呈现为“对立而又不对抗”的和谐观，一方面看到宇宙中各种不同事物和因素的异质性，另一方面又以“相反相成”认定“一阴一阳之谓道”。相成即不同因素的和谐，相济即对立因素的和谐。另一种是不相容式的。西方古代哲学家赫拉克里特在对和谐的理解上就提出了不同于毕达哥拉斯的看法，他说：“互相排斥的东西结合在一起，不同的音调造成最美的和谐，一切都是斗争所产生的。”对立—斗争—和谐，这才是赫拉克里特的公式，他的和谐是冲突的、动态的。着眼于对立又不对抗的和谐，更注重协调和保存；着眼于对立面的斗争，更注重否定和新生。无论哪一种情况，我们都不难发现，和谐哲学总是与达到和谐的手段和方式包括斗争联系在一起。和谐哲学自有其内在的辩证法。所以严格来说，和谐哲学与斗争哲学并非不相干的两种思考问题的方式，而是可以相得益彰的。

从纯粹手段的角度去分析，和谐与斗争都可以用来解决矛盾和冲突。究竟选择什么样的手段取决于矛盾的性质、时代的需要和主客观条件的限制。中国共产党从诞生、发展成熟到执政兴国，经历了各种各样复杂的历史处境，在不同的阶段采取了不同的解决矛盾的方式。如果说过去革命战争年代主要解决对抗性的敌我矛盾，特别要强调对立面的斗争的话，今天在和平建设的年代主要解决非对抗性的矛盾，包括大量的经济建设中的矛盾、人民内部矛盾，以及和世界各国建立正常关系中的矛盾，在这种条件下，和谐的方式、动态平衡的矛盾解决方法更显出其重要的意义。我们不能简单地以今天的选择否定昨天的取舍，更不能以今天的评价标准随意臧否当年的相对真理。是和风细雨还是急风暴雨，是和谐还是斗争，不能仅从方式本身去判断好坏。

有时候主体解决矛盾的方式和手段的改变有一定的被动性，远不如人们想象的那样主观。过去我们往往把人类历史的发展过程看成是一个阶级反对和推翻另一个阶级、一个社会代替另一个社会的对抗过程，也容易把急风暴雨式的斗争看成解决问题的主要方式。但是，在不同国家的经济相互渗透又相互竞争的全球化背景下，人类社会客观上有了新的发展特点，即多种文明和多种社会制度的共存。这不是说没有斗争，而是斗争有了新的形式，即竞争和比较，必须通过取长补短、求同存异，通过长期共存来发展自己。于是，时代和环境迫使我们做出认识上的调整和工作方式上的变更，是不得不为之。积极应对当然会主动一些，但客观事实的力量恐怕更为巨大，用马斯洛的话来说就是“事实要求应该”。许多历史认识的逐步完善也许就是在这样的情况下完成的。必须承认对真理的认识有一个过程，事实的显现也有一个过程，而我们每个人都是时代之子。

从目的与手段关系的角度去分析，和谐是目的，斗争是手段。为了达到未来的和谐，有时不得不进行现时的斗争，为了实现和谐的理想，有时不得不暂时放弃这个理想。这就是理论和实践的辩证法。但是无论如何，对手段的评价和选择，要以目的为标准和依据，也就是让手段为目的服务，用目的来检验手段。抱有不正当目的的人，必定会采取不正当的手段；而抱有正当目的的人，即使有时采取激烈的手段，他自己也能加以改正和弥补，这就是目的对手段有决定性和约束力的表现。中国共产党在自身的发展中就存在一个目的对手段的纠错机制。在带领中国人民进行社会主义现代化建设的探索过程中，难免失误和经历曲折，有时在手段的使用上也会存在这样那样的偏差，甚至造成严重的后果。但是常常在历史的关键时刻，因为事业的正义性，我们党没有偏离正确的轨道，而能够揭露自己的缺点和不足，正视自己的错误，并努力改正错误。正是这样一种自我认识和自我超越使我们党得到人民群众的肯定和拥护。反过来说，假如执政党的目的偏离"为人民服务"的宗旨，偏离和谐美好的社会理想，那么它采用的斗争方式就有可能损害人民利益。总之，手段是目的的镜子，在选择手段上出现的问题，归根到底要从目的上找差距。过多地限制和挑剔手段(包括斗争这样一种不得已的手段)，对不正当目的的行为来说，只能治标，不能治本；对于正当目的的行为来说，则会使人过于拘谨，畏首畏尾，思想僵化，无法开拓新局面。

只要我们党制定构建和谐社会的大目标、大方向是明确的，那就要相信"血管里流的是血，水管里流的是水"，敢于放开手脚，不拘一格，选取最优手段，建成最新最美的生活大厦。而斗争只不过是其中一种比较特殊的手段和方式。

从思维本身的辩证法出发，我们还应当走出和谐哲学与斗争哲学两极思维的误区。和谐与斗争是紧密联系在一起的两个范畴，非此即彼的思维方式要不得。不是"好得很"就一定是"糟得很"？不是"健康"的就一定是"有害"的？不是善就是恶？不是美就是丑？不是和谐就一定斗得你死我活？其实，两极相通，不能把矛盾的解决方式看得过于简单。在和谐与斗争这样两个范畴的中间地带，还存在着许多看似"中庸"的形态。不是非常的和谐，但还相安无事，所谓和而不同，也许就是这样的状态。别人的不同意见，不同的处世方式，听得进去，看得下去，还能平等待之，尽量学会共处，这就是很不容易的做人处世方式。当然，别人的意见和方式不一定对，但我尊重你的观点，尊重你对问题的探索，所以才可以和。和不等于同，和不等于没有自己的原则、立场和想法，而且我们可以发现真正能和为贵的人，对不同的想法和做法，有容人的宽广胸怀，有和的气度，和而不同因此是很高的境界。反过来，同而不和的“斗争味”就稍稍浓一些。风闻别人也许比较前卫的观点就马上引为同道，甚至俯首称臣。积极赞同的背后是否有内心真实的思想支撑？盲目求同存异，到头来就一定是和？事实证明，那些虚情假意随便抛掷“坚决支持”词汇的人往往成为潜在的冲突乃至斗争的肇事者和积极参与者。和谐是一团永恒的活火，必将把对立面斗争的具体方式包括进去，而斗争本身也有一个方式方法和艺术问题，所以我们对和谐哲学与斗争哲学及其关系的理解不能“一根筋”。和谐社会理想的实现离不开某些领域斗争方式的运用，而斗争手段真正要起作用，又必须以和谐美好的社会目标为基础。不能把和谐与斗争人为地割裂开来，更不能把它们当作事物或社会两种不相关的状态，而要以整体和辩证的思维将它们看作事物发展过程中的相关环节。只有这样，我们才能既避免失去理性疯狂的“革命运动”，又避免一潭死水式的单一生活。也只有坚持这样的辩证思维，我们党所倡导的和谐社会理想才能真正实现。

主题四
社会主义核心价值观系列研究

社会主义本身是一定的社会价值体系，这是社会主义思想理论的一个突破和发展。那么中国特色社会主义价值体系及其核心究竟是什么？我们应该怎样去理解和把握它，以怎样的价值观念去反映和实现它，才能更好地凝聚全体人民的意志，构建中华民族共有的精神家园？关于这些问题，我们的理论准备和实际准备明显不足，还跟不上形势的发展。中共十六届六中全会的决定和随后十余年理论界的一些解释虽然对社会主义核心价值体系（2014年以24字概括社会主义核心价值观）进行了大力宣传，但受“只求摘果子不求种树”的急功近利风气影响，这些说法和解释本身往往停留于价值意向和概念宣示的层面，还缺少足够的科学论证；而且表述庞杂，多种提法之间的结构层次和内在逻辑不够清晰。由于核心价值简单照搬了西方现成的用语，带来一系列理论上的错位。比如，“核心价值”究竟是指客观上存在的价值关系？还是头脑里应有的价值观念？如何把握两者之间的深刻关系及其意义？在尚未明确价值一元和多元之间规律性联系的基础上，所谓核心究竟是指谁家体系的核心？是指社会主义体系本身的核心，还是指社会主义体系是全社会的核心？这里的社会主义，究竟是指中国实行的特色形态还是指全世界的社会主义一般都要具备的普遍标志？目前来说对这些问题尚存不少歧义，甚至连这些问题本身都还是盲点。这样一个理论层次上表述出来的东西总体上很难让人满意。[①]以下笔者所作的一些探讨，正是在如上所述的理论背景下进行的。虽力图有所创见，许多问题却只能开个头，交代自己的困惑，描述自己的想法，提出一些不成熟的建议。

一、主体、路径和结构

价值观建设是一个国家精神生活中的大事，自从中共十六届六中全会通过的《中共中央关于构建社会主义和谐社会若干重大问题的决定》提出建设社会主义核心价值体系这个任务以来，学术界、理论界的讨论和研究一直没有间断，总体来说，讨论集中在两大问题上：其一，目前我们党提出的社会主义核心价值体系的内容及其表述的合理性；其二，假如这个表述是合理的，如何真正落到实处。笔者先就第一个问题谈谈看法。

（一）关于主体

核心价值体系不是用来一般性地解决中国的现实问题，更不是直接拿来解决每一个个人的理想信念问题，而是涉及中国社会整体发展的思想和理论问题。核心价值体系既要能概括改革开放以来中国社会思想生活的主流，又要为今后长远发展明确方向，提供精神支持。换句话说，这样一个涉及总体性、全局性的体系，确实需要全体干部群众尤其是广大知识分子的集体智慧，是多元主体共同参与的理论成果。社会主义核心价值体系建设是中国共产党从宏观层面提出的任务，而不是哪一个个人的主观意志的产物。它是中国共产党努力倡导的最根本的理想、信念和追求。它既建立在科学真理的基础上，又依赖于信仰的力量，是真以为信，更是信以为真。它只有具体落实到某个实实在在的活动中，体现在社会主义政治、经济、文化、社会等领域的实际运作和相关政策中，才

① 李德顺：《要重视基础理论的建设——兼谈价值论研究的现实意义》，胡海波、崔秋锁主编：《价值理念与精神家园》，吉林人民出版社2009年版，第13—14页。

是真正强大而有效的。因此，它只能是一个向各种不同解释开放的有待进一步完善的结构。

在多元主体共建社会主义核心价值体系的过程中，各主体的地位、作用和责任是不一样的，有的是主导和垂范，有的是提炼和概括，有的是实践和反馈，其中，我们党是主要和本质意义上的责任承担者。

在社会主义市场经济条件下，执政党是最高的但不是唯一的主体。每个自主生产和经营的单位、自主活动的个人，都成为相对独立的实体和主体，成为社会这个生命有机体的活的细胞和组织，它们有自己特殊的责、权、利体系和生长发展规律，既要对社会负责又要对自己负责。这样，整个社会实际活动的主体就必然多样化、多层次。个人的主体意识增强，社会的多样化意识增强。什么事情好不好、该不该，就不是只有一个声音、一个标准，而是有多种声音、多个标准。在这种多元化的格局下，统一不再是"单一"式的统一，而是多样统一、和谐，只能靠多元主体间在利益、条件、生活方式上的共同点和相互联系来维系，靠相互依赖、相互制约来建立，不能再靠简单的自上而下的行政命令、统一规定来实现。执政党作为最高层次的主体，主要以提供先进理念、统筹协调来保持整个社会的统一和谐，而不是对基层单位和个人活动的直接指令、包办和代替。

这种变化无论在实践方面，还是在理论方面都是重大而深刻的。但是这种工作方式的变革和调整并不影响它作为最高主体的角色定位。社会主义核心价值体系建设就是这一最高主体的责任，任何团体和个人都无法担此重任。就目前情况来看，解决宏观、社会整体层次上的观念问题，远比一个一个回答个人的思想问题更重要。个人，尤其是一般群众个人的价值观念的变化和调整，要让人们自己在实践中去解决，而国家、社会的核心价值体系，则需要执政党这一最高责任主体集中注意力，从深层次上加以思考和建设。因为事实上的多元不等于一切多元都是我们所追求的。一个国家、一个政党的价值观，以及由之构成的核心价值体系，如果不是出现混乱的话，就只能是一元而不是多元的。虽然建设社会主义核心价值体系涉及社会生活的方方面面，需要全社会每一个成员积极、共同参与，但是主要和本质上是执政党的责任。当然，社会主义核心价值体系建设得好不好，关键还要看它是不是真正反映人民群众的精神需要，是不是得到人民群众的肯定评价。

（二）关于路径

手段、路径是否正确合理，往往决定着目的能否实现。当人们基于经验或其他原因对某一路径形成习惯性、专一化的依赖时，这条路径往往也容易成为束缚思想和眼界的障碍，造成“事与愿违”的后果。这就是被学术界、理论界称为“路径依赖”的文化现象。在建设社会主义核心价值体系过程中，学术界和理论界一直为路径依赖问题争论不休。近年来，社会上主要有三种不同的价值导向，李德顺将其概括为“西化论”“传统论”和“创建论”，[①]笔者认为至今这样的分析仍属恰如其分的概括。

1.“向外看”的“西化论”

“西化论”的思考方式和求解价值观难题的逻辑重在“向外看”，也就是强调要向现代化较早的西方发达国家看，主要看人家“有什么”，特别是有什么“好”的东西；我们“缺什么”，特别是缺什么“新”东西，然后取人之所有，补己之所无。这样做的结果，也许就可以产生“中西合璧”的价值观。不难发现，这种思考方式是有问题的。每一个国家和社会真正的发展，都只能是国家民族的自我生长，不可能由别人来决定和代替。“向外看”忽视了国情和历史起点的不同。某一民族、某一地域特有的文化，都有其生长土壤、适用环境，形成自己独有的发展特点。起点不同，发展的形式和道路就会有差异，不加分析地迷信西方，盲目附和西方的各种潮流，近乎刻舟求剑。这种观点还将中国传统文化中那些陈旧、落后、糟粕的东西当成全部，认为它对于中国现代化建设一无是处，

---

① 参见李德顺、孙伟平、孙美堂：《家园——文化建设论纲》，黑龙江教育出版社2000年版。

一切都要靠“进口”来解决。而传统是民族之根，是活在人们现实中、头脑中的东西，并非先天注定、一成不变，它也在实践中不断更新和演变。只要民族还存在，它的传统是割不断的，只能实现自我改造、更新而不能被轻易抛弃。

看到人家有什么，就认为一定是我们也要有的，没有就是缺点；在人家那里是好的东西，对我们也是无条件的好，因此就该要。人家是怎么做的，我们也一定要怎样做，否则就得不到同样的效果。由此可见，“向外看”是一种“自我迷失”。

“向外看”与“大胆吸收人类文明的一切优秀成果”似乎相通，实质上大相径庭。后者的目的和基点是：全面坚持“以我为主，依我选取，为我所用”，体现一种高度自觉的主体化标准，而“向外看”则是要将别人的价值取向确定为我们的选择方向，等于放弃主体性原则。

2.“向后看”的“传统论”

传统论的思考方式和求解价值观难题的逻辑重在“向后看”，认为中华古代文化是世界上最优越的文化，它已经包含了解决现代问题的智慧和出路，将引导人类的未来。中华民族的传统文化更是现代化的一个根基，只有牢牢立足于这样的根基，弘扬光大，才能为中华民族重振雄风提供正确的文化导向并保持民族精神的活力。这些年来各种“传统文化热”“传统美德热”反映了这种导向。

这一思维方式强调向我们自己过去的历史看，主要看古代的文化传统中有些什么，特别是有些什么“好”的东西，挖掘之，发扬之，重铸辉煌。这一思维方式体现强烈的民族主体意识、自尊心和自信心，确是非常必要和宝贵的，也是它优于“向外看”的地方。但是其中也包含了相当明显的民族主义和文化保守主义的成分。

在对文化的理解上，“向后看”的路径依赖往往带有浓厚的“道德文章主义”色彩。而文化并不等于文章、文献、典籍。当“向后看”的路径依赖热衷于把“仁爱信义”“中庸”“己所不欲勿施于人”等说成中华文化的代表时，似乎并不是从中国历史和现实的实践中发现和证明的，而是凭借文本。沿着这样的逻辑所描画出来的东西究竟能在多大程度上反映中华文化真实的面貌？对于确切地说明中国的历史和命运、指导今天和未来的建设，究竟有多大效力？

在对传统的理解上，“向后看”的路径依赖也受到复古主义倾向的束缚。传统，尤其是文化传统，是指历史上形成并得以延续、在当下仍然活着的东西，并不是指过去发生过、曾有过的一切，更不包括已经死亡、消失了的“过去”。因此，当我们今天来认识传统时，就要重在认识、反思、发现和批判自己的现实。不懂得这一点，就不能够发现和理解真实的传统。传统论把“传统”的时间定位等同于“过去”甚至“古代”，似乎传统的意义和标志，只在于“古”“老”“旧”，越古、越老、越旧就越有资格代表传统。于是当我们今天来认识自己的传统时，就只能回到尽可能早的过去，而不是着眼于自身的现实。按照这种思路，“向后看”能告诉我们的并不是现实中丰富多彩日新月异发展着的多样化传统而是一种简单的、平面的、单一的和僵化的传统模式。“向后看”能带给我们的只能是将一切判断和选择的权力与标准都赋予古人，因此也将一切选择的后果和责任都推给前人的思路，这其实是一种无视当代中国人的现实权利和责任的态度。由此可见，“向后看”的文化取向在理论和实践上是站不住脚的。一味地向后看，看见的只能是古人和古文，它把主体的权利和责任都赋予前人和古人，把价值选择的方向和标准定位于过去，忘记和否定当代中国人自己的权利和责任，这何尝不是“自我迷失”？

当然，对“向后看”的思路和观点的批评并不意味着我们要彻底放弃那些依然活在今天的文化传统，关键在于如何创造性地吸收和转化文化传统。关于和谐社会的理念就吸收借鉴了中国古代关于和谐的理解和历史上中华文化在融合交流中不断成长的经验。

3.“向前看”的“创建论”

“向前看”是对“重在建设”的创建论的一种形象概括。无论是分析批判西方现代文化，还是总结鉴别中国传统文化，都有一个要立足于我们自己的实际、以科学的理论和方法为武器的问题；无论是向外看还是回头看，最终必须向前看才能走路；无论对待我们已有的还是缺少的东西，都不能盲目取用，而必须弄明白我们究竟要什么。所以，只有以我为主，立足于现实，向前看，才是积极有效的导向。

我们今天的现实，就是以往努力把马克思主义所代表的西方先进文明与中国实际（包括优良传统文化）相结合的结果，今后也只能朝着这个方向前进。中国共产党几代领导集体一脉相承的马克思主义中国化理论，从文化取向的意义上去理解，实质上是强调以我为主，立足于现实，重在“向前看”，通过实践去创造。这是我们唯一应该选择的价值取向，它是在总结历史经验教训基础上形成的一种健全、积极的文化导向。

创建论包含十分丰富的内容。“向前看”是以自己的现在为基点，而不是“向外看”，以别人的情况为基点；“向前看”关注于、着眼于未来的发展，而不是“向下看”，把一切已有的东西都当作固定不变的；“向前看”是要以前进的目标和心态去行动，而不是“向后看”，把我们所要达到的目标仅仅定位于向前人看齐，恢复和达到先前某个时期的境界。总之，“向前看”就是要走出以往落后观念的阴影，学会面对现实和未来进行创造性思考，把现在和过去达到的成果作为进一步发展的基础。这样一种精神体现了中华民族走向现代化所应有的积极心态。

建设社会主义核心价值体系所依赖的路径就应该是“向前看”的创建论。贯穿以人为本的理念，贯彻尊重劳动、尊重知识、尊重人才、尊重创造的方针。坚持人民群众是历史创造者的观点，发挥人民群众的首创精神，强调党和政府的重大决策和工作部署都要从人民群众的创造性实践中汲取智慧、经受检验，都要依靠人民群众付诸实践、取得实效。创建论对未来负责，以我们自己的长远利益和子孙后代的幸福、以国家民族永久繁荣昌盛为标准来决定价值观上的取舍。而一切为人民的长远利益着想，也是和谐文化建设的特色。[①]

（三）关于结构

1. 保护层和反例

作为整体意义上的核心价值体系本身，还有一个与外部世界的结构性关联。要使社会主义核心价值体系具有充分的说服力和可信度，首先需要一个“保护层”。其实保护层的说法只是一个比喻，用以说明核心价值体系需要更加具体有效的寄予、融入和防护。比如，马克思主义的立场、观点、方法，时代精神和民族精神等需要寄予在由文本、人物、标志、象征、仪式所构成的具体可感的形象和活动中，需要设计一定的载体和活动方式。保护层还要将核心价值体系中的各种要素融会贯通于中国特色社会主义的实践，使富强与经济生活中的社会责任结合起来，使民主与政治生活中的多渠道参与结合起来，使文明与文化生活中的多样精神追求结合起来，使和谐与社会生活中的公平正义结合起来。

保护层还有一个重要功能，即保护核心价值体系，使其免于非议、诋毁和攻击。核心价值体系的形成、成熟、巩固、完善和落实需要比较长的时间，不同时期都可能遇到怀疑、反对甚至公然诋毁，保护层的作用就是保护核心不受这些负面信息的干扰，保持相对稳定性。当然，这是比较消极的保护，更加重要的是随着实践的发展和理论的需要，主动适时调整。

对于社会主义核心价值体系来说，保护层需要承担的很重要的一个工作就是发挥广大党员尤其是党的领导干部的人格示范作用，增强亲和力、感召力和凝聚力，维护好人民的根本利益，使人民群众相信支撑其人格的核心价值体系。

树立可亲、可敬、可信、可学的道德楷模，让广大群众见贤思齐，受到鼓舞、汲取力量，使人格示范变成社会的共同财富，是我们党宣传工作

① 李德顺、孙伟平、孙美堂：《文化建设论纲》，黑龙江教育出版社2000年版，第307—320页。

的有效载体。但是人格示范需要把握度的艺术。切忌移花接木、浮光掠影、千人一面、求全责备。价值观教育不能盲目推崇“英雄道德”和“圣人道德”，真实地为典型画像，不尽“理想”、“嫩”一点、“单薄”一点并不要紧，有时即使暴露了典型身上的某种弱点，也不会掩盖人性的光辉，所谓瑕不掩瑜。目前来说，人民群众从理论上接受我们党倡导的核心价值体系没有太大困难，但是和权力崇拜、拜金主义具有内在联系的“假道学”非常致命。假道学的特征是言行背离、口是心非，表面说起来冠冕堂皇，骨子里却是对自己提倡的东西也不相信的价值观上的虚无主义。社会主义核心价值体系所体现的义利观的根本宗旨就是要把国家和人民的利益放在首位。要实现这一宗旨，真正坚持大众的方向，就要不懈地抵制权力崇拜、拜金主义和假道学。权力崇拜和拜金主义的结合由来已久，价值虚无主义也有深厚的土壤，真正遏制这些东西，还需要长期的努力。①

在保护层之外，是更加广泛和个人化的价值选择。其中包括不自觉地与核心价值体系保持一致的、与核心价值体系虽有距离但还相安无事的、与核心价值体系相距甚远尚未构成冲突的价值选择，还包括与核心价值体系完全相左甚至相反的价值选择。我们姑且把与核心价值体系完全相左甚至相反的价值选择称为反例。反例积累到相当程度，就会对保护层构成威胁，一旦保护层的解释力和保护措施失效，内核将被动摇。但是，换一个角度去分析，适当的反例及其刺激对核心价值体系的完善也许是有益的。善于倾听批评的声音，适当调整表达的方式，将非核心的内容巧妙地吸纳，正是保护层要做的工作。正是从这个角度出发，我们主张恢复民间“采风”，切实关注民众评价。一个社会究竟什么样的价值观左右着大多数人的行为，学术界、理论界的概括和提炼固然重要，但不能忽视民众评价尤其是民谣、民谚、社会舆论、社会思潮所起到的传播

① 童世骏主编：《意识形态新论》，上海人民出版社2006年版，第489—490页。

作用。核心价值体系建设要重视民谣、民谚和社会舆论的收集和整理，注重民众心理的疏导，从中分析群众的情绪，研究政策的得失，探询健康肌体中的“肿瘤”和“溃疡”。当然，要对民谣进行引导，倡导正确反映群众利益的民谣，克服消极片面的因素。

事实上，社会主义核心价值体系的建立和完善不可能完全排除反例，也不能排除反例在一定阶段累积的可能。在当前构建和谐社会呼声日益高涨的背景下，不和谐的现象、问题和矛盾十分突出，这些反例并不能动摇我们树立和谐团结的价值观，但如果无视反例，不主动解决实际生活中出现的有悖和谐理想的问题，这个理想最终也就得不到现实的有效回应。

2. 危机

外部结构中客观存在的反例提醒人们：核心价值体系并非固若金汤、保护层也非万无一失。社会主义核心价值体系建设任重而道远。

作为执政党的理想和追求，社会主义核心价值体系总会面临这样那样的怀疑。比如，马克思主义立场、观点、方法曾经就面临信任的危机。马克思主义今天依然是我们党的指导思想，将来还将占据思想生活的重心，也不排除它有可能再次面临怀疑和挑战。如果我们能辩证地看待怀疑和挑战，危机就可能成为转机。早在20世纪60年代，毛泽东关于马克思主义就有十分精辟的论述，他说：“我们历史上的马克思主义有很多种，有香的马克思主义，有臭的马克思主义，有活的马克思主义，有死的马克思主义，把这些马克思主义堆在一起就多得很。我们所要的是香的马克思主义，不是臭的马克思主义；是活的马克思主义，不是死的马克思主义。”[①] 如何区分香和臭，如何区分死和活，毛泽东提供了自己的判断，他认为：“重要的是，不要因为尚有人坚持而认为其‘活’，也不要因为无人谈论而认为已‘死’。‘死’‘活’应由百年来社会发展的实践和现实来

---

① 毛泽东：《在中国共产党第七次全国代表大会上的口头政治报告》，《毛泽东文集》（第3卷），人民出版社1996年版，第331—332页。

检验。”采取实事求是的态度，就是香的、活的马克思主义，反之，采取教条主义、本本主义的态度就是臭的、死的马克思主义。毛泽东的这些判断，对于我们今天坚定马克思主义信仰仍具有重要的借鉴意义。

在词源学上，危机确实有转机之意。信仰的确立如植树造林，不是一日之功，往往要经过一个半信半疑、将信将疑、确定无疑的过程，在整个过程中就已经包含怀疑的种子。在信仰之外，并没有一种独立的“怀疑”世界，怀疑包孕在信仰之中，正因为怀疑包孕在信仰之中，危机的种子也就深埋在信仰中。

社会主义核心价值体系得到基本确立以后，并不意味着它可以一劳永逸地占据中国现在和将来的所有信仰生活。只要有怀疑产生，只要怀疑伴随新的寻找，而新的信仰对象和信仰内容又尚未定型，信仰就可能面临危机。信仰危机实际上就是旧信仰和新信仰之间的断裂地带和过渡阶段。在这个节点上，人们对信仰价值的期待和失望并存，放弃和寻找并存，充满矛盾冲突和不确定性。当前，人们的信仰生活就处于危机和转机同时并存的关节点。这个状态虽然不会长期存在下去，所谓绝处逢生，在绝望的边缘，新的希望生长出来。但从责任主体的角度来说，执政党应该要主动寻找自身的原因，言行一致，知行合一。因为信仰危机实质上是信仰结构中真理与价值因素的分裂，而这种分裂归根到底要由社会生活实践本身加以弥合。

二、共识、载体与国际化

（一）关于多元、共识与核心

每个思想成熟的人都会有自己相对稳定的价值观。即便如此，真假美丑、荣辱苦乐、得失利弊的选择和判断，还是因人而异，就像鞋子是否好穿，必然因脚而异一样。现实生活中价值和价值观念都表现出多元的特性，因主体不同而不同。智者乐水，周流无滞；仁者乐山，厚重不迁。

有人偏好琴棋书画诗酒花，有人喜欢柴米油盐酱醋茶，标准不一，尺度不同。主体的多元决定了价值观念的多元。

但是一个社会要健康有序稳定发展，又必须有一个相对来说能够共同认可的价值观。多元之间要共处，需要形成共识：我不同意你的立场和判断，你可以保持你的特殊性，但我们可以共同寻找并确认一个公认的前提进行讨论。没有共识，鸡对鸭说，只能是一笔糊涂账；有了共识，才谈得上讲规则，守诚信，明事理。

社会主义是一个人民当家作主的社会，那么它为大家所公认的价值观就要以人民为主体，以人民的利益为标准，进而形成一套带有共识性的价值观念体系。否则，要么不是社会主义，要么就成不了共同价值观。如果说共识是处理多元价值观矛盾冲突的基础和前提的话，那么核心价值观就是引领社会前进的航标。

目前来说，认真处理好多元、共识和核心的关系也许比单纯地强调核心价值观更有现实意义。不可否认，今天的中国正面临价值观矛盾和冲突比较显著的转型期，“万般皆下品，唯有权钱高”的感叹、“不愿为执行规则所累，宁愿为适应潜规则受罪”的评价、“信仰失落、腐败堕落”的指责时有耳闻。且不论信息的偏激和依据，其背后和侧面不同程度地反映出价值观建设中的失范现象。中国传统的价值观、西方近现代价值观、传统社会主义价值观究竟如何在多元中凝聚价值共识，进而为社会主义核心价值观提供有益养分，是一个需要我们共同回答的问题。

对老祖宗留下来的价值思想和精神财富，我们不应该仅仅停留在“少儿读经”“美丽中文”的阶段。君子人格的示范、礼仪习俗的熏陶、天地人关系的处理、崇高精神境界的追求等，依然可以成为今天中国社会的价值共识，并转化为维系世道人心的入世情怀。当然要警惕封建宗法价值观在新的形式和外衣下死灰复燃，也要逐步扬弃信仰生活中“临时抱佛脚”“见好就收”的实用功利倾向。对近代以来西方社会从文艺复兴、宗教改革、启蒙运动、工业革命一路走来形成的价值观，我们也应有更加明晰的立场和清醒的认识。近代西方文明发展为现代西方文明，其间虽然也有变迁，但基本精神一脉相承。真正对中国产生冲击的西方文化，也许不是古希腊罗马文化，也不是欧洲中世纪文化，而是欧美现代文化。这种文化在全球取得支配地位，至今仍属强势，我们不能满足于表态和站队，而要像马克思当年那样，弄清楚其中的机理，避免资本和市场的野蛮，吸收其中的文明成果。

从多元走向共识，由共识形成核心，需要耐心细致的植树造林功夫。寻求共识不是心急火燎地到处摘果子，核心价值观要经得起岁月的沉淀和现实的严峻挑战。一切在历史和实践中得到的东西，如果视之为当然，如果不懂得珍惜，不善于坚持，也可能在历史和实践中再次失去。改革开放和现代化建设中积累起来的经验和智慧，要继续跟上新实践的步伐，有效回应现实社会价值体系的冲突和矛盾，继续引领社会思潮，并为解决问题提供有说服力的思想和智慧。这需要一个过程，急于求成往往适得其反。

（二）关于载体与平台

我们不仅要尊重常识，而且要不满足于常识。一个理论或一种理论观点不仅是吸取群众的智慧和常识的结果，而且只有反过来变成群众的智慧和常识才能深入人心，成为全社会的共识。为此，有必要谨慎处理理论与实际、导向与群众、口号与生活之间的关系。群众的智慧和常识是相对稳定的东西，我们在思考以怎样的速度和节奏推进理论创新的时候，要把这个相对稳定的基础考虑在内，使广大人民群众真正重视、理解和接受我们党的理论创新成果，真正使这种成果从抽象的理论化作人民群众的日常智慧。

建设社会主义核心价值体系，需要设计和运用一定的载体和舞台，要把好的理念寄予在由文本、人物、标志、象征、仪式所构成的具体可感的形象和活动中。

传统媒体拥有专业化的新闻队伍、长期形成的品牌效应、广阔的信息沟通渠道、丰富的实践经验及意识形态管理上的独家优势，现在和今后较长的一段时间内，仍然是社会主义核心价值体系传播的主要载体。报纸、广播、电视之外的手机短信和网络媒体也可以成为建设社会主义核心价值体系的载体和舞台，是传统媒体的有效补充和互动平台。

青少年时期是人生的起步阶段，其思想意识、价值观念和人格素养正处于形成的过程中。青少年思维敏锐、乐于探索，但情绪容易波动，意志较为脆弱，内心常有冲突。重视青少年人格教育，是一项具有战略意义的工作，而有效的人格示范是青少年价值观培育不可缺少的重要手段。文明需要垂范，诚信需要落实，青少年价值观更是需要践行的行为规范。行胜于言，善念常在心中，善念也要体现在善举中。对于价值观形成时期的青少年来说，要使他们真正养成知行合一、心口合一的良好行为习惯，离不开一个个理想人格的示范和引领作用。

中国自古以来就十分重视高蹈远举的理想人格，这是中华5000年文明史的智慧集成。中华儿女优秀的道德品质、高尚的家国情怀、积极的文化担当，逐步凝练为理性有为、自强不息、大德行天下的君子人格。“君子坦荡荡，小人长戚戚”“君子喻于义，小人喻于利”“君子一言，驷马难追”“君子爱财，取之有道”“君子之交淡如水”等耳熟能详的表达说明君子人格的具体原则与尺度。经过现代转化，君子的理想可以成为今天青少年理想人格示范的宝贵精神资源。我们要在培育青少年价值观上取得实实在在的效果，就不能在纯粹观念的叙述逻辑上兜圈子，而要发现好的形象和载体，以人格魅力和实际行为长久濡染。在这方面，继承中华君子文化的精神财富，倡导示范人格的引领作用，显得尤为重要。官有官德，商有商德，学高为师，身正为范。领导干部、公众人物、先进模范就是十分重要的人格示范群体，是青少年可敬可亲可学的楷模和励志成才的榜样。我们要用好具有传统优势的传播手段，积极搭建新的人格示范的各类平台，健行致远、修身立德，真正形成培育青少年价值观的良好文化生态。当然，人格示范还需要更加艺术地处理好平民人格和崇高人格的关系。一方面，道德教育要走向大众、贴近平民，更多地着力于推进“大众道德”或“平民道德”的建设，有效而普遍地提高个人和社会的道德水平；另一方面，道德教育要塑造崇高人格，以更高的理想照亮现实生活。和谐社会，应该是既有崇高人格引领又有平民人格支撑的社会。

建设社会主义核心价值体系，还需要借助以情动人的审美表达。所谓人性的塑造、道德感化、心灵陶冶都不能只凭外在的律令，美善相乐，以美储善，才有真正心灵的成长。在青少年的道德生活中，养成教育就是美善结合的具体体现。如何通过有效的培养和训练，使青少年从小养成良好的行为习惯，是学校德育和家庭教育的任务。这个最基础性的工作做好了，建设社会主义核心价值体系这样的“宏大叙事”才有生长的根基。我们今天提倡的对社会主义的热爱，对中华民族的热爱，荣辱观的确立，共同理想的坚持，如果要真正落实到青少年具体的道德实践中，必须在继续重视规则、戒律教育和榜样示范的同时，着手道德文字或美德故事的选择、编撰、改写和教授工作。受过道德文字熏陶的人面对棘手的道德问题比没有受过熏陶的人要处于远为有利和理性的位置，对人类共同的美德，如同情、责任、诚实、自律、勇气、毅力等也更有情感体认。

目前在青少年养成教育的问题上，学校、家庭、网络和社会之间依然不同程度地存在悖谬现象，5天学校教育和2天家庭、社会和网络的影响不尽一致。言行背离、理论与实践脱节的种种社会矛盾将对青少年心理、思维、观念和行为多方面产生消极影响。为此，我们的家长一方面要求孩子尊重父母师长，另一方面也一定要身体力行，见贤思齐；一方面要求孩子自立自强，另一方面自己也要告别包办一切的溺爱心理。只有这样，青少年将来才能言行一致，知行合一，使价值理念内化为自觉自愿的行为习惯。青少年时期是一个需要付出成本、培养责任意识的关键阶段，但“再穷不能穷教育，再苦不能苦孩子”的观念误区导致成本意识的丧失。让一个从不摘苹果的人拥有吃不完的苹果，他体会不到果实的甘美，而且多数时候是一种悲剧和灾难。“人生意义需要创造”，还原必要的难度，懂得舍弃，学会自己创造，是成本意识的基本内涵。人生的成功是需要成本的，这成本不仅是经济学的必须，更是生命美学的价值凝结。青少年养成教育中还需要慎重处理知识学习与价值判断能力的关系，学会发现知识背后的立场，了解历史事件辗转曲折、千丝万缕的来历，发现迷宫中的星斗并确立自己在纵横坐标轴中的位置，找到走出自我走向他人与社会的道路。因此，既要勤于学习，术有专攻，注重把所学知识内化于心，形成自己的见解，又要关心国家，学会担当社会责任。青少年养成教育中还需要辩证看待理想和现实的关系。一方面我们要用崇高的理想照亮青少年的生活，使青春岁月充满前进的动力；另一方面也要使广大青少年面对现实，学会辩证思维，扎扎实实干事，踏踏实实做人。

（三）人类命运共同体价值论

习近平在党的十九大报告中提出，坚持和平发展道路，推动构建人类命运共同体，推动建设相互尊重、公平正义、合作共赢的新型国际关系。呼吁坚决摒弃冷战思维和强权政治，走对话而不对抗、结伴而不结盟的国与国交往新路。坚持以对话解决争端、以协商化解分歧。尊重世界文明多样性，以文明交流超越文明隔阂、文明互鉴超越文明冲突、文明共存超越文明优越。他表示，中国秉持共商共建共享的全球治理观，倡导国际关系民主化，坚持国家不分大小、强弱、贫富一律平等，支持联合国发挥积极作用，支持扩大发展中国家在国际事务中的代表性和发言权。中国将继续发挥负责任大国作用，积极参与全球治理体系改革和建设，不断贡献中国智慧和力量。习近平还指出，世界命运握在各国人民手中，人类前途系于各国人民的抉择。中国人民愿同各国人民一道，推动人类命运共同体建设，共同创造人类的美好未来。

“人类命运共同体”构想是对人类社会发展理念的新探索，也是对人类社会总体发展规律的宏观认识与整体把握，更是应对与解答世界问题的中国方案、中国智慧。党的十八大以来，习近平先后多次提出并倡导构建人类命运共同体。作为2016年习近平外交的关键词，人类命运共同体理念反映了国际社会的共识，得到了世界范围内的普遍认同。2017年年初，习近平在联合国日内瓦总部发表了题为《共同构建人类命运共同体》的主旨演讲，倡导世界各国共商共筑人类命运共同体，其理念被载入联合国安理会决议。

“人类命运共同体”构想开创了新的全球治理体系，内在超越了“普世价值”的推广与输出，走向了全人类共同价值的价值认同与追求；一定程度上超越了国家主体的片面、不均衡、不可持续的发展，走向了全球共主体的全面、均衡、可持续发展；超越了国家主义的利益冲突、对抗与零和博弈，走向了世界主义的利益共享、责任共担、命运与共，具有极其丰富的理论内涵与时代意义。

人类的主体形态具有多层结构、多元样态。从层次上看，我们每一个个体都可以是一个主体，个人以上的某些共同体，比如家庭、行业单位、阶级阶层、民族国家、区域性的国际组织等都可以成为一个单独的主体。从结构上看，人类的多元主体之间各具有自身的历史传统、文化特色与现实样态，是一种多元互补的关系。国家并不是就一个、民族也不是就一个，个人更不止是一个。每一个主体都有它的地位与利益需要，都应该得到尊重与保障。但是，长期以来，人类的多元主体之间不是平等互补的，而是等级性、对抗性的，形成了一种支配与被支配、隶属与被隶属的关系。所以，要真正理解主体的多元多层，对“价值独断主义”者和“冷战思维”而言，还存在着一定的困难。他们以为多元总有好坏之分、先进和落后之分，先进的应该引领落后的，好的就一定灭掉坏的，把主体在多元中分裂成彼此对立、对抗、有你无我的关系。而习近平提出构建人类命运共同体构想，旨在面对主体多元多层，在最高层次上提出寻求和而不同的价值目标。在构建人类命运共同体这个问题上，我们一定要从多元主体和而不同的角度予以充分理解和把握。

为了更好地理解人类命运共同体，我们还需要坚持唯物史观，从资本主义走向社会主义的历史进程中把握客观趋势和主体建构的合理辩证法。从社会形态的演进而言，资本主义社会是历史长河中的过渡阶段，在战争与革命中诞生的社会主义国家，是符合民族国家在资本主义工业国包围下取得独立自主、迈向现代化的历史选择。历史并不会终结于资本主义“三权分立”的现代民主制度安排，也不会终结于早熟社会主义阶段的国家所有制安排。社会主义和资本主义的差异甚至对立不是“人类共同价值”的冲突，而是价值实现方式与道路选择的不同。300多年的资本主义并没有给世界带来太多和平。当今世界格局体系仍然是霸权主义和个体主义为主导，又共同面临环境、资源、核战等危机，人类共同价值的实现必须找到新的实现方式。习近平提出打造人类命运共同体的倡议，超越单个国家的利益，符合社会主义理想和实践所追求的价值目标。正如习近平在党的十九大报告中所强调的那样，我们要通过倡导主权平等、对话协商、合作共赢、共享共建、可持续发展，“一带一路”、“亚投行”等开启新时代的征程。

1. 全人类共同价值：尊重、包容与共识

“一花独放不是春，百花齐放春满园。”人类的价值理念与追求是多样的，不同的国家与民族不可能有永恒性与普适性的价值，但是，并不能因此否认人类拥有共同的价值。人类命运共同体的价值基础是全人类共同价值，体现了全人类价值的共识。人类命运共同体是世界各国在国际交往中逐渐形成的价值共识的集中表达，是全人类价值追求与价值认同的一种成果。习近平在联合国大会发言中提出：“和平、发展、公平、正义、民主、自由，是全人类的共同价值，也是联合国的崇高目标。目标远未完成，我们仍须努力。当今世界，各国相互依存、休戚与共。我们要继承和弘扬联合国宪章的宗旨和原则，构建以合作共赢为核心的新型国际关系，打造人类命运共同体。”[①] 不难理解，全人类共同价值的内容涵盖了不同的国家、地区，不同的种族、性别与阶级，甚至包容了不同的文化传

① 习近平：《携手构建合作共赢新伙伴　同心打造人类命运共同体》，《人民日报》，2015年9月29日。

统、价值观念、宗教信仰，最大限度地容纳一切国际社会群体，与此同时寻找价值共同点和交叉面，进而形成为大多数人认可的理念和取向。因而，全人类的共同价值能够成为人类命运共同体建设的基础。

必须强调的是，这里的全人类共同价值完全不同于普世价值。长期以来，西方国家在全球治理中秉持与倡导一种看似中立的以“自由、民主、人权”为代表的普世价值观，宣扬跨越社会群体身份与不同地域文化差异，放之四海而皆准，力图呈现去政治化、去意识形态化、去国家化的特征，夸大其适用性、普遍性、优先性和主导性。而事实并非如此，正如马克思、恩格斯所言，“为了达到自己的目的不得不把自己的利益说成是社会全体成员的共同利益，就是说，这在观念上的表达就是：赋予自己的思想以普遍性的形式，把它们描绘成唯一合乎理性的、有普遍意义的思想”。①经过精心包装的普世价值正是有目的、有倾向的价值输出与推广，借助普世价值，把“西方精神”“西方价值”“西方文化”塑造成为价值合法性与合理性的内在尺度与标准，强制和霸权的意味再清楚不过。从本质上讲，普世价值就是西方国家推行和平演变的重要策略和手段，是一种价值殖民与侵略。

与此相反，全人类共同价值仅仅表达了世界各国人民共同的价值观和需要，并不是强制性、普适性的价值。所以，全人类共同价值也并不是中国价值的输出与推广，而是世界各国人民价值交往与融合的产物，是多元价值共识的集中呈现，适应了全球化时代背景下世界各国人民的价值归宿与需求，代表与维护着世界各国人民的价值选择与利益诉求。在全球化与多元文化背景下，交往形式与内容的多样化带来多元价值的交流与碰撞，价值追求的多样性不断增加。全人类共同价值的意义与功能归根到底体现在尊重世界各国人民的多元价值，引领价值选择与价值诉求，形成全人类价值的多元共识，进而塑造人类命运共同体。

① 《马克思恩格斯文集》(第1卷)，人民出版社2009年版，第552页。

2. 全球共主体：依存、合作与共赢

殖民主义时代，世界各国弱肉强食，谁的实力强、拳头大，谁就主导世界，剥削与压迫弱小国家与民族。与此相适应，西方国家主导下的全球治理体系所塑造的全球共同体只能是一种西方国家主体。也就是说，只是从西方国家的利益与需要出发，在全球交往中不断扩张，谋求霸权与垄断，这只能是一种“虚幻的全球共同体”。

人类命运共同体的提出与构建是全球共同体发展的必然产物。但是，人类命运共同体所构建与追求的全球共同体不是一般性的国家主体而是一种全球共主体。当今时代，世界各国命运与共、休戚相关，“世界好，中国才能好；中国好，世界才更好”。[①]所以，各个国家之间“不能这边搭台、那边拆台，而应该相互补台、好戏连台”。[②]因此，在全球交往背景下，人类社会日益形成了一个相互依存的全球共同体。习近平指出，“国家不分大小、强弱、贫富，都是国际社会平等成员，理应平等参与决策、享受权利、履行义务”。[③]因而，国与国之间都是全球共同发展的主体，都应该共同分享全球发展成果，“大国对小国要平等相待，不搞唯我独尊、强买强卖的霸道”，[④]这也正是人类命运共同体与西方国家所提出与主张的全球共同体的根本区别所在。

当然，全球共主体并不是否定、超越国家主体，而是在国家主体的基础上寻求更高程度的合作与共赢。全球共主体内在确立与肯定了世界各国的多元主体地位。从共时态来看，人类命运共同体不仅包括西方发达国家、发达地区，更包括广大发展中国家与地区。人类命运共同体力求实现每一个国家与地区的共同发展，强调各发展主体均有发展的权利。从经历时态来看，人类命运共同体不仅包括当下生活的人类，也包括未来的人类，是当代人与后代人之间的可持续发展，不仅强调当代人

① 习近平：《共同构建人类命运共同体》，《人民日报》，2017年1月20日。
② 习近平：《共同创造亚洲和世界的美好未来》，《人民日报》，2013年4月8日。
③ 习近平：《共担时代责任　共促全球发展》，《人民日报》，2017年1月18日。
④ 习近平：《共同构建人类命运共同体》，《人民日报》，2017年1月20日。

的发展机会，而且特别关注后代人的发展机会。当代人的发展不能挤压后代人生存和发展的空间，不能以损害后代人的发展为代价。所以，人类命运共同体不仅要实现当代人的生存和发展，而且还要实现后代人持续的生存和发展。可以说，人类命运共同体是一种全球多元主体的共同发展。

人类命运共同体是全面均衡发展的多元共主体。所谓全面发展的多元主体就是针对、防止和克服片面、失衡发展而言的，即每一个国家与地区的发展都必须得到保障，发展的权利与机会都不能被剥夺。但是，传统全球治理体系下，大部分发展中国家与地区的发展权利却被剥夺，导致不同国家、地区之间的发展差距不断扩大。习近平强调指出，“全球最富有的1%人口拥有的财富量超过其余99%人口财富的总和，收入分配不平等、发展空间不平衡令人担忧。全球仍然有7亿多人口生活在极端贫困之中”，[①] 世界不断走向两极分化。在美国学者大卫·哈维看来，资本主义发展“永远都会对实现平衡的倾向造成破坏”，资本主义的不平衡发展进一步拉大了世界各国差距，最终的结果就是：一边是资本主义国家的财富在急剧增长，一边是发展中国家的穷人越来越穷。从深层来看，不平衡发展是资本主义全球治理体系下全球共同体发展的必然结果。

人类命运共同体是全球共同体发展模式与发展理念的深刻变革，推进世界多元主体发展模式的转换与提升，力求实现多元主体的全面均衡的发展。习近平指出，“面对世界经济的复杂形势和全球性问题，任何国家都不可能独善其身、一枝独秀，这就要求各国同舟共济、和衷共济，在追求本国利益时兼顾他国合理关切，在谋求本国发展中促进各国共同发展，建立更加平等均衡的新型全球发展伙伴关系，增进人类共同利益，共同建设一个更加美好的地球家园”。[②] 因此，只有通过世界平衡增长才能

① 习近平：《共担时代责任　共促全球发展》，《人民日报》，2017年1月18日。
① 习近平：《中国决不称霸扩张》，《人民日报海外版》，2012年12月6日。

逐步缩小世界各国发展中形成的差距，共同分享发展成果，实现世界大同，真正走向人类命运共同体。否则，即使缩小了国家间差距也会被新的不平衡发展所打破，人类命运共同体更是奢望。所以，人类命运共同体内在需求世界各国的利益融合与平衡增长，它们之间是互为条件、相互促进的。在习近平看来，“利益融合，是世界经济平衡增长的需要。平衡增长不是转移增长的零和游戏，而是各国福祉共享的增长”。[1] 当然，这里所谓的平衡增长就是要实现动态的平衡，联动发展。正因为如此，习近平也多次强调：“中国的发展是世界的机遇，中国是经济全球化的受益者，更是贡献者。中国经济快速增长，为全球经济稳定和增长提供了持续强大的推动。中国同一大批国家的联动发展，使全球经济发展更加平衡。中国减贫事业的巨大成就，使全球经济增长更加包容。”[2] 正是从这个意义而言，习近平提出构建“人类命运共同体”就是要创造更加广阔的发展空间，保障互利共赢，让世界各国分享中国发展的机遇，实现共同发展。

人类命运共同体也是可持续发展的多元共主体。可持续发展的多元共主体，就是针对、防止和克服不可持续的发展付出的代价而提出来的。以牺牲发展中国家与地区为代价来实现发达国家与地区的发展，目的与手段冲突。以牺牲下一代人的发展空间、生态环境为代价来满足当代人的发展，眼前与长远相矛盾。人类命运共同体就是要尊重全球多元共主体的发展权利，让世界各国共同分享全球发展的机遇与成果，满足每一个国家与地区的发展需要，激发全人类的主体性，彻底消除全球贫困与两极分化，实现全人类的共同发展与进步。总而言之，人类命运共同体的全球共主体发展能够克服传统全球共同体的不均衡、不可持续发展的代价，推进世界各国的互利共赢和可持续发展。进而，进一步塑造新型的国家与国家、地区与地区之间的发展关系，只有这样，建设更加美

① 习近平：《共同维护和发展开放型世界经济》，《人民日报》，2013年9月6日。
② 习近平：《共担时代责任　共促全球发展》，《人民日报》，2017年1月18日。

好的地球家园才具有光明前景与未来方向。

3. 世界主义：利益、责任与命运

“欲穷千里目，更上一层楼。”当今世界的快速发展，“世界多极化、经济全球化、社会信息化深入推进，各种挑战层出不穷，各国利益紧密相连。零和博弈、冲突对抗早已不合时宜，同舟共济、合作共赢成为时代要求”。[①] 全球性问题的解答必须跨越国家主义的局限，扩大各国的利益交汇点，推动形成以合作共赢为核心的人类命运共同体。因此，人类命运共同体的深层理念不是国家主义而是世界主义。传统的全球治理体系以国家主义为根基，各个国家和地区都在谋求自身利益的最大化，而不去兼顾其他国家和地区的利益，世界因此无法实现和平与发展，反而还引发了各个国家、地区利益的冲突与对抗。人类命运共同体的提出推进了人类社会发展理念的重大变革，是对人类社会整体发展规律的认识与把握，走向了以世界主义为根基的全球治理体系。

人类命运共同体回应了新的时代需求。伴随着互联网时代的到来，正如习近平所言，“今天，人类生活在同一个地球村，各国相互联系、相互依存、相互合作、相互促进的程度空前加深”，[②] 世界各个国家与地区之间的发展联系日益紧密，利益相互融合。同时，世界各国与地区又都处于全球风险社会之中，共同遭遇了世界性的问题与挑战。全球气候变化、生态环境恶化、恐怖主义、自然灾害、核危机、难民潮等一系列问题成为世界各国与地区共同面临的全球性挑战，任何一个国家与地区都无力独自承担，需要全人类共同应对。

人类命运共同体适应了当今时代的重大变化，内在超越了冷战思维与阵营对抗，是以世界主义为根基的全球治理理念。习近平指出，“要跟上时代前进步伐，就不能身体已进入21世纪，而脑袋还停留在过去，停留

---

① 习近平：《为构建中美新型大国关系而不懈努力》，《人民日报》，2016年6月7日。
② 习近平：《让工程科技造福人类、创造未来》，《人民日报》，2014年6月4日。

在殖民扩张的旧时代里，停留在冷战思维、零和博弈老框框内”，[①]合作共赢是时代的大势所趋。人类命运共同体要求“每个国家都有发展权利，同时都应该在更加广阔的层面考虑自身利益，不能以损害其他国家利益为代价”。[②]当然，人类命运共同体的构建并不是否定各个国家自身的利益，而是提倡各国坚持正确的义利观。“世界各国联系紧密、利益交融，要互通有无、优势互补，在追求本国利益时兼顾他国合理关切，在谋求自身发展中促进各国共同发展，不断扩大共同利益汇合点”，[③]以此寻求利益最大的公约数，实现利益融合与共同发展。

在全球化时代，虽然各个国家与地区之间存在着利益诉求上的差别与对立，各国利益也呈现出多元化的特征。但是，在全球交往与生存条件下，同一个星球上的各个国家与地区之间内在地具有共同的发展目标和利益追求，客观上存在着根本利益的一致性。在此基础上，能够形成共同的利益取向、达成广泛的利益共识，使利益共同体成为命运共同体的坚实基础、责任共同体的基本依据。因而，人类命运共同体不仅仅是世界各国价值共识与多元主体的问题，也是利益与责任的问题。人类命运共同体内在要求世界各国利益的共同分享、责任的共同担当。人类命运共同体与利益共同体、责任共同体是统一的整体，或者说利益共同体、责任共同体是人类命运共同体的有机构成部分。“大国要尊重彼此核心利益和重大关切，管控矛盾分歧，努力构建不冲突不对抗、相互尊重、合作共赢的新型关系。”[④]

人类命运共同体内在要求利益共享、责任共担、命运与共，这不仅仅是全球价值观与共同体的变革，也是全球经济结构与利益分配结构的调整。当然，如何推进全球经济结构的重构是现实中的一大难题。应该说，“一带一路”的构想与实施使全球与区域经济结构的重构从可能走向

---

① 习近平:《顺应时代前进潮流　促进世界和平发展》,《人民日报》,2013年3月24日。
② 习近平:《共担时代责任　共促全球发展》,《人民日报》,2017年1月18日。
③ 习近平:《共同创造亚洲和世界的美好未来》,《人民日报》,2013年4月8日。
④ 习近平:《共同构建人类命运共同体》,《人民日报》,2017年1月20日。

了现实，也为人类命运共同体的实现创造了新的条件。人类命运共同体背景下“一带一路”建设具有重要的世界意义与功能，不仅走向重新调整全球资源配置与规则，而且还指向全球产业结构与利益分配格局的重塑。“一带一路”建设完全不同于西方资本主义国家的全球与区域不平衡经济结构关系的构筑。“一带一路”建设坚持的原则是共商、共建、共享，目标是实现分享发展机会，分享发展资源，分享发展成果。因此，“一带一路”建设超越了资本全球化所塑造的全球各个国家、区域之间剥削与被剥削、压迫与被压迫的关系。“一带一路”建设既具有全球化的一般规律，也具有深刻的中国特质。“一带一路”建设展示了区域发展模式与合作理念的变革，为重塑世界格局指明了方向，提供了现实的道路，有助于推动更加民主、公正、共享的国际秩序的建立。从深层来讲，“一带一路”建设引领与构建着新型区域合作机制与格局，承担着开启全球化新征程的历史重任。为此，我们要从全球化发展趋势的现实出发聚焦中国“一带一路”建设对全球构架、区域结构的现实影响，把握中国对于推进全球化改造的贡献。可以说，“一带一路”建设的提出与实施，本着共商、共建、共享精神，促进政策沟通、设施联通、贸易畅通、资金融通、民心相通，其目的就是要创造更加广阔的发展空间，实现共同发展。正是“一带一路”建设为人类命运共同体的构建创造了新的条件，打造了新的平台，提供了新的示范。

当然，构建人类命运共同体是一个需要不断推进的过程。人类共主体作为最高层次的主体形态，其存在、显现和逐渐到位是一个较长的过程。人类命运共同体下各不同层次主体间的关系如何做到区别而不对抗、兼容而不替代需要世界各个国家和组织的协作和努力。走出单一主体的概念误区，摒弃两极对抗，实现和而不同的价值理想更非一蹴而就。但无论怎样，人类命运共同体的倡导和构建，既是中国面对世界的责任担当，也是一种积极参与的权利。中国将积极发展全球伙伴关系，扩大同各国的利益交汇点，推进大国协调和合作，构建总体稳定、均衡发展的大国关系框架，按照亲、诚、惠、容理念和与邻为善、以邻为伴的周边外交方针深化同周边国家关系，秉持正确义利观和真、实、亲、诚理念，加强同发展中国家团结合作。

总而言之，正如习近平所言："中国共产党人和中国人民完全有信心为人类对更好社会制度的探索提供中国方案。"[①] 人类命运共同体是在世界深刻变化的新背景下寻求公正合理的国际秩序和开放共赢的增长模式而提出来的中国方案。这个方案体现的是正视冷战思维、阵营对抗给世界人民带来的冲突、矛盾、战乱、人祸，洞察世界人民渴望和平、稳定、发展和幸福的根本需求，运用差异中求同一性、多元中求共同点、分歧中求公约数的辩证思维与方法，充分体现中国智慧与责任担当。

① 习近平：《在庆祝中国共产党成立95周年大会上的讲话》，《人民日报》，2016年7月2日。

主题五
马克思主义历史观系列研究

一、科学历史观

近年来，在我国思想文化领域出现了一股看似无关紧要实际上影响深远的历史虚无主义思潮，至今尚未消除其负面影响。针对历史虚无主义思潮比较有代表性的学术反思和批评有三次：

第一次是2005年北京大学的沙健孙、梁柱，中国人民大学的李文海，北京师范大学的龚书铎等学者发表系列笔谈和文章。当时至少有三种历史虚无主义值得关注：第一种是党史领域的“否定革命”的虚无主义；第二种是对全部历史的虚无主义，“新历史主义”等后现代思潮的主张就是如此；第三种是对历史教育的虚无主义，影视创作领域的“戏说”热和“空手道”、网络FLASH的“搞笑”和“无厘头”、大中学生教材中对历史感的普遍漠视等就是这种虚无主义的具体反映。

第二次是2015年年底推出的《中国社会科学院历史虚无主义批判文选》，系统梳理了近10年来，尤其是近几年来批判历史虚无主义的代表性文章，可以视作学术界对这一思潮进行反思的一个总结。

第三次是2017年2月20日，中国社会科学院史学理论研究中心研究员于沛、北京师范大学历史学院教授郑师渠、武汉大学马克思主义学院教授杨军在人民网发表题为“揭去历史虚无主义面纱”的对话。这个对话回应了新时代历史虚无主义的表现（网络传播、“带毒”、碎片化、把支流当主流、把预设当前提、把演义当历史、把八卦当真实、把恶搞当时尚等）。另外，复旦大学哲学系邹诗鹏教授有论虚无主义的专著问世，在学界有良好反响。

作为一种思潮，历史虚无主义有学术、文艺、舆论等多种表现形态，但实质一直没有变化，是一种政治思潮。以“重新评价”为名歪曲历史，以“理性思考”为名否定社会主义，从歪曲革命历史、社会主义历史和党的历史入手，达到否定党和社会主义制度、消解当代中国走中国特色社会主义道路的目的，其根源是唯心史观。历史虚无主义思潮的蔓延，导致人们历史观和历史知识的混乱，将“恶搞”“戏说”和“重评”下各种碎片化的“历史事实”当作历史真实，破坏了当代中国发展所需要的政治认同和价值共识。

对此，我们有必要把唯物史观的基本原理、我们党对世界历史和中国历史的深刻理解、我们面临的历史情境和历史任务、需要我们澄清和批判的错误观点等结合起来进行分析，从而在“重在建设”的意义上坚持科学历史观，继承和发展马克思主义。

（一）历史事实与历史著述

历史虚无主义的一个核心观点是否认历史的客观性，既否认历史事实的客观性，也否认历史认识和历史著述的客观性。对此，我们应当有一个比较清醒的学理分析和切合实际的理解方式。党史领域出现的否定革命、随意臧否历史人物的虚无主义固然要批判，但更值得关注的是另一种意义上的历史虚无主义，这种虚无主义根本否认历史有所谓客观性真理，认定历史只是“文本”“叙事”，甚至不过是一种“发明”。这样的“新历史主义”借口历史著述的主体性和价值渗透完全否定任何历史事实的客观性。其实，即使在西方学术界，后现代主义也只是史学理论中的一家之言；有些历史哲学家，即使主张“历史本来没有意义，是我们给历史以意义”，也不主张历史事实是纯粹的臆造和构想。这里的关键之处是要说明：(1)历史事实本身不是我们想象中的与人无涉的物理事实，而是始终包含着历史活动者主体性的价值事实；(2)历史著述能间接而正确地反映历史事实。①

所谓的历史事实既是客观事实，又是主体性的价值事实。从最一般的意义上来说，人类迄今为止所经历过的一切都可以被称为历史。这个历史与历史事实相重合，也就是人们非常熟悉的存在论角度的历史概念。但这个历史事实作为永远消逝的过去，并不是现在的人们直接面对的事实，人们也无法原封不动地将其复原。实际上，历史事实本身作为主体人追求真理、创造价值活动的过程和成果，同时又是一个价值性事实，内在地包含历史活动参与者的创造，依赖于著述者的认识和表达。"'历史'并不是把人当作达到自己目的的工具来利用的某种特殊的人格。历史不过是追求着自己目的的人的活动而已。"② 关于这一点，历史学和历史学家们的认识也经过了一个由简单到复杂、由朴素到深刻的过程。经过了对客观主义、实证主义史学的扬弃，经过了自康德以来近现代哲学的洗礼，关于历史事实的价值内涵和主体性品格才逐步呈现出来。③

如果我们能接受历史事实本质上是一种主体性的价值事实，那么历史著述能够正确客观地反映历史事实也就不难理解了。著述作为人认识和评价历史的一种文本方式，当然不能直接作用于已经过去了的物理意义上的历史存在，所以简单地套用一般的认识论行不通。许多历史著述的对象已不完整地存留于现在，但它们毕竟或者以遗迹文物的形式，或者以历史资料的形式，或者以两者兼而有之的形式存在于著述者面前，通过这些中介，著述者可以间接认识历史对象。所谓历史著述的客观性实际上就表现为对历史事实的正确的间接反映。

历史著述的客观性有自己的辩证法：首先，这种客观性作为历史著

① 参见袁吉富：《历史认识的客观性问题研究》，北京大学出版社2000年版。
②《马克思恩格斯全集》(第2卷)，人民出版社1957年版，第118—119页。
③ 参见韩震：《历史·理解·意义——历史阐释学》，上海译文出版社2002年版。

述所追求的目标并不能一次性完成，而是要经过主客体的多次往复才能完成；其次，历史著述的客观性主要关注的是对历史现象整体性、全局性的大致正确的反映和把握，而不在于一味追逐细节上的正确；再次，历史著述的客观性是历史认识与客观历史的具体的历史的统一，是相对和绝对的统一；最后，历史著述的客观性不仅是著述与客观历史的符合，而且还是能动的符合，也就是说历史著述的主体性与客观性不是相互排斥的而是对立统一的关系，客观性中就包含主体性。对于历史著述者来说，不发挥主体性，历史认识根本不可能产生，也就不存在历史认识的客观性问题。主体性发挥得不当，反过来也会阻碍历史认识客观性的获得。

历史著述的主体性在历史学家具体的研究中表现为设定研究对象、接纳和整理历史活动所提供的信息以及理解和解释信息等方面。要描述在具体时间、空间条件下活动着的历史人物、事件及过程，历史学家常常运用形象和想象，而在描述历史人物的心理活动、性格结构，描述社会习俗、社会心理以及历史过程的细节时，历史学家的形象思维和想象力就更为重要。它可以抓住历史认识对象的典型特征予以描绘，省略掉那些无关紧要的细节；可以求助于合理的想象和猜测去弥补材料之不足，以填补历史连贯链条中的空白环节；可以以头脑中原有的其他具体的历史形象与所要描述的对象相类比，增强说服力和感染力。但是无论历史学家的形象思维的作用如何能动发挥，历史学家所描绘的画面还是要力求真实，必须在时空中有明确定位；必须用不断浮出地表的历史证据加以证实。历史著述者的主体性发挥因而总是有限度的，超过这个限度，就会把历史认识变成历史小说，变成纯粹的想象和虚构。

弄清楚了历史事实的主体性和历史著述实际上可能具有的客观性，也就从根本上弄清楚了后现代史学特别是新历史主义的“洞见”和“不见”。[①]

---

① 葛兆光：《思想史研究课堂讲录：视野、角度、方法》，三联书店2005年版，第90—91页。

新历史主义（New Historicism）是诞生于20世纪80年代的英美文化界和文学术界的“新”的文学批评方法，一种对历史文本加以重新阐释和政治解读的方法。新历史主义对旧历史主义和形式主义文学批评方法加以批判，张扬“主体”和“意识形态”，注重历史文本的叙事特征。新历史主义的主将是格林布拉特（Stephen Greenblatt）和海登·怀特（Hayden White）。前者注重文学史的重写，而后者则注重“元历史”的构架。

作为一种虚无主义思潮，新历史主义否认历史的客观性，干脆不承认有所谓最后的实在，将历史直接归结为文本和叙事。文本当然不取决于历史事实本身，而取决于叙述它、解读它的人，取决于这些人的自觉或不自觉的意图、认识乃至偏见。其中有误会、有误解，也不排除严重的意识形态的扭曲。所有这些又与特定的时代、特定的社会背景和特定的权力话语联系在一起。于是历史始终是被人写下来的历史，不存在客观所指的历史，一切均是人为的编造。任何历史只是当代史，都被“当代”的权力话语所驱使，有的自觉和明显，有的不自觉、不明显。新历史主义突出并竭力推演的这一极端观念，在戳穿绝对的理性主义历史观所宣扬的价值中立、科学研究的虚伪方面有一定作用。[①]它的洞见也正体现在对历史文本的高度警惕上。[②]文本不是玻璃，不同的书写描述不同的过去，将构成不同的历史图像。书写的章节、资料的选择、叙述的角度和逻辑、所用的语词等发生变化时，历史的图像随之而变。在这个意义上，写法或历史叙述本身，确实是非常值得注意的。即使如此，我们并不能认同新历史主义的观点。

对真实存在的“过去”和书写出来的“历史”持漠视的态度，无论从学理还是实践的层面上都是说不过去的。新历史主义完全否认任何真相和客观性，认为一切都是文本游戏，所谓历史不过是不同文本之间的

---

① 参见李泽厚：《历史本体论》，三联书店2003年版。
② 葛兆光：《思想史研究课堂讲录：视野、角度、方法》，三联书店2005年版，第90—91页。

竞争和选择，这显然是站不住脚的。从最基本的层面来说，人类的日常生活、衣食住行，并非虚构，也非文本。历史的主要部分本就是那些衣食住行和日常生活的记录和记述，为保存经验，巩固群体，传之后代，归根到底还是为了衣食住行。尽管世代存留的实物、遗迹会被不断解释和解说，但毕竟不可能被文本全部淹没，即使是想象和虚构也不可能随意飞翔。相反，各种文本总是围绕着特定的历史实物进行科学的、伦理的、审美的、意识形态的描述和解说。奥斯维辛集中营里留下来的鞋子、头发、假牙毕竟不是否认纳粹大屠杀的文本所能推翻的。这些劫后遗存恰恰说明，历史并非文本。文本无法取代史实。一个曾经存在的过去，制约和规定着历史叙述的边界。我们不能一概抹杀这个隐隐约约始终存在的制约。过去存在的遗迹、文献、传说、故事等，始终提醒我们不要胡说八道。历史正因为如此才不可能是文学意义上的散文。

要对历史有一个相对清晰的叙述，事实上也不能缺少韦伯所说的“理想类型”，不能少了理性的秩序和框架。历史原本的存在，完全可能是散漫的、杂乱无章的，但叙述不可能一笔糊涂账，“拆碎七宝楼台，不成片断”。新历史主义确实发现了一些历史叙述的漏洞，也一度使人招架乏力，但最后的结果又如何？恐怕除了自己把自己拆碎之外别无其他结局。从这个意义上看，盲目肯定和追随后现代史学的“洞见”将是一条不归路。

（二）历史规律与历史责任

历史虚无主义的一个主要观点是否认历史有所谓的规律。无论是党史领域的虚无主义还是一般意义上的后现代“碎片”理论都拒斥“规律”和“必然性”。而这个观点又往往被当作怀疑甚至否定共产主义理想的一个论据。但是，理论和现实都表明，历史规律并不是那么容易否定的。如果我们不把历史规律看作是对于历史过程的细节的机械规定的话，那么，否定历史有规律，就像肯定历史细节都受历史规律决定一样，是站不住脚的。

我国近代史研究中出现的历史虚无主义思潮割裂革命与现代化的关系，认为近代以来的中国革命是由少数革命家“制造”出来的，根本无所谓规律。这显然不符合历史实情。鸦片战争以后，中国逐渐沦为半殖民地半封建国家，中华民族面临两大任务：一是求得民族独立和人民解放；二是实现国家富强和人民富裕。由于反动统治势力不可能自动退出历史舞台，因此前一个任务只能通过革命的手段来完成。而且这个任务不完成，完成后一任务所存在的制度障碍就无法扫清，国家繁荣和人民富强就成为空中楼阁。这也就是为什么近代以来的有识之士抛家舍业、流血牺牲，把最主要的精力投入革命事业中去的原因。中国人民选择革命，完全是为了国家富强和民族振兴。这才是近代以来中国历史发展的基本逻辑。其间有内在的不以任何人的意愿为转变的现实力量。历史虚无主义却无视这个主旋律，坚决否认历史有所谓的“规律”，从而否认历史有所谓的必然性。在他们看来，历史即使并非文本，但毕竟由人创造，因此不可能存在所谓的不以人的意志为转移的客观规律。

我们应仔细分析“不以人的意志为转移”是何种意义上的？当然语言学家会有各种各样的解释和考证，但我们理解的历史规律性是指：人类总体上存在着不依照人的主观意愿、欲求、计划却一定会发生的事件、现象或趋向。当然不排除有某个群体或某个个人为了某种崇高目的不吃不喝，但就人类总体而言，毕竟这样的行为是非常态的。规律总有例外，但不影响其普遍性。正由于与人民大众的衣食住行和日常生活密切相关，今天以科技为动力的社会进程和市场经济以不依照人的意愿为转移的速度前行。即使许多人抱怨今天的物质文明，非难现代消费主义所带来的种种弊端，但真正乐意回到茹毛饮血时代的人毕竟不多。这就是所谓客观必然性和规律的基本内涵。随着经济基础的变更与发展，马克思所说的生产关系和交换关系也随之发生变化，这也有一定的客观性，但由于它们与衣食住行的关系远了、间接了，这种规律性和必然性的形态、样式就远为复杂了，也远不及经济领域和生产工具领域那么确定、明显，也就是说必然性看起来不那么“必然”。

我们更需要思考的也许不是规律本身的存在与否问题，而是任何历史现象、人物和事件，其主动创造历史的成就和失误，到底多大程度、多大比例是必然的，即受时空、条件和环境制约而出现的？多大程度上是偶然的，是由于个人主观的思想、品格、信仰、意志和情感等原因？这是一个十分复杂而重要的问题，很值得研究。比如某个具体的历史事件，影响其发生的具体因素分别是什么？它如何产生？如何展现？它们今天是否还存在？作为该事件的必然因素在当时和今后怎样？是否可以有不同的引导方向？所有这些问题都需要通过“必然与偶然”这一历史课题进行探讨以获取经验和认识，在此我们不能停留和满足于“宏大叙事”。人一方面主动创造历史，同时又被历史规定和制约。即使在最自由的文化领域，莎士比亚也不可能出现在原始社会，如同今天不可能有屈原、杜甫。因此不能把历史上包括衣食住行在内的所有事件，都解说成必然规律和不可避免的；恰恰相反，必然和偶然的关系，在历史结构中各占什么地位，才是问题的真正所在。因为所谓必然与偶然在事件中所占的比例、成分、结构是并不相同甚至大不相同的，这才是历史研究的主题和核心，而所有这些都包含在唯物史观的考虑之中。

人类历史总体上的规律性与历史参与者应当有的主观能动性和责任感并不矛盾。追求和服从真理，简单说就是人必须无条件地尊重历史规律，按世界的本来面目和尺度去认识和改造世界；追求和创造价值，则是人作为主体的权力和责任，人永远要按照自己的尺度和需要去认识和改造世界，以实现人的生存和发展。可见真理和价值本身就是人类实践、劳动的内在尺度，追求真理和创造价值作为实践和劳动的基本内涵就存在于人类的进步活动中，而不是在它之外之后的某个附加产品。人类的历史已经向我们表明：在人类健康正常的活动和发展中，真理与价值之间必须而且能够实现统一。事实上，正是通过它们之间具体的历史的统一及其不断发展，才有今天的人类文明和未来的人类解放。因此，我们不能以历史规律为借口而放弃价值选择和责任承担。人一方面被历史规定和制约，另一方面又主动创造历史。有客观根据的美好理想要变成美好现实，离不开我们审时度势，与时俱进，因势利导。因为历史规律并没有为我们规定一个不管我们怎样选择都注定会达到的先验目标。认识到我国改革开放处在关键时期，强调“我们必须居安思危，增强忧患意识”，是我们党吸取正反两方面经验教训得出的重要结论，充分表明我们党是一个成熟的党，其水准和境界是历史虚无主义者无法理解的。

中国古代史学家把“直笔”的品性和“实录”的风格视作史学家最理想的目标。其实，“直笔”、“实录”是与史学家独立的批判精神和强烈的社会责任感联系在一起的。真挚、良知是“直笔”和“实录”的基础。而勇气是实践真挚和良知的保障。在选择、加工、解释历史事实上，在揭示历史本质、叙述客观历史方面，史学家的笔底波澜中应深深凝聚对家园的真挚之爱，对人类的正义之感，对人民的热情歌唱，通过对人民生命活动的一次又一次感受，一次又一次提炼，一次又一次升华，展示历史所具有的人性力量。

（三）历史实践与历史教育

各种不同层次的历史虚无主义还否认历史的实践性。我们既是历史的认识者，也是历史的实践者。除了在理论上弄清楚历史虚无主义的内涵、本质外，我们还必须正视这种思潮存在的现实基础。历史虚无主义形成的原因究竟是什么？膨胀起来的物质欲望？金钱对心灵的腐蚀？醉生梦死？浮躁人生对历史的必然反应？新生代对历史的无知？对西方文化仰慕过头？这些固然是历史虚无主义形成的原因，但除了这些之外，还要重点关注正史不正、信史无信的事实。我们的小学生、中学生乃至大学生多年来所接受的历史教育（正史、信史），视野不够开阔，包容量也不大，无法满足这些受教育者今天对历史的期待和需求。经济史、科技史、文化史不但在以往的史书类别中少得可怜，而且即使有，也显得苍白无力。作家沈从文当年放弃旧业，钻进故纸堆，写作《中国服饰史》，可算是填补了专门史方面的空白。但毕竟那是异数。社会史、文化史、民族史乃至口述的各种历史我们重视得还不够。不仅如此，语言表达也成问题。中国古代史书不仅记录史实，而且也是文学上的范本。司马迁放弃对单纯叙事的执着，得到了具有开创意义的全新体例的纪传体形式，达到“究天人之际，通古今之变，成一家之言”的境界。西方史学术界有许多著名学者甚至不惜笔墨和精力进行历史通识教育，语言优美，赏心悦目。这些都值得我们深思。如果还停留在三段论式的背景、事件、结论模式，效果就会大打折扣。

正史不正、信史无信还表现在观点陈腐、脱离实际。中国历史学包括中共党史研究中存在着脱离现实生活的各种矛盾。比如对国家学说的解释就存在这样的问题，是不是只强调国家是一个阶级统治另一个阶级的暴力工具就足够了？国家在公共事业、公众利益上的组织、管理、协调功能在阶级论的国家学说中如何言说？现实的制度运作中已经成为事实的东西如果与教材、文件存在严重背离，那么活着的是事实，逝去的是陈腐的历史观。

正史不正、信史无信还表现在割断历史，漏洞百出。我们在批判历史虚无主义的同时，是否也需要自问：我们的所谓正史中有没有可能存在虚无主义的毛病，也像虚无主义那样割断历史、随意臧否历史？在历史的继承性研究和阐述上，是否真的过于简单化？好人一切都好、坏人一切都坏的幼稚病是不是还一定程度地存在？如果在继承性上存在很大的片面性，那就很容易给历史虚无主义思潮以话柄和空间。在认清历史虚无主义危害的同时，确实有必要看到我们自身存在的问题和症结。注重细节，说“人话”，挖掘史料，尊重历史，真正使正史像正史，使信史有信。恐怕这些才是比较有效应对虚无主义的策略。

总之，在痛斥历史虚无主义行径，为那种否定中华民族奋斗史的思潮感到愤怒的同时，也要认真思考我们为后人留下了什么？我们自己是如何从事历史实践活动并记录这一活动的？我们是否对历史负责？如果我们也因为这样那样的原因把历史真相掩盖起来，把一个又一个解释真实历史的机会拱手相让，那么我们拿什么来对付历史虚无主义？还有什么能力阻止历史虚无主义与和平演变交相作用、相互裹挟？从这个意义上说，坚持马克思主义的科学历史观既是一项理论任务，更是一项迫切的实践任务。

近年来，一些作家和名门之后创作了不少或纪实或虚构的作品，中间或多或少地涉及中国共产党执政前后的历史。党派之争、性命较量、风雨人生在他们的笔下都有曲折的反映。在此背景下，不妨在宣传和研究相对分家的条件下更深入地对我们党的历史进行细致具体的梳理，使一些曾经被掩盖、误解的内容逐步实现“能量释放”。采取积极主动的方法稳步提升党史进程的“保真度”又有效维护党的形象，需要高超的艺术。

中小学目前的教科书由于受到部门利益垄断的严重干扰，历史教育的分量微乎其微。有关教育部门应认识到历史教育在主流价值观建设中的重要性并从落实教材的高度做出具体规划。而在大学生中间，则可以从手机短信、网上聊天入手，认真开展珍惜历史的教育，增强青少年对历史、对祖先、对前人的敬仰与敬畏之心。此外，还应对大众传媒领域的历史意识教育进行认真规划。物质主义的东西过于泛滥，掘到“第一桶金”的大肆渲染，跟着市场吹捧一些无根的浮萍，就无法真正落实正确舆论的引导功能。

二、历史认识与历史评价

（一）价值评价的主体性

认识活动和评价活动在历史研究中很难明确分开，因为认识主体和价值评价主体在狭义的历史认识活动中是一体的，具体体现在史学家本人的研究活动之中。为了讨论的方便，这里主要突出历史学家作为价值评价主体的主体性。

1. 选择研究对象上的自主性

对于评价主体意义上的史学家而言，现实利益、社会需要的驱动对选择研究对象确实起着十分重要的作用，虽然不是任何情况下都如此。

每一个人都是时代之子，史学家也不例外。作为现实的人，史学家生命的一部分生活在今天，感受到变革时代的种种困难和问题，但作为职业的要求与限定，他生命的另一部分又必须生活在过去，当面临现实与职业的微妙却并非微不足道的对立时，史学家在研究对象的选择上不得不依靠在现实中逐步形成的价值评价系统，带有强烈的主观色彩。恩格斯写《德国农民战争》这部历史著作，就是想通过研究16世纪农民战争史做出某些对现代无产阶级斗争具有意义的结论，指出16世纪德国的分散性是革命力量分裂和失败以及反革命力量得逞的主要原因，而1848—1850年欧洲的革命运动的失败与此有极为类似的地方。

这种自主性在今天也体现为史学家面向大众进行交流的潜在愿望。在史学的古典时代，史学与大众之间有着相当遥远的距离，这种不成文"定规"的影响直至今天，重视史学作品的"圈内消费"，忽视乃至轻视"圈外消费"亦即大众消费，成为导向性趋势。专业性很强的学术著作曲高和寡的现象是正常的，但是整个史学的曲高和寡就很难说是正常的。只有在市场经济对学术事业影响日甚一日的今天，中国史学家才能比以往更为强烈地感受到与大众交流的重要性，才能更加自觉主动地理解、把握"圈外人"的评价标准（消费偏好），进而重新调整自己的研究对象和叙述方式。这种对象取舍上的价值选择使史学家获得一个鲜活而广泛的现实文化基点。只要史学家的这种自主性是以责任感为基础的，而不是在片面的躁动中跟着感觉走，那么他的这种选择就不会像有些人担心的那样瓦解历史研究，反倒会为历史研究注入活力。[①]

① 彭卫：《穿越历史的丛林》，三联书店1997年版，第15—18页。

2. 评价主体决定认识主体治史的目标

许多史学著作的目的是鉴往知来。以古证今者有之，以古鉴今者有之，以古喻今者有之，以古启今者有之，以古讽今者也有之。历史知识成为获取现实之果的大网，往昔的成败是今日成败的直接参照。这种类型和做法，曾经出现在西方史学的古典时代，也成为中国古代史学传统中一条被加重加粗过的脉络。司马迁、班固、刘知几、司马光、王夫之、顾炎武、章学诚等人自不待言，二、三流史学家也都是这个意义的坚定呼吁者和实践者。只要打开中国传统史学的留声机，人们可以反复聆听到这类劝诫。[①] 马克思主义也一般性地肯定治史需要有价值目标，这是与其主张的史学具有党性的观点分不开的。当然，马克思主义也承认，史学家作为评价主体，其价值评价系统并不总是决定治史目标，有些情况下，只是为了弄清历史真相，并不需要预设一个价值目标。

就鉴往知来的观点而言也不是全无问题的。简单地依赖于“往”，也许结果是心智弱化而非“知来”。为了深入认识今天，必须认真直面过去，必须对人类以往辗转曲折千丝万缕的足迹进行扫描探测，这个过程不是简单地把思考的焦距对准既往得失，把历史实践与现实生活的一些外部现象加以简单比附。生活在今天的史学家，作为价值评价的主体，需要屏除的是简单化的借鉴意识，需要培养的是深沉的历史感。

3. 在诠释史实、揭示历史本质等方面的个性介入

史学是史学家心灵的历史，能用自己的标准去深入理解，而不是崇拜过去的人，才可能成为真正的史家。

中国古代史学家把“直笔”的品性和“实录”的风格视作史学家最理想的目标。而“直笔”“实录”是与史学家独立的批判精神联系在一起的。对于中国史学家来说，最难以具备也是最需要具备的勇气是对政治权威的无畏，是对独立思考自由表达的珍重。在传统史学的步履中，秉

① 彭卫：《穿越历史的丛林》，三联书店1997年版，第7页。

笔直书的微弱呼声总被湮没在强有力的处世劝诫中。

史学家在揭示历史本质、叙述客观历史方面需要有一个加工、提炼概括的过程。这个加工、提炼、概括的过程造就了史学家的个性。每一个判断、概括、分析，当然都是以放弃其他角度、其他观察和其他事物为代价的。“失去”不一定意味着“得到”，但为了能“得到”，首先要敢于“失去”，一切真正的史学家都具有敢于失去的勇气和敢于失去的技巧。司马迁失去了作为写作体例的编年形式，失去对单纯叙事的执着，得到了具有开创意义的全新体例的纪传体形式，达到了“究天人之际，通古今之变，成一家之言”的境界。对个性的肯定，意味着高扬评价主体的主体意识，让史学家自我渗入对象领域。不同史学家个体对同一历史事实的投入，不同个体之间的相互撞击，并不会使认识不可捉摸，而是使认识多而不杂，更有弹性和力度。

当然，在叙述历史的过程中，史学家的价值评价是比较含蓄的，“历史认识是一种价值性认识，但是，历史学家表达自己的价值意识的方式是十分含蓄的。在通常情况下，史学家不仅不直书自己的价值目的、价值标准，而且也不肯在文字上有任何主观用法的流露，以避免被认为他是在搞纯粹的历史探讨而不带有现实企图。这已经形成了历史编纂学特有的风格和传统。”①

（二）价值评价的主观性与历史认识的客观性

带有强烈评价色彩的认识如何保证其客观性？换句话说，价值评价的主观性会不会影响历史认识的客观性？认识中的对与错就是评价中的应当不应当，对历史本性的认识同时意味着评价，这是一件事情的两个方面。历史发展的规律其实就是人民群众创造历史的规律，它内在地包含对人民群众根本利益的肯定，而社会历史的发展规律同时也符合并有利于促进人民群众的根本利益的实现。因此原则上看，价值评价的主

① 李振宏：《历史学的理论与方法》，河南大学出版社1989年版，第231页。

观性与历史认识的客观性是对立统一的。

一般来说，真理和价值之间是彼此存在差异和对立的。真理不是价值，价值也不是真理，真理不一定对任何人都有用，对人有用也不一定符合真理。但站在人类历史进步发展的高度，以人类历史的创造者和推动者人民群众为主体，符合人民群众利益，满足人民群众需要为价值标准，那么这种价值就与社会发展的客观真理之间有着内在的高度一致性。社会历史的客观真理，作为社会存在发展的本质和规律的显示及其反映，归根到底，是社会历史主体及其活动的本质和规律的真理，它必然存在于、表现于社会历史主体——人民群众自身存在、活动及其条件和过程的深处，必然同人民群众的根本利益及其条件的变化互为表里。社会历史的客观真理就是人民群众的存在、利益、活动及其条件运动变化的逻辑；人民群众的生产和生活方式发展变化所遵循、所体现的逻辑就是社会历史的客观真理。真理与价值内在统一的原理说明：如果想获得对客观历史本性的正确认识，就需要树立正确合理的价值观和人生观，要站在促进社会进步的价值观的高度，站在人民主体的高度进行探索。

正确合理的价值观有助于史学家获得对历史的客观认识，消极的价值观往往妨碍史学家获得对历史事实的客观性认识。有两种情况值得关注：一种是史学家有时候明明知道历史的真相，却碍于狭隘的价值观的偏见故意歪曲历史真相。正如马克思所说："资产阶级在法国和英国夺得了政权。从那时起，阶级斗争在实践方面和理论方面采取了日益鲜明的和带有威胁性的形式。它敲响了科学的资产阶级经济学的丧钟。现在问题不再是这个或那个原理是否正确，而是它对资本有利还是有害，方便还是不方便，违背警章还是不违背警章。不偏不倚的研究让位于豢养的文丐的争斗，公正无私的科学探讨让位于辩护士的坏心恶意。"[①]虽然这里说的是经济学的情况，但其中的道理也适用于史学。另

---

①《马克思恩格斯选集》(第2卷)，人民出版社1995年，第107页。

一种是由于狭隘的价值观的限制，使得史学家不太可能获得历史真相。那些英雄史观的标榜者怎么可能获得关于人类历史本性的客观认识？

我们不得不承认把握历史事实有一定困难，因为在大多数情况下我们只能以历史遗留或记载为中介来建构历史存在本身，但历史认识对象的客观存在毕竟是一个事实。因此没有理由因为认识和评价中的主观因素而否定我们所能达到的对历史对象的客观认识。当然我们承认这种认识的相对性或时代性。绝对性、客观真理性正寓于时代性和相对性之中。客观性是社会历史认识的中心环节和核心内容。应当把历史认识的价值目的与这一点加以区分。社会历史认识的任务是获得真理性（客观性）认识，而其最终的价值目的是服务于实践，把我们获得的社会历史认识运用于社会实践。

历史认识的价值目标，其实是史学现实性的体现。当代许多史学家都很强调历史认识的现实性。法国年鉴学派的著名代表人物布洛赫就说："史学的主题就是人类本身及其行为，历史研究的最终目的显然在于增进人类的利益。"① 他所说的最终目的正是史学的现实性，而且这一现实性是指内容上的现实性，即研究者在研究中体现着他为现实服务的目的。马克思主义不回避社会历史认识的现实性，相反，它要求研究者自觉意识到其研究的现实性，而现实性就是客观性认识在现实中的运用和体现。某些情况下客观性为现实提供借鉴和证据，某些情况下总结客观规律是为了更好地认识现实，有些情况下直接为现实决策服务。无论何种情况，服务于现实的价值目的必须是根据客观性认识并以客观性认识所能逻辑地引出的结论和所能运用的范围为界限，不能不顾客观性认识的许可而胡乱体现其现实性。比较而言，在历史研究的任务和目的之间，任务即客观性是第一位的，它是历史研究成为科学的标志，而现实性是历史研究的重要特征，它反映史学家以其特有的方式在从事现实的实

① ［法］布洛赫：《历史学家的技艺》，张和声、程郁译，上海社会科学院出版社1992年，第12页。

践活动。

对历史的认识和对历史的价值评估是完整历史研究的两个不可缺少的方面。认识历史确实不仅单纯为了弄清过去曾经发生的种种事情，还为了探究过去的事情对现在社会进程的影响。后者就是对历史事件社会价值的评估。过去的事情是史学家研究的对象，但是只有从中找出这些事实的历史意义，历史研究才不仅仅是物态痕迹的集聚。不关注历史事实的历史价值，历史学将停留在玩味古董的层面上，只有把对价值的评估和对历史事实的认识结合起来，才构成完整的研究过程。通过对历史事件的追溯，对各种历史因素之间联系的考察，史学家想知道的不仅仅是当事者本身的想法和特定事件的细节，还在于历史进程对评价者呈现的意义世界。只要我们不停止对历史事实的认识和理解。我们也就不会停止评价。历史的意义也就会不断在生成中丰富和深化。从这样一个角度去看，狄尔泰把“意义”和“理解”联系起来不是没有道理的。[①] 从这样一个角度去分析，也可以从根本上弄清楚后现代史学特别是新历史主义的“洞见”和“不见”。[②]

---

① [德]狄尔泰：《历史中的意义》，艾彦译，中国城市出版社2002年版，中译本序言。
② 葛兆光：《思想史研究课堂讲录：视野、角度、方法》，三联书店2005年版，第90—91页。

主题六
中国特色社会主义文化

一、科学理解中国特色社会主义文化

中国特色社会主义文化是对改革开放以来党的一系列理论创新成果的高度概括。社会主义是价值目标，中国特色体现文化的主体性。坚持“中国特色”、准确把握“社会主义文化”，进一步明确中国特色社会主义文化的本质和宗旨，对深化改革、推动中国经济社会可持续发展具有重要的理论意义。

“中国特色”曾被误解为一个根据时代需要而调整内涵的随意性、模糊性词汇，似乎凡是不能用西方的或经典原理加以阐释的地方，都可以用“中国特色”加以说明。对中国特色社会主义的理解除了人文关怀之外，还需要一种科学思维。

“中国特色”，讲究的是“中学”，是中国自己的学说，而“学分中西”是倡导中国特色的一个逻辑起点。在科学及其学科的层面上，“学”本无中西之分，唯以“真为体，实为用”；在学说层面上，中学西学乃人我之分，自当“以我为主，以人为鉴”。把握学科与学说的区分，对于理解什么是中国特色，思考如何优化中国特色，是十分必要的。因为这不仅意味着强调中国特色有了一个科学的逻辑前提，更意味着对中国特色的把握要有一种自觉的科学意识。

所谓自觉的科学意识，就是要以科学研究的精神对待“中国特色”。

首先不要把“中国特色”与“科学”相对立，相反，在倡导中国特色时，我们要高举科学的旗帜，以实事求是的科学精神来分析和把握改革开放以来的历史和现实，不断提炼、丰富和深化对中国特色的认识和理解。“西学”不等于“科学”，“中国特色”不等于“非科学”。科学和它的全部学科门类，是人类共有的精神财富，其中从来就有、并将继续有中国文化的贡献。在方法论意义上，我们不能仅仅因为现代科学来自西方，就把它与“西学”混为一谈，拱手让人，放弃我们探究和深化人类各门科学及其精神成果的权利与责任。

当然，作为一个学说系统，“中国特色”更多强调我们中华民族自古以来不断传承的文化体系，强调在革命和建设时期逐步形成的新的文化特点，以及马克思主义中国化和中国文化现代化交融统一所达到的新境界。强调人文价值，重视价值理念和价值导向，就是一种中国特色。然而，价值问题不可以完全随自己所好、盲目自负地对待，恰恰很需要以理性化的科学态度和冷静清醒的眼光加以自我审视、分析、批判和超越，不断寻求更加合理、先进的理念和境界。

其实，对社会主义文化本身的科学性问题，我们也要在进一步深化改革开放的理论和实践中认真理解和把握。社会主义文化科学性的首要标志就是有一个先进的思想理论基础。从马克思主义到毛泽东思想、邓小平理论、“三个代表”重要思想、科学发展观、习近平新时代中国特色社会主义思想，都是历史地发展起来并与中国实际相结合的理论建构，是马克思主义中国化的具体体现。它们不仅提供了科学的世界观和方法论指导，同时也阐明了这种文化的基本内容和原则。对于一个国家或民族而言，能够反映它的社会生产力发展要求和人民的根本利益，并能够为这个国家民族发展提供最大资源的文化，就是他们的先进文化。先进文化的前进方向，不在天上和外面的某个地方，而就在我们现实的文化生长之中。不能离开这个主体的现实去谈论抽象的先进和落后，更不能离开这一点奢谈前进的方向。

社会主义文化科学性的第二个标志是有一套合理先进的价值体系。社会主义文化在科学世界观和方法论指导下，正确把握世界大势、理性认识自己的国情和人类社会发展的规律，并从中国人民的实际需要出发，形成一套科学合理、切实可行、先进的人文价值目标和价值标准。社会主义文化以5000年中华文化和不断前进的人类文明为基础和资源，以社会主义市场经济的深入发展为现实活力，既非邯郸学步，更非刻舟求剑，而是在不断变化的生动实践和不断发展的群众智慧中，以我们当前社会主义事业的发展为根据，立足现实，着眼发展，运用科学合理的价值目标，凝聚、动员和激励人民为民族振兴和现代化建设事业而英勇奋斗。

社会主义文化科学性的第三个标志，是有一种宝贵的科学精神得以发扬光大。毋庸讳言，科学理性、科学精神、科学态度的不足，曾是中国传统文化的一个弱点。近几十年虽有改进，但与世界科学技术的发展相比，我们仍然比较落后。因而，在原有文化的基础上，大力倡导和弘扬科学精神，不能不成为我国社会主义文化现代化的重要课题。这里不仅指要大力发展科学事业，普及科学知识，更在于要实现以科学的理性态度和方法去对待我们生活中的事物，让科学精神成为全社会的共同规范，以克服各种旧的情感化、意志化等非理性传统的影响，使我们的文化达到现代文明的先进水平。

科学理解“中国特色”、认真把握社会主义文化先进性和科学性的辩证逻辑，最终要落实到中国特色社会主义文化的本质和宗旨上。文化是人民的精神家园，中国特色社会主义是全体中国人民参与、实践的文化理想，理应依靠人民，服务人民，真正成为大众的文化样式。

所谓“大众的文化”，是面向人民群众、依靠人民群众、服务于人民群众的文化，最终使我们的文化植根于中国人民大众的生活实践，成为大众自己的生活方式。这既是中华民族文化、现代科学文化本身的要求，也是社会主义文化的本质和宗旨。

所谓“大众的文化”，应该是指面向大众生产、供大众消费的文化，即以大众需求为生产的主要引导和动力、并接受大众选择和检验的文化。我们的文化生产和创造要落实“为人民服务、为社会主义事业服务”的宗旨，就要在具体的实践和相关措施中体现以人民为主体的生产与消费有机结合、良性互动。文化生产与消费之间是否进入良性的循环，不仅反映和受制于人（生产者与消费者双方）的素质与态度，更在于文化体制的合理和健全。与此同时，还要注意防止提高与普及之间的分离和脱节。只有当文化的生产处于不断上升的创新循环之中时，大众文化生活的不断提高才会成为现实，而整个文化的发展也将有取之不尽、用之不竭的源泉。

改革开放以来，在探索中国特色社会主义文化的历史进程中，国家富强、社会进步和人民幸福三位一体。因此，中国特色社会主义文化要始终把反映最广大人民的根本利益、满足大众的文化需要、落实群众的文化权益放在首位，面向群众、面向实际，反对和防止一切违背人民利益，脱离群众、脱离实际的倾向，避免低俗、病态、畸形等不良文化泛滥。从这个意义上说，中国特色社会主义文化的科学性与人民群众的主体地位是内在统一的。

二、如何发展中国特色社会主义文化

习近平在党的十九大报告中明确提出，经过长期努力，中国特色社会主义进入了新时代，要坚持中国特色社会主义文化发展道路，激发全民族文化创新创造活力，建设社会主义文化强国。中国特色社会主义文化，源自中华民族5000年文明历史所孕育的中华优秀传统文化，熔铸于党领导人民在革命、建设、改革中创造的革命文化和社会主义先进文化，植根于中国特色社会主义伟大实践。从中可以发现，无论是5 000年中华文明、革命文化还是社会主义先进文化，聚焦的是新时期文化建设的本土特色。与此同时，在国际关系和对外文化传播中，党的十九大报告倡导和推动构建人类命运共同体，尊重世界文明多样性，以文明交流超越文明隔阂、文明互鉴超越文明冲突、文明共存超越文明优越，体现中华民族主动自觉的责任担当和话语表达的国际视野。既内外有别又内外融通，既坚持本土特色又善用国际话语，体现了新时代中国特色社会主义文化建设的长远发展战略。

新时代，要求在理论上进行新拓展，实现马克思主义中国化新的飞跃，让中国特色社会主义展现出更加强大的生命力。新时代中国特色社会主义文化建设因此就要更加聚焦马克思主义中国化与中国传统文化现代化的互动融合，并在此过程中讲清楚文化的现代性。也只有在这个角度上，实现中华优秀传统文化的创造性转化和创新性发展才能够得到合理的归位和落实。

新时代，我国处于并将长期处于社会主义初级阶段，要牢牢把握社会主义初级阶段这个基本国情和最大实际，要坚持社会主义市场经济改革方向、加快完善社会主义市场经济体制，通过深化改革和可持续发展解决前进中的问题。新时代中国特色社会主义文化建设因此要有效应对市场经济的内在逻辑，并发挥对社会主义市场经济的价值引领作用。

新时代，面临新的社会形势。我国社会主要矛盾已经转化为人民日益增长的美好生活需要和不平衡不充分的发展之间的矛盾。要坚持以人民为中心的发展思想，坚持新发展理念，不断促进人的全面发展。新时代中国特色社会主义文化建设因此要融入人民群众的社会生活实践，体现价值判断与日常智慧的良性互动。

新时代，要在对外开放和国际战略上更加积极作为、合作共赢，推动构建人类命运共同体。构建人类命运共同体，是中华民族对历史责任的自觉担当，也是一种勇气和智慧。新时代中国特色社会主义文化建设因此要与构建人类命运共同体的倡议结合起来，在共同价值的基础上呈现其现实形态。

（一）坚持本土特色，深度实现传统文化现代化与马克思主义中国化的互动融合

中国近现代以来，逐步开启现代化的探索之路。1757年乾隆海禁隔绝了中国直接跟上西方工业化的可能。两次鸦片战争赔款割地，中国从世界经济大国沦为任人宰割的落后国家。洋务运动、戊戌变法、辛亥革命并没有帮助中国完成资产阶级革命并实现工业化，而是陷入军阀混战割据格局，沦为半封建半殖民地社会。在世界经济第三轮长周期的危机和战争阶段（1815—1925），马克思主义进入中国并在共产国际帮助下成立了中国共产党。其后近百年，马克思主义指导下的中国共产党领导中华民族站在新的历史起点，承担起完成民族复兴、中国现代化和社会主义建设"三位一体"的历史使命。

当中国刚刚开始社会主义现代化建设的尝试，对现代化本身的含义、现代化与民族文化的关系、现代化过程中政治动员的价值导向等曾存在肤浅和片面的认识，也走过弯路，有过经验教训。如果说在现代化启动阶段，我们更注重科学技术是第一生产力的经济发展，更关注政治层面上的主动推进，对中国传统文化的负面价值有较多批评的话，那么在新时代，中国式现代化需要并且有可能更多地从建设性的角度关注民族传统文化的精神价值系统，通过创造性转化和创新性发展使之持续产生正面影响。

（二）有效回应、成功引领社会主义市场经济健康发展

伴随马克思主义中国化的历史进程，中国的经济基础发生了翻天覆地的深刻变化。改革开放以来，从市场经济的伦理辩护与道德滑坡的争论、人文精神失落与躲避崇高的较量到劳动价值论的正名、公平效率问题的位移等，我们一直试图解决社会主义价值理想与市场经济自身逻辑的矛盾。事实上，社会主义价值理想的实现离不开对市场和资本的利用。但是，生产方式的工具化一旦成为一种长久、客观的过程，工具本身的因果链条和内在逻辑不可能不影响社会主义的理想目标，至少也会成

为隐性的、潜在的价值取向发生作用。市场经济在极大地激发自主意识、竞争意识、效率意识、创新意识的同时，也存在着狂热追求资本增值的内在驱动力，存在着把一切关系和价值包括道德情怀、职业追求和人际交往等都变成商品、都可以用金钱交换的发展趋势。中国特色社会主义文化建设如何有效回应这种趋势，又如何成功引领市场经济的健康发展？在“仁义理想与有道德的市场经济”“经世致用与富有人情味的契约意识、竞争意识”“中庸之道与不断发展的社会主义”等关系处理上需要下功夫进行深入研究，这是确立中国特色社会主义文化建设本土特色的又一重要环节。

党的十九大报告要求贯彻新发展理念、激发和保护企业家精神、弘扬劳模精神和工匠精神，以及弘扬劳动光荣的社会风尚和精益求精的敬业精神，从各个不同层面，提出了社会主义市场经济对于文化价值和精神支撑的期待，这也为中国特色社会主义文化价值观如何具体融入市场经济提出了主要方向。文化价值观的本土建构，因此需要探寻有效回应市场和资本的巨大冲击和负面影响，又成功引领社会主义市场经济的核心内容。

（三）具体融入人民群众的日常智慧和鲜活实践

真正适合新时代人民群众社会生活实践需要的价值观，实际上是自上而下的倡导和自下而上的选择、认同相结合的产物。人民群众的实践丰富多样，具有浓郁的地方特色，各地文化软实力落深、落细、落小的活动，以及培育、提炼核心价值观的实践正是理论与实践相结合的有益之举。

文化价值观建设融入人民群众的社会生活实践，一个重要的判断标准就是人民群众是否满意、是否认同。为此，我们要讲究“说法”和“做法”。很多事情我们仅仅“做得对”还不一定成功，只有“做得好、做得巧”，才能做到人民群众心坎里。“做法”正是普遍意义上的“文化”。融入人民群众的社会生活实践，还意味着我们要充分考虑主体多样性和差异性，尊重差异，包容多样。以人民满意为标准，还意味着我们要眼睛向下，重视调查研究，了解人民群众日益增长的对美好生活的需要与发展不平衡不充分的关系。在此基础上，把握沟通艺术，以喜闻乐见的方式传达给人民群众，及时反映和肯定人民群众的合理要求和日常智慧，有效地促进精神生产和精神消费良性互动。只有善于“植根大地”，才能避免理论与实际、导向与群众彼此脱节，才能使整个社会的精神生产适应日益多样化、个性化的精神生活和精神需求。

（四）告别文化霸权和价值独断

社会主义文化在国际关系新秩序的建立和中国形象对外传播过程中凝练为一个标志性概念——人类命运共同体。作为中国特色社会主义文化的国际化表达，人类命运共同体是人类主体的一种具体的历史形态，并以此对待世界上一切事物的价值。这个共同体与其他不同层次的共同体之间是相互区别而非相互对抗的关系，是相互兼容而非相互替代的关系。这个角度一定意义上既超越了本土特色，充分尊重文明差异和文化多样性，求同存异，和而不同，又体现了社会主义的价值理想和国际视野。

2017年年初，习近平在联合国日内瓦总部发表了题为《共同构建人类命运共同体》的主旨演讲，倡导世界各国共商共筑人类命运共同体，其理念被载入联合国安理会决议。这是我们党和国家在国际关系和文化发展战略上具有里程碑意义的标志性概念，也是中华传统文化对世界问题提供的总体价值导向。除了在学理上分析人类命运共同体作为共主体的层次、结构及其形态的存在和显现外，更应清醒认识到这个理念的倡导和践行，旨在追求和平发展、共同繁荣的世界。不消极，不缺席，积极倡导，唤醒朋友，共同构建，是中华民族的价值立场。

人类命运共同体的价值基础是全人类共同价值，体现了全人类价值的共识。全人类共同价值并不是中国价值的输出与推广，而是世界各国人民价值交往与融合的产物，是多元价值共识的集中呈现，代表与维护着世界各国人民的价值选择与利益诉求。人类命运共同体的深层理念不是国家主义而是世界主义，利益共享、责任共担、命运与共，这不仅仅是全球价值观与共同体的变革，也是全球经济结构与利益调整的客观要求。人类生活实践正在走向一个相互依存、相互补充、祸福与共的时代。人类命运共同体作为多元主体的一个层面，倡导告别文化霸权主义和价值独断主义，追求在多元之间寻求和平、和睦、和谐，进而主张和追求一种和而不同的理想状态。这些内容正是中国特色社会主义文化建设的题中应有之义，也与本土特色建构的目标和方向一致。尊重多元、倡导共识，体现了内外有别、内外融通的辩证法。

理论路径之二：

儒释道传统及其现代转化

主题一
中华优秀传统文化的创造性转化和创新性发展

一、东方智慧“接着讲”

习近平在出席孔子诞辰2565周年国际学术研讨会时指出，“正确对待不同国家和民族的文明，正确对待传统文化与现实文化，是我们必须把握好的一个重大课题”。他强调，“孔子创立的儒家学说以及在此基础上发展起来的儒家思想，是中国传统文化的重要组成部分”，构成中国人民世界观、人生观、价值观、审美观的文化基因。不忘历史才能开辟未来，善于继承才能善于创新。习近平的讲话具有很强的历史意识和现代气息，今天我们建设中国特色社会主义文化，依然需要从孔子的东方智慧中汲取精神养分，实现创造性转化和创新性发展。

（一）仁义理想与有道德的市场经济

孔子于礼乐之中发现了“仁”，有“人而不仁”“如礼何”“如乐何”之追问，也有“汝为君子儒，勿为小人儒”的训导。孔子从带有宗法血缘特征的礼中，解释说明渗透礼制又不局限于礼制的“仁”的精神。仁与爱在先秦就已经多次连合为一词，仁爱基于血缘又具有局限，所以还需要“忠恕之道”作为“为仁之方”，于是虽“爱由亲始”，也终于能“泛爱众”。孟子更加重视礼背后仁的精神以及实现仁的合理方式，强调居仁而由义。荀子则要求“化性起伪”，做了制度性的一些探索。由此可见，仁义是儒学乃至整个中华文化的价值基础，几乎每一代儒学复兴都从重申仁义之道开始。

仁义之道完全实现的社会就是理想之治，《礼记·礼运》就说明了这种最高理想："大道之行，天下为公。"儒学所倡导的最高理想与现代化进程中始终伴随的社会主义理想相契合，也对市场经济的健康发展提出了伦理要求。虽然市场的重复博弈可以降低撒谎和害人的行为，法律的严惩有利于交易行为的规范，但是，在市场普遍存在信息不对称与不完全的情况下，重复博弈和法律惩戒的运行成本很高。而孔子开创的儒学及其仁义理想，某种程度上可以为市场伦理的确立提供文化支持。马克思当年没有设想过社会主义市场经济，只是将社会主义作为共产主义的一个过渡阶段，认为这个阶段仍有资产阶级法权。即使如此，在儒学的文化土壤里，社会主义市场经济作为一种比资本主义有更大公正的社会理想和制度安排得到理解、提倡和实行，对实践中走上社会主义道路的国家和人民将具有长久意义和现实价值。这样既有效保存社会主义的理想性质，又有利于在规范、指引市场经济发展中寻找正确经验，创造一条现实的具体的由成功经验所不断支撑的新路，从而区别和优越于资本主义。

（二）经世致用与富有人情味的契约意识、竞争意识

可能有人会问，孔子离我们已有2000多年，其思想是否仍然适应现代中国呢？其实，不管是2000年以前，还是2000年后的今天，国家制度社会结构或许差异巨大，但人性是相通的。例如，信仰是人们对于极高的或最高的、普遍的价值的信任、信赖和追求，是人类特有的一种文化存在方式和精神生活方式。今天，中国人的精神信仰生活依然离不开孔子开创的儒学及其潜移默化的影响。孔子按照《周易》的传统，支持祭天、拜天，这个天虽然高高在上，却从来都离不开人伦日常。从圣人、大人那里感受天的伟大，再用天的道理来说明人世的规范，是典型的以人观天。孔子诸多"顺天应人"的理念，说到底是一种以人为本的信仰方式，是一种通达人性基础上的哲学理念。

随着改革开放的不断推进和中国现代化进程的加速，现代性本身的一些弱点和弊病也暴露出来，面对这些问题，道德主义的谴责比较多，恢复淳朴生活方式的情感需要也比较迫切。孔子开创的儒学及其经世致用的一面提醒我们：伦理价值、心性修养确实具有独立的价值，道德精神可以照亮世俗生活，对整个人类的发展也极有价值。但同时，这些价值不是用来否定中国现代化所取得的成绩、所创造的重要物质条件，而是成功运用到政治哲学上，走出一条不是那么冷冰冰的只重视物质发展的中国道路。社会存在和日常生活的现代化已是中国的客观事实，对此，我们不能简单地回归传统，以人情、乡情、报国之情为标准作武断评价。相反，社会主义市场经济只有在契约意识、竞争意识和效率意识的基础上讲人情、讲公平才行得通。正所谓理无可恕，情有可原。这样才能走出一条既不是过去的计划经济，也不同于资本主义，而是中国自己的道路，创造出比传统中国和西方国家更加合情合理的社会。也正是在此意义上说，中国传统文化重视经世致用和人伦日常，重视具体实践中的活法和做法，对中国特色社会主义现代化具有积极意义。

（三）中庸之道与不断发展的社会主义

孔子主张中庸，“中庸之为德也，其至矣乎！民鲜久矣”。中庸是“至”德，是一个非常高的道德修养的境界。同时，中庸还是一种方法，中庸的中就是中正的中，不偏不倚，无过无不及，“执其两端，用其中于民”，在两个极端之间找到动态平衡的契机，灵活处理，辩证综合。中庸之道的“中”因权而变，关键在于度的把握。什么是恰到好处，不仅在不同时空条件和环境中大不相同，而且随着文明进展、人类活动领域的扩大，这个度更具有难以预测的可能性和偶然性，它不完全是经验的综合，也不是逻辑的推理，而是一种创造。

发展中的社会主义之所以在中国具有如此强大的生命力，离不开中庸的智慧和动态平衡的艺术。像中国这样一个幅员辽阔，人民生活水平和精神需求愈益多样化的国家，和谐、中庸的理念尤其重要。当然，中庸之道、动态平衡，并不意味着采取实践步骤时左顾右盼、举棋不定，而是强调在发展结果的共享上、在宏观调控的过程中，注意统筹兼顾、劳资两利、城乡平衡、内外统一，从而走出一条不同于西方国家的中国式现代化道路。所以，我们一方面强调发展是第一要务，是硬道理，尽一切可能克服困难、创造条件，促进经济社会全面发展；另一方面，在发展到一定阶段和水平的基础上强调中庸之道，重视多元之间通过共识和尊重达成的交叉面和共同点，避免物质主义的命运。中国优秀传统文化的中庸思想及其现代转化和实践运用，对避免对立的非此即彼的绝对化思维有重要意义。

当然，尊重历史、弘扬中华优秀文化，始终需要冷静和客观的对待。具体到以孔子为代表的儒学思想和中国传统哲学而言，就不能只是“照着讲”，而应当“接着讲”。在中国现代化步伐加快的进程中，吸收和借鉴孔子思想和儒学思想，同时结合现代中国的经济社会发展，进一步弘扬传统文化并对其进行创造性的现代转化，这样才能够从孔子的东方智慧中汲取推动中国不断前进的精神养分。

二、移民文化与江南儒学
——读余英时《中国近世宗教伦理与商人精神》

（一）中国近代宗教的世俗化转向

1. 从禅宗六祖慧能的“自心见性”到怀海的《百丈清规》

一般宗教都有超越的一面和世俗性的另一面，也就是传统宗教所谓的彼岸和此岸。超越性的彼岸是否永恒不变恐怕是一个没有最后答案的问题，但宗教不得不与俗世打交道。韦伯曾经把儒教与清教派作了比较分析，根据余英时的研究判断，他关于儒教的观点似成问题。在韦伯看来，中国历史从来没有经历过一个相当于西方宗教革命的阶段。但事实上如果我们以西方的宗教改革作为衡量尺度，中国不但发生过，而且时间上也更早。因为宗教改革的基本方向是从出世到入世，从舍弃此世到肯定此世。今天的许多学者在讨论东亚经济发展的文化因素时往往只注意到儒家伦理，这是很自然的，因为儒家伦理在这些地区的日常生活中占据主导地位。但从历史上观察，中国宗教伦理的转向其实是从佛教开始的，新禅宗的出现就是显著标志。

魏晋以来，世事纷乱，俗世越来越不值得留恋，佛教才乘虚而入，不仅主宰上层，也逐渐影响民间。所以我们看到，佛教虽然两汉之际就已传入却在魏晋以后才产生重大作用。从魏晋至隋唐的七八百年间，佛教的出世精神在中国文化中是占有主导地位的。而同时期的儒家虽然没有失去其入世的性格，但实际功用已大为减弱，主要限于政治和贵族的门第、礼法等方面。至唐代，情况开始发生变化，此时的佛教从社会史的方面来看，最重要的一点就是从出世转向入世，慧能所创立的新禅宗尤其具有突破性。敦煌写本《坛经》第三十一节说道：

> “三世诸佛，十二部经，亦在人性中本自具有。不能自悟，须得善知识示道见性；若自悟者，不假善知识。若取外求善知识，望得解脱，无有是处。识自心内善知识，即得解脱。”

可见慧能的确主张“直指人心”，另一个著名的说法是“不立文字”。当然禅宗不是完全不用文字，只是更加主张得意忘言。

敦煌本《坛经》第三十六节还有一段话：

> “善知识！若欲修行，在家亦得，不由在寺。在寺不修，如西方心恶之人；在家若修，如东方人修善。但愿自家修清净，即是西方。”

在后世通行的关于六祖慧能坛经的文本中有“佛法在世间，不离世间觉，离世觅菩提，恰如求兔角”的概括。这些说法在当时可谓惊天动地。佛教精神从出世转向入世由此可见一斑。后来的禅师们翻来覆去无非就是表达相似的意思。他们发现了此世对解脱所具有的意义：不经过此世的磨炼，也就到不了彼岸。禅宗走了一种被余英时称为“内在超越”之路。新禅宗的这一突破最初仅限于佛教范围之内，而唐代佛教派别众多，禅宗只是其中一支，所以并没有立即掀动整个世俗社会。但是禅宗的入世转向是一个长期的运动，慧能死后的一个世纪，禅宗的南岳一派终于在佛教经济伦理方面有了突破性发展，这就是百丈怀海的《百丈清规》和他所正式建立的丛林制度。丛林制度实行后又过了相当一段时间，才逐渐影响佛教以外的社会。

原始的佛教经济伦理来自印度，主张不劳动，但中国毕竟是一个农业社会，僧徒完全不事耕作是不现实的。在南北朝至安史之乱以前，佛教在经济方面主要靠信徒的施与和恩赐、工商业经营以及托钵行乞等来维持。安史之乱后，施舍不如以前，佛教不得不自食其力。百丈清规和丛林制度就是在这样的背景下出现的。在百丈怀海的清规中，据《宋高僧传》卷十《怀海传》记述如下：

“朝餐夕聚，饮食随宜，示节俭也。行普请法，示上下均也。”

也就是说，节俭和勤劳是禅宗新经济伦理的两大支柱。所谓“普请”，在《禅林象器笺》卷九《丛轨门》下的定义是：“集众作务曰普请”，作务其实就是劳动，这是禅门的老传统，寺中一切上下人等同时集体劳动，包括百丈怀海在内。一日不作，一日不食，虽被误传为百丈所言，但百丈清规确实体现了这种精神。做事而不停滞于事，无罪可言（这样的说法曾经招致内部批评）。这是用一种超然而严肃的精神来尽人世间的本分，神通并妙用，担水及砍柴。

百丈怀海的新宗教伦理到了宋代已经传布到整个社会，朱熹在讨论《孟子》的遁辞时曾屡屡印证，如：

> "如佛学者初有桑下一宿之说。乃行不得，乃云：种种营生无非善法。皆是遁也。"

后来，"一日不作，一日不食"这句话也从宋代以来变成家喻户晓的俗语，一直流传到近代。

2. 新道教之"不务化缘"

道教与佛教的关系从来非常复杂，一言难尽。有相互竞争相互冲突，也有相互交涉相互联系。道教往往吸取佛教的教义、戒律、仪式并加以引用。这个现象自汉代以来就是如此。主要原因是佛教的组织远比道教发达。三教合一可以说是道教一贯的立场。新道教的兴起当以两宋之际的全真教最为重要，其次则有真大道教、太一教与稍后的净明教。四派均来自民间，而且对一般的社会伦理有比较广泛的影响。新道教与当时的理学和禅宗三足鼎立，都代表着中国平民文化的新发展。但是六祖慧能的新禅宗是入世修行的发端，儒家和道教闻风而起。全真教的创立就与百丈怀海的丛林制度不无关系，元好问的《紫薇观记》说得最为清楚：

> "贞元、正隆以来，又有全真家之教，咸阳人王中孚倡之，谭、马、丘、刘诸人和之。本于渊静之说……参以禅定之习，而无头陀缚律之苦。耕田凿井，从身以自养，推有余以及之人，视世间扰扰者差若省便然。"①

全真教不仅在组织上效法百丈的规模，而且在宗教伦理上更吸收了百丈"一日不作，一日不食"的精神，从元好问的上述文字中可以看到全真教至少曾受禅宗的影响。此外还有两个重要事实可以加强这方面的判断：第一，全真的道观不但后来也有"丛林"的称呼，而且也有类似

① 《遗山先生文集》卷三十五。

“百丈清规”的戒律。北京白云观的前身是唐玄宗时建的天长观，在元代改名长春宫，成为全真教的重地，白云观中就藏有《全真元规清范》一部，这个规范据日本学者研究基本上采用北宋的《禅院清规》，也就是《百丈清规》的修订本。所以全真教的组织仿制百丈所创立的禅居，是信而有证的。第二，王磐《诚明真人道行碑》说：全真之教，以识心见性为宗，损己利物为行，不资参学，不立文字。这完全是用禅宗的语言来描写全真教旨。这个描写出自《仙源录》，是全真教人李道谦所编辑，并非教外诬词。

当然，我们并不能否认新道教自身的内在精神，他们在方法上和组织上可能受到禅宗的感染，但精神必须从内部发展出来才有说服力。专就全真教而言，对道教也是一个新发展。全真教宗旨不在避世，而是耕田凿井，自食其力；垂慈接物，以期善俗，从遁世的态度转为入世苦行。全真教修行有两条道路：一是默谈玄妙，也就是“识心见性为宗”；二是“打尘劳”，即“损己利物为行”。王重阳虽因人施教，但旨归不变，识性见性和打尘劳缺一不可：若无前者将终生在红尘翻滚，永无超越可能；若无后者，则空守一心，也不能成道，所以要身在尘世，心游圣境。以入世的精神做出世的事业。

全真教与新禅宗的不同之处在于，其入世倾向一开始就比较显著，它对当时一般社会伦理的影响也比禅宗来得直接而深切。

新道教当然不止全真一派，真大道教在入世苦行方面和全真教完全一致，但它与禅宗的关系较全真更为明显。关于真大道教的兴起，吴澄《许州天宝宫碑》记其宫中道士的话如下：

> “吾教之兴，自金人得中土时，有刘祖师避俗出家，绝去嗜欲，屏弃酒肉，勤力耕种，自给衣食，耐艰难辛苦，朴俭慈闵，志在利物，戒行严洁，一时翕然宗之。”①

①《吴草庐集》卷二十六。

真大道教之所以传播甚广，一部分原因是由于它的教义适合乱世人民的需要。真大道教的原始教义现在尚有九条保存在宋濂的《书刘真人事》一文中，这九条分别是：

"一曰视物犹己，勿蒙戕害凶嗔之心。二曰忠于君，孝于亲，诚于人；辞无绮语，口无恶声。三曰除邪淫，守清静。四曰远势力，安贫贱，力耕而食，量入为出。五曰毋事博弈，毋习盗窃。六曰毋饮酒茹荤；衣食取足，毋为骄盈。七曰虚心而弱志，和光而同尘。八曰毋恃强梁，谦尊而光。九曰知足不辱，知止不殆。"①

除了最后三条取自《老子》外，其余都近乎儒家入世的内容，尤其以忠孝勤俭为宗旨所在。不务化缘是真大道教的特色，不妨看作是百丈清规的进一步发展。而百丈以后，禅宗并未中止化缘托钵之事，而真大道教既然把"不务化缘"列为教规之一，足见它在入世苦行方面比禅宗走得更远。

总之，新道教各派的兴起和发展充分说明一个重要事实：中国的宗教伦理自新禅宗以来一直朝着入世苦行的方向转变。新道教基本上就是民间宗教，这一点大多数道教史学家已有基本共识。南宋以来的《太上感应篇》之类道教"善书"不断出现并广泛流行，也是与新道教俱来的一种重要历史现象，有助于新伦理在民间的传播。新道教一方面沿袭了新禅宗所开始的入世苦行的方向，另一方面又受儒家影响，进一步讲事父事君也是妙道。真大道教"专以笃人伦、翊世教委本"、净明教以"忠孝"立教等都是明证，这是新道教的"三教合一"。王重阳开宗明义，要依据《孝经》《道德经》《般若心经》三部经典，尤其具有象征意义。

新道教的伦理对中国民间信仰的影响，其中一个特别值得注意的地

---

①《宋学士文集》卷五十五。

方是：天上的神仙往往要下凡历劫，在人间完成事业后才能成正果，归“仙位”。这种思想正是要重视人世的事业，强调俗世的工作具有宗教意义。人在世间尽其本分成为超越和解脱的唯一保证。

3. 师道、天理、致良知

儒家虽然是入世之教，但唐代儒学基本上是南北朝章句之学的延续，与中国人的日常生活脱节。韩愈在《原道》中试图重振儒学的入世情怀，在他心目中儒家之道无所不包，只有这样的道才能取代佛教和道教。他在一首诗中写道：

> “人生有常理，男女各有伦。寒衣及饥食，在纺绩耕耘。下以保子孙，上以奉君亲。苟异于此道，皆为弃自身。”①

韩愈所倡导的正是后来宋明新儒家所谓的“人伦日用”的儒学，与南北朝以来的章句和门第的礼学截然不同，这一转向与新禅宗不无关系。但新儒学不限于此，而是再向前迈出一步，全面肯定人伦和世事真实不虚。《原道》说：

> “斯道也，何道也？曰：斯吾所谓道也，非向所谓老与佛之道也。尧以是传之舜，舜以是传之禹，禹是以传之汤，汤以是传之文、武、周公，文、武、周公传之孔子，孔子传之孟轲，轲之死不得其传焉。”

这是最著名的新儒家道统论，但在韩愈之前无人公开提倡过。陈寅恪认为韩愈的这个思想确实受到新禅宗影响。韩愈《师说》中所向往的传道、授业、解惑之师，其实也是以新禅宗中的师弟关系为范本的，是禅宗“传法救迷”的另一种说法，不但《师说》的整体精神取法于新禅宗，

---

①《谢自然诗》。

其中还有两个具体观点也是受新禅宗启发而发展出来的。第一是“无贵无贱，无长无少，道之所存，师之所存”。第二是《师说》后半段所说的“弟子不必不如师，师不必贤于弟子”。此与新禅宗的“智慧过师”一致。韩愈等人的努力在当时虽然没有产生显著效果，但后来经过宋初儒家自胡瑗以下的继续努力而终于有成，其中尤其以二程学说功不可没。

新禅宗的后期发展对宋代新儒家的传道也有直接影响。宋代的书院与唐代佛寺就有很深的渊源。严耕望的研究证实了这个判断。其中不少寺院就是新禅宗的丛林。百丈清规对新儒家同样具有示范作用。吕本中的《吕氏童蒙训》有言：

> “明道先生尝至禅寺，方饭，见趋进揖逊之盛，叹曰：三代威仪，尽在是矣。”①

这是程明道公开表示对禅林制度的叹服。不过二程虽有私人讲学，尚未正式建立书院。南宋的朱熹和陆九渊弟兄才以书院为新儒学的根据地。下面这段朱熹和陆九龄的对话就显得尤其重要：

> “陆子寿言：古者教小子弟，自能言能食，即有教，以至洒扫应对之类，皆有所及。故长大则易语。今人自小即教做对，稍大即教作虚诞之文，皆坏其性质。某尝思欲做小学规，使人自小教之便有法。如此亦须有益。先生曰：只做《禅苑清规》样做亦好。”

《禅苑清规》流传正值南宋初年，朱熹已详加研究，足见其对禅宗的发展随时都在密切注意中。朱、陆代表南宋新儒家的两大宗派，现在他们建立儒门学规竟以《禅苑清规》为范本，仅此一事，即可说明佛教的入

---

①《程氏外书》卷十二引。

世转向和新儒家的兴起之间息息相通。

新儒家与以往儒家相比最显著的立论是心性论。新儒家发展心性论实际上与当时新禅宗最以心性功夫见长相关。宋明理学源自心性论也就可以理解。开新儒学先河的李翱写有《复性论》三篇，首先就以《中庸》《易传》为根据建立儒家的心性学说。他的观点虽不能完全摆脱佛教影响，但开创的功绩不容否认。新儒家需要解决的问题主要不在此岸，此岸方面也无待于佛教的启发，南北朝以来的士大夫几乎都认定儒家只有“此岸”而无“彼岸”，这当然是一个极其严重的问题，有待解决。这也是宋代新儒家不得不努力建立自己彼岸世界的基本原因。下面一段话就是最直接的证据：

> “昨日之会，谈空寂者纷纷，吾有所不能。噫！此风既成，其何能救也！古者释氏盛时，尚只崇像设教，其害小尔。今之言者，乃及乎性命道德，谓佛为不可不学，使明智之士先受其惑。”①

佛教的最后目的无论怎样都是舍此岸而登彼岸，新禅宗也不可能例外。新儒家的彼岸因此绝不能同于佛教的彼岸，它只能是实有而不空寂，否则将无从肯定此岸。所以新儒家最后所建立的彼岸必然是一个“理”的世界或“形而上”的世界。

> “天有是理，圣人循而行之，所谓道也。圣人本天，释氏本心。”②

这里，在理上增加一个天字，就是为了保证彼岸世界为客观实有而设。儒家不能采取佛教的立场，把客观世界完全看作由“无明所生”，仁者以天地万物为一体，这里说的天地万物必须是实有的，不然仁者就不

①《程氏粹言》卷一《论学篇》。
②《河南程氏遗书》卷二十一下。

必是经世的儒家，而直接就是“出世”的禅师了。所以宋明的新儒家无论对“理”进行怎样的解释，都无法完全抛开这个“天”字：在天为气者，在人为心；在天为理者，在人为性。主张“心即理”的陆王一派，虽然竭力要把价值之源收归于心，但也不能真的将理和天切断。王阳明所说的“良知即天理，天理即良知”之类，不过使天的意义比较空灵而已。建立一个理的世界以取代新禅宗之道，宋明理学两派的这个目标是一致的。认为天理是超越而又实有的世界，为儒家的人伦世事提供了一个形而上的保证。但陆象山“宇宙便是吾心”之说毕竟和禅宗的万有收归一心的立场比较相近。而“心即理”的提法又直接出于禅宗，可见陆象山的心即理很容易滑入禅宗的境界。王阳明的“致良知教”落到“心体”上也不免有这样的风险，关键就是在对客观世界的存在无所保证，这不是持有一种“入世”的主观精神便能解决问题的。陆象山之后的杨慈湖以及王阳明之后的王龙溪，显然都流于禅了，这不是偶然现象。

新儒家因新禅宗的挑战而全面发展了自己的天理世界，这是新儒家的彼岸，与此世相反而相成，他们用各种不同的语言来表示两个世界，以宇宙论的角度是理和气，以存在论的角度是形而上和形而下，在人文界是理和事，在价值论领域则是天理和人欲，如此分别，其中必然有紧张关系，当然这种关系不即不离，即使紧张也属于内在，外面是看不出剑拔弩张的。儒家对此世绝不仅仅是适应，而主要采取一种积极改造的态度，改造的根据就是他们所持有的道或理，所以他们要把无道之世变成有道，把不合理变成合理。新儒家伦理不允许人们效法道家的逃世，更不允许人出世，又要说出一个带有理的彼岸实存世界来应对道家和佛家，又要偏重此世，实在不容易。分析到最后有可能“理弱气强”，天地别无勾当，只是以生物为心。由于人的心最灵，最能明理，所以此世是否合理主要便由人来负责。也就是说理虽然有天的远缘，但天已不再管事，一切价值都收归于人心中。由此可见，在新儒家伦理中，此世对每个人都构成更大的负担，也造成更深刻的紧张。儒家没有创世纪，也没有世界末日，但也随时可以是创世纪和世界末日。

总之，宋明理学之所以发展到这种非常特殊的形态是和佛教的转向——新禅宗分不开的，在形式上借助佛教建立理的世界和事的世界，但是在实质上，他们则从内部根本改造了佛教的两个世界，用最简单的话来表示就是：这种改造把佛教的空幻化为儒家的实有，新儒家的此世是一个理和气不相分离但理弱气强的存有，不像佛教的此世是由心的负面所生。新儒家的彼岸也不是最后归于空寂的心体，而是本于天的实理。更重要的是新儒家的彼岸是面对此世的，与此世不相隔绝。因此新儒家才发展出一种更加积极地入世做事的精神和以天下为己任的入世苦行之品格。

比较全面地看，中国近世的宗教转向，其最初发动之地是新禅宗，新儒家的运动是第二波，新道教更迟，是第三波。新道教一方面继承了新禅宗的入世苦行，另一方面又吸收了新儒家的忠孝观念，这就是唐宋以来中国宗教伦理的整个态势。这一趋势的长期发展最后归于明代的三教合一。

（二）近代商人的精神

宋以来商业的发展是中国历史上一个十分显著的现象，明清尤其如此。16—18世纪也就是“阳明学”到“乾嘉汉学”这一时期表现得尤为明显。有文字资料显示，宋以后的士多出于商人家庭，以至士和商的界限已不能清楚划分；由于商业在社会中的比重日益增加，有才智之人也渐渐被商业所吸引。陈确（1604—1677年）所写的《学者以治生为本论》中强调，儒者为学有两件事情，一是治生，二是读书。而前者比读书来得迫切，原因是：士必须先有独立的经济生活才能有独立的人格，而且他强调每一个士都必须把“仰事俯育”看成自己最低限度的人生义务，而不能“待养于人”。这确实是宋明理学比较忽略的一面。在《私说》中，陈确没有忘记士对国家社会的责任感。陈确是明朝遗民，在他的时代，禅宗的威胁已没有那么严重，所以他的重点转移到个人经济保障上，他肯定了个体的私和欲，肯定了学者的治生，多少反映出明清之际儒家思想的一个新的变化。从陈确、全祖望到戴震、钱大昕等，儒家思想中关于个人的社会存在，似乎正酝酿着一种具有近代性格的答案。

1.“新四民论”：士商关系的变化

16世纪以后的商业发展迫使儒家不能不重新评估商人的社会地位。王阳明为商人方麟所写的一篇墓表可以看出儒家在四民论上的微妙变化：

> “苏之昆山有节庵方公麟者，始为士，业举子。已而弃去，从其妻家朱氏居。朱故业商，其友曰：‘子乃去士而从商乎？’翁笑曰：子乌知士之不为商，而商之不为士乎？……顾太史九和云：‘吾尝见翁与其二子书，皆忠孝节义之言，出于流俗，类古之知道者。’阳明子曰：‘古者四民异业而同道，其尽心焉，一也。士以修治，农以具养，工以利器，商以通货，各就其资之所近，力之所及者而业焉，以求尽其心。其归要在于有益于生人之道，则一而已。士农以其尽心于修治具养者，而利器通货犹其士与农也。工商以其尽心于利器通货者，而修治具养，犹其工与农也。故曰：四民异业而同道。……自王道熄而学术乖，人失其心，交骛于利，以相驱轶，于是始有歆士而卑农，荣宦游而耻工贾。夷考其实，射时罔利有甚焉，特异其名耳。……吾观方翁士商从事之喻，隐然有当于古四民之义，若有激而云然者。呜呼！斯义之亡也，久矣，翁殆有所闻与？抑其天质之美而默然有契也。吾于是而重有感也。’”①

这可以说是新儒家社会思想史上一篇划时代的文献。这篇文献可以从三个方面说明其历史意义，第一，方麟的活动当在15世纪下半叶，他

---

① 四部备要本《阳明全书》卷二十五。

放弃举业转而经商，是后世“弃儒就商”的一个较早典型。第二，由于方麟早年是士的出身，曾受儒家思想熏陶，改行后自然就把儒家的价值观带到商的阶层中去，给两个儿子的书信里也尽是忠孝节义，这就提供了一个具体例证，说明儒家伦理是怎样和商人阶层发生联系。虽不是唯一的管道，但确实是重要管道。第三，也是最有意义的一点，王阳明本人对四民说提出新看法，这篇墓表是王阳明去世前三年所作，可代表他的最后见解，肯定了士农工商在“道”面前完全处于平等的地位，更不复有高下之分。商贾若尽心于所从事的行业即同为“圣人之学”，这是满街都是圣人的理论依据。王阳明以儒学宗师的身份对商人的社会价值给予如此明确的肯定，是儒学伦理史上的一件大事。后来泰州学派的兴起，与商业发达、庶民兴起有密切联系，其代表人物王艮已将新四民说传布到商贾农工身上。

明代中叶以后，士商之间确已不容易清楚划分界限了。而明清社会结构的最大变化就发生在士商两大阶层的升降分合上。李梦阳所写《明故王文显墓志铭》的原文说：

> “文显尝训诸子曰：夫商与士，异术而同心。故善商者处财货之场而修高明之行，是故虽利而不污。善士者引先王之经，而绝货利之径，是故必名而有成。故利以义制，名以清修，各守其业。天之鉴也如此，则子孙必昌，身安而家肥矣。”①

王现（文显，1469—1523年）和王阳明是同时代人，他的异术而同心之说和王阳明的观点相符，他的话让我们看到明代商人也意识到他们的社会地位已足以与士人相抗衡。再如汪道昆出身新安商人家庭，祖父以盐业起家，汪家又与很多新安名商有姻戚关系，所以他可以说是新安商

①《空同先生集》卷四十四。

人的一个有说服力的代言人，他在《诰赠奉直大夫户部元外郎程公暨赠宜人闵氏合葬墓志铭》中说：

"大江以南，新都以文物著。其俗不儒则贾，相代若践更。要之，良贾何负闳儒！"①

这样的话以前的商人恐怕是想也不敢想的。欧阳修所记录的北宋一个商人的议论，足以说明问题：

"湘潭县药师院新修佛殿者，县民李迁之所为也。迁之贾江湖，岁一贾，其入数千万。迁之谋曰：'夫民，力役以生者也。用力劳者，其得厚；用力偷者，其得薄。以其得之丰约，必视其用力之多少而必当。然后各食其力而无惭焉。士非我匹，若工农则吾等也。'"②

这位北宋大贾不但自觉不能与士比肩，而且以劳动价值而言，也有愧于农工，这种说法完全符合传统的士农工商四民秩序。把李迁之的话和王现的话对照着看，我们不难发现从11世纪到15世纪，士与商之间的关系已经起了相当变化，传统"四民观"实际上已被修正。明清的士人和商人都已重新评估了商人阶层的社会价值，也为新的现实所需要。何心隐（1517—1579年）在《答作主》中说：

"商贾大于农工，士大于商贾，圣贤大于士。"

又说：

---

①《太函集》卷五十五。
②《欧阳文忠公文集》卷六三。

“商贾之大，士之大，莫不见之，而圣贤之大则莫之见也。农工欲主于自主，而不得不主于商贾。商贾欲主于自主，而不得不主于士。商贾与士之大，莫不见也。使圣贤之大若商贾与士之莫不见也，奚若自主其主，而不舍其所凭以凭之耶？岂徒凭之，必实超而实为之，若农工之超而为商贾，若商贾之超而为士矣。”①

这篇文字原不是讨论四民关系，主要的意思是要人主于圣贤，但在无意之间，反映了当时社会结构的实际状况，即四民的排列是士、商、工、农，而且四民还可以归纳为两类，士与商同属于大，而农、工则并列于社会的最底层，这是完全合乎当时实际的。此外我们还可以转引余英时所列举的明清几个商业繁盛地区的社会价值观来进一步说明上述转变：

黄省曾（1490—1540年）：

“至今吴中缙绅士夫多以货殖为急。”②

张翰（1511—1593年）：

“民多仰机利而食俗杂好事，多贾治生，不待危身取给。若岁时无丰，食饮被服不足自通，虽贵宦巨室，闾里耻之。”③

崇祯本木刻《拍案惊奇》卷三十七云：

“徽州风俗以商贾为第一等生业，科第反在次者。”

①《何心隐集》卷三。
②《吴风录》。
③《商贾记》。

雍正二年（1724年）山西巡抚刘于义奏折云：

“但山右积习，重利之念甚于重名。子孙俊秀者多入贸易一途，其次宁为胥吏。至中材以下方使之读书应试。以故士风卑靡。”

这些资料或属于16世纪或属于18世纪，概括了江苏、福建、安徽、山西等省，尤其是徽州和山西，这两地的人甚至把商业放在科举之上，话虽有些夸张，但至少我们看到传统“四民观”的动摇。历史事实是：从宋到明清，一般人对士与商的看法确已不同。明清的社会价值系统之所以发生了如此深刻而微妙的变化，原因很复杂，粗略来说两点值得注意：中国人口从明初到19世纪中叶增加了好几倍，而举人和进士的名额却并未相应增加，考中功名的机会越来越小。弃儒就商的趋势逐渐增长有其必然性。同时，明清商人的成功对于士人本身就是极大的诱惑，明清的捐纳制度又为商人开启入仕之路，他们至少也可以得到官名或功名，在地方上成为有力的绅商。由此可见，士商地位变化和新四民论的出现有客观的社会基础。

2. 儒商、贾道

明清之际的商人是士以下教育水平最高的一个阶层，加上商业本身需要一定程度的知识水平，所以明清之际出现了大批的商业书，为商人提供必要的知识，天文、地理、朝代、全国通商的里程道路、风俗、语言、物产、公文书信、契约、商业算术和商业伦理等无所不包。以16世纪以来士、商混而不分的情况而言，商业活动或许竟然是儒学向考证转变的一种外缘。明清是戏剧和小说大为流行的时代，不少学者认为这与城市商人阶层的兴起或许有关系。商人由于读书识字的原因，他们直接吸收儒家及其他宗教伦理的机会也是非常多的，徽州典当商出身的程云章曾参加并领导三教运动，黄宗羲的文字里有专门记载，说明商人对宗教和道德问题确有积极追寻的兴趣而非被动接受。盐商弟子中也不乏求道之士。

商人之所以对儒学发生严肃的兴趣是由于他们相信儒家的道理可以帮助他们经商。16世纪的陆树声在一篇墓志铭中说：

> “舍儒就商，用儒意以通积著之理。不屑纤细，惟择人委任赀计出入。”①

所谓“儒意”最为触目，也许更多的是指儒学中“治人”、“治事”以至“治国”的道理或知识。士人如何用这些知识以治理国家，商人便用同样的知识经营他们的商业，也就是以最理性的方法达到致富的目的。但更加值得关注的是儒家对商人的道德层面的影响问题。

明清商人之中不少人偏好儒家的道德训诫如语录、格言之类，余英时举了几个例子，比如席本久（1599—1678年）乃江苏太湖洞庭山的大商人之子；章策（1792—1841年），徽州绩溪人；王大来（1676—1712年），籍贯不详；佘兆鼎（1633—1705年），安徽人；周世道（1722—1786年），杭州盐商；瞿连壁（1716—1786年），浙江嘉定人。这些商人均重视儒家语录、格言，时间上涵盖17、18世纪，地理而言分布在江苏、安徽、浙江三省，都是商业发达地区。说明明清商人关心道德问题，主动寻找道德渊源。

在寻求道德渊源的过程中，勤与俭为古训，诚信和不欺占有中心地位。关于这一点，中日学者异口同声。山西商人尤以诚、实、不欺、廉为金科玉律。经过新儒家和民间宗教的长期宣扬，诚实不欺的观念在明清时代已经深深印刻在商人的心中。康海（1475—1541年）在《扶风耆宾樊翁墓志铭》中记载商人樊现（1452—1535年）时说道：

> “谁谓天道难信哉！吾南至江淮，北尽边塞，冠弱之患独不一与者，天监吾不欺尔！贸易之际，人以欺为计，予以不欺为计，故吾日

---

①《陆文定公集》卷七。

益而彼日损。谁谓天道难信哉！”[①]

可见这位商人对天道不欺的观念信之甚笃。

民国初年修《婺源县志》，记载了一位晚清商人潘鸣铎的言行：

> “性孝友，幼读四子书，恒以不尽得解为憾。静思数日，谓圣学不外一理字，豁然贯通，非关道学之书不阅。……方某运茶，不得售，欲投申江自尽。铎照市价囤其茶，遣归。后寄番售，余息银五万两，仍与方某。”

明代商人已用“贾道”一词，似乎表示他们对商业已经有了新的看法。这个概念相当于韦伯所说的理性化的过程。也许可以用“创业垂统”来形容。“服贾而仁义存”、“人富而仁义附，世道之常”。

明清商人一面充分利用传统文化资源，一面又把旧的宗族关系转化为新的商业组合，这正是从传统到现代的一种过渡形式。

明代以前，我们几乎看不到商人的观点，但明清士大夫的作品中，商人的意识形态浮现出来了，商人自己的话被大量运用，士商相杂，有些士大夫（尤其是汪道昆）根本已改从商人的观点来看世界了。明清的商业书虽然为实用目的而编写，其中也保存了不少商人的意识形态，我们尤其应该重视商人的社会自觉，他们已经自觉“贾道”即是道的一部分，自然也可以创业垂统。商人恰好置身于上层文化和通俗文化的接榫之处，因此从他们的言行中我们比较容易看出儒、释、道三教究竟是怎样发生影响的，又发生了什么样的影响。明清商人经营上的成功当然有赖于许多客观的因素，但我们不能忽视商人如何巧妙地运用中国传统中的某些文化因素来发展贾道。

---

① 《康对山集》卷三八。

商人既已有一个属于自己的自足世界，他们就不大可能在精神上完全是士大夫的“附庸”。从商人的立场出发，我们也许可以说，他们打破了2 000年来士大夫对于精神领域的独霸局面。即使我们一定要坚持商人“附庸风雅”之说，也无法否认士大夫本身的“风雅”已发生改变。儒家的“道”也因为商人的参加（异业而同道）获得新的意义。大大小小的商人到了近代都慢慢认为他们对社会的贡献也同样有传之后世的价值，所谓“德业”的社会含义也不得不有所扩大。

商人的“士大夫化”和士大夫的“商人化”其实是一个问题的两面。明清时代流行的“贾而士行”和“士而贾行”还不免带有道德判断的意味，今天我们无论说商人“士大夫化”或者士大夫“商人化”都只限于客观描述，道德上是中立的。明清的“士世界”和“贾世界”是相互交错的，士大夫在日常生活中处处接触到商业化带来的社会变动，不可避免地对从社会到个人的种种问题进行新的思考，实际上也加速了儒学的转向。

（三）儒学与江南文化

近1000年来，长江三角洲地区一直是中国的经济与文化中心，其所传承的江南文化，发端于孔氏南迁。公元1128年，宋高宗赵构因受金兵进犯所迫，举朝南迁。此时在山东曲阜的孔子四十八代嫡孙孔端友，携部分孔氏族人，抱负孔子夫妇的楷木像，随高宗南渡。孔子这一脉辗转江南，最后定居浙江衢州。后在此建立孔氏家庙，立宗庙。而未随宋高宗南迁的，则仍留在山东曲阜。至此，孔氏后裔形成了南、北二宗。“南孔”（南方孔子后裔简称）即成为今天江南文化的源头。

1. 江南儒学思想的兴起

在江南地区的儒学（后来发展为理学）实际上是北方移民所熟悉的中原文化与江南经济社会生活相结合的产物。国学大师钱穆对这一移民文化现象以及南北发展的不平衡有过非常精彩的描述，大致意思是：唐代安史之乱后，北方战乱频繁，大批中原地区的官员和百姓不得不南渡以自保，东南地区有些城市中原人甚至超过了当地居民。如当时的临安（今浙江杭州）移民中76%来自今天的河南一带，其中绝大多数又来自开封，而且大多是在南宋初年随高宗皇帝迁入的。建康府（今江苏南京）一度也是北方移民的聚居之地。浙江嘉兴、湖州、温州、台州等地当年均有来自中原的移民。这样的历史过程使南北文化的交流融合成为可能。

另一个促进南北文化融合发展的交通因素就是“大运河”。1 000多年前1 000多公里的大运河，将富庶的长三角地区与国家政治中心北京有机联系起来，极大地促进南北文化的交流和商业文明的发展。自南宋之后，大运河沿岸兴起了22座繁华都市，成为当时世界上最富裕的地区，江南成为事实上的中华文化中心。扬州首先在隋炀帝时就成了全国的经济、文化中心之一。京杭大运河的开通大大便利了江南与外部世界的沟通，北方人口也继续源源不断地迁往江南，极大改变了江南地区的人口结构。可以认为移民对江南而言，不仅仅是充实了人口，更带来了大量的人才，背后是强劲的中原文化输入。

北方移民的迁居，中原文化的传入，与江南本土文化交融汇合，其间经历了一个复杂的构造过程，最终形成了新的江南文化。这种新的江南文化的代表就是理学流派的兴起和发展，而孔氏南宗的确立在某种程度上也可以看作南北文化融合的重要一环和直接成果。在南方的儒学也好，后来逐步发展起来的理学也好，总体上与北宋后期王安石的观点有相通之处，都十分重视社会经济、文化、商业活动的融合发展，强调政府在其中的作用。这种经世致用的价值观念，为江南地区形成儒商文化奠定了基础。

2. 江南经济与儒商文化

历史上江南在中国经济发展中已经具有特殊地位，延续到今天，长江三角洲地区已成为中国经济的重中之重，其所孕育形成的江南文化，更是中华文化传承、融合、开放的典型代表。

江南文化与生俱来是一种多元融合的与商业文明相结合的文化。江南文化源于中原文化，成型于唐宋之间中原人士两度大规模南迁，脱胎于运河之上，本质上是一种亦儒亦商的文化。总体而言，13世纪中期以后，结合江南地域特点的新的儒学思想越来越在江南地区扮演重要的角色，尤其引人注目的是这种思想逐渐变成江南商人行为处世的规则和价值追求，仁爱、诚信、崇礼、尚智等观念与商业活动紧密结合，形成了很有中国特色的商业伦理即“儒商文化”（与西方思想家认为的基督教伦理与商业精神的结合有所不同），这也是江南主流文化的重要组成部分。江南儒学与中原文化倡导的儒学思想有所不同，最显著的一点就是不排斥商业，甚至还加以提倡、鼓励。随着商业的进一步发展，贾与儒的相通变得越来越普遍。这种贾、儒相通局面的形成正是对中国传统四民尊卑贵贱秩序的更新（士、农、工、商——士、商、工、农），对实现中国传统文化的现代转型具有启蒙意义。

区别于中原地区的“士农工商”文化传统，江南地区具有“三教合一”的移民文化特点，为安身立命而崇商，逐渐形成“士商工农”的儒商文化，更重商业精神。江南文化尤其是儒商文化所蕴含的价值取向，在一定程度上缓和了农耕宗族社会结构与商业发展的矛盾，促进了经济的繁荣。与此同时，儒学伴随着孔府南迁流向民间，江南书院由此兴起。

3. 儒商文化及其社会影响

儒商文化在一定程度上塑造出江南人的普遍文化性格。

首先，在经商过程中，江南儒商都强调要遵守商业道德。这又包括四个方面：一是强调要“以诚待人”，儒家倡导的“诚笃”“诚意”“至诚”“存诚”观念被商人具体运用到了商业经营活动中；二是恪守“信义”，对于儒商来说，讲究商业信誉，既有利于商品销售，同时也易于资本筹集；三是强调“以义为利”，儒商“轻财重义”“轻利重义”，这样的做法实际上也有一种广告效应，但讲究“义”毕竟也对消费者有益；四是谨遵“中庸之道”，儒商认为对待同行、顾客、伙计、雇工等都应该恪守中庸之道，才能避免急功近利，保得平安。

其次，在如何对待财富的问题上，江南儒商也形成了自身特有的观念。一般而言，儒商都提倡以勤俭作为积累财富的理性工具，在儒商看来，勤俭是实现富有的理性工具，所谓“非勤俭不能治生”“天道酬勤”等格言都反映了他们在这方面的追求。与韦伯《新教伦理与资本主义精神》中的所谓“资本主义精神”相比，两者都包含了勤俭、诚实、信用等美德，但是后者更强调的是人的一生为“入世苦行”，因此必须不断地以钱生钱，以赚钱为天职，而江南儒商由于受制于传统社会结构，往往很难将财富完全转化为商业资本，而较多地将资本转化为土地财富，这也阻碍了江南社会的进一步转型发展。

再次，儒商在经商过程中，还逐渐熏陶出一种科学与人文的精神。从科学的角度而言，商业活动的需求直接刺激着科技的发展。比如由于商业经营的实际需要，商人积累起了较强的数学能力和运算技巧，明代程大位的著作《算法统宗》便是商业在数学计算方法的需求刺激下取得的一个典型成果。从人文艺术而言，最典型的个案就是徽剧在明清时代的发展。徽州每逢年节都有演戏风俗，后来徽州富商巨贾在扬州、南京、苏州、杭州等地蓄养家班，有些徽商有着较高的文化水平，他们往往还会自己编剧、谱曲、导演，这些剧目往往反映着商人的价值观和审美观，并随着徽商的足迹而传播四方。另外，儒商的生活方式，诸如饮食、服饰、园林、建筑等，也为江南文化增添了新的内涵，比如宴席是商人洽谈贸易、广泛交际的重要场合，清代十大菜系中的徽菜、淮扬菜等都与商人有着密切的联系。还有，儒商在外取得成功后，往往将大量钱财输回原籍，建筑园林、别墅、住宅、祠堂、牌楼、书院等，从而又促进了建筑业的发展，诸如徽派、苏派、浙派等不同流派的建筑风格逐渐形成，成为江南主流文化的重要载体。

三、传统文化作为变量——重读罗荣渠现代化理论

（一）“文化论”还是“制度论”？

现代化发展到一定阶段后，可以借助文化的力量来促成经济的深化

发展，或者说传统文化本身始终有一个现代化的问题。在学术界，对文化与现代化的关系大致有两种意见：一种是文化论，一种是制度论。文化论认为民族传统文化与社会制度各自独立，传统文化对社会和经济发展有较大决定作用。但这样一来传播其经验就有困难，任何民族都很难移植其他民族的文化。制度论则认为传统文化的作用很小或不起作用，经济发展取决于特殊的经济政策和条件。这种观点使传播比较容易，因为采纳别国的政策比较常见。事实上，我们很难将两者截然分开，首先，如果没有政治或其他条件的支撑，传统文化不能单独起作用，所以当我们研究文化现象时确实不能简单地到文化中寻找经济发展的动因，但可以期望找到经济发展的契机，也就是说，不是鉴定文化特征本身，而是鉴定使经济能够具有活力的文化因素。其次，正确的政策和合理的制度无疑鼓舞企业家和人民为之奋斗，但怎样才能制定正确的政策，它的背后就是文化的因素。再次，即使我们承认文化的影响，也是从非常广阔的视野上将文化看作诸多变量中的一种。它不但决定了政策的范围，而且关乎社会风貌的特征。最后，我们应当看到，不少东亚国家在现代化初期往往更侧重于制度和政策，学习西方的技术和管理，在自主性选择的过程中，外来与本土的才逐渐融合，演变成新文化。随着现代化程度的提高，对文化的重视日益增强，国家、民族更可能考虑精神价值的实现，文化反过来又影响政策和决策，制度与文化在交互作用中协同前进。

研究文化因素与经济发展的关系，焦点要对准现代化，对准传统文化的社会效应。现代化作为中国、日本或东亚其他国家的历史大变革趋势，是各种内外因素交互作用的产物，其中主要有八种因素（变项）：生态因素、人口因素、社会因素、经济因素、技术因素、政治因素、文化因素、国际交往因素。[①] 这几个因素在现代化进程不同阶段的重要性和占先性是不同的，变革的快慢速度也大不相同。大致说来，生态、人口、社会、文化

---

① 参见罗荣渠：《现代化新论——世界与中国的现代化进程》，北京大学出版社1993年版。

等是渐变因素，经济、技术、政治、国际交往等是快变因素。在现代化启动阶段，非经济因素特别是政治因素具有占先性，而在现代化后期特别是社会整合阶段，则是文化因素、生态因素等上升到重要地位，绝不能千篇一律，把极其复杂的大转变进程简单化、公式化。反传统在现代化的启动阶段是完全必要的，不如此就不能为大胆革新开辟道路，但作为思想遗产的传统文化决不能在现代化进程中加以抛弃。文化遗产不能在丢掉之后重新建立起来，而应从现在就加以保护和清理。不能把文化因素仅仅看成推动经济增长的补充要素，它本身就是现代化的必备要素，在转型期中要努力促进它转换功能，与经济发展形成良性互动。

（二）西方文化本土化与本土文化转型

新兴工业国（地区）在文化建设上的新鲜经验，可以总结为西方文化本土化和本土文化的转型。任何国家要搞现代化，要发达起来，闭关自守不可能，必须向外部世界大胆开放，在大量引进外资，大力推进外贸，学习先进的科学技术，仿效有效的管理制度时，也对外来文化主动开启了门户。现代化的后来者可以借鉴先行者的经验，缩短赶超的过程，这是它们具有的优势，但也造成了困惑，是全盘接受外国的模式，还是完全拒绝？是绝对相信外来体制的普遍性，还是使本国体制有选择地适应现代化的功能？事实证明：照搬外国模式往往导致社会的混乱，有时还会以失败告终。更何况落后国家在世界体系中一般处于不利地位，容易产生悲观或激进的情绪，妨碍从本国实情出发，来考虑现代功能的适应性。开放就要学习西方文化，学习便产生态度和方法的问题。在工业化过程中，这些国家和地区不仅学习西方的器物文化、制度文化，而且还引进了西方的观念文化。为实现个人抱负和民族振兴，前现代无所作为的宿命论受到质疑，代之以积极进取、改变命运的竞争意识。在建立健全市场经济体制时，特权思想、男尊女卑、官贵民贱等传统观念受到冲击，树立在机会面前的平等观念。

但是新兴工业国对西方文化的吸收是自主性的，也是有选择的。西方文化的本土化既包含了对西方文化的学习吸收，也指对它的筛选。之所以如此，是因为西方文化与本土文化的“历时性差异”。西方国家已进入后现代发展阶段，它所面对的问题与正在工业化的发展中社会非常不同。还因为西方文化与本土文化的传统性差异。西方文化的一条主根伸向古代希腊，这与统一集权的东方国家的思想脉络大相径庭。发展中国家当然能在现代化过程中改造其制度，同时也转变观念，但文化传统的力量仍然不能忽视。

另一个过程是本土文化的转型。这个过程也许比西方文化本土化还要重要。因为学习吸收西方文化的精华，归根到底不是本土文化变成西方文化的支脉，而是改造发展本土文化，只有在本土文化的树木上嫁接西方文化才能找到生长点。本土文化转型的方向也决定了对所要引进的西方文化的选择。然而西方文化的科学理性、变革精神和法制规范，又给墨守成规、趋于保守、依靠人治的本土文化以巨大刺激，促使其转型。在现代化过程中要注意区分文化传统和传统文化，文化传统似更重要。必须对传统文化进行精心改造，发掘发扬能够为现代化所用的因素。没有加工创造的努力，人民也不容易继承文化，并以自己的文化为自豪。其实，西方文化本土化和本土文化转型是同时发生，相互促进的。西方文化经过本土文化的过滤，本土文化经过西方文化的激发，都已与原来大不一样。更重要的是各种文化要素不是简单的混合，而是杂交优生，逐渐变得你中有我，我中有你，难解难分。

西方文化本土化和本土文化转型虽然是两个始终并行的过程，但新兴国家文化建设的政策毕竟会有所侧重。一般来说在现代化初始阶段往往更强调学习外来文化，努力与世界惯例接轨，当现代化升级到中等阶段时，又比较注重发扬本土文化的遗产，使新建立的文化传统具有更鲜明的民族特征，以此为旗帜进入更高层次的全球化。新加坡在这方面提供了有益的经验。建国之初，政府认为不发展就等于灭亡，大力引进西方技术和管理，实行双语教育，英语成为工作语言。与此同时，华人的文化传统如民族情感、刻苦勤勉、注意教育等对形成新加坡模式也起了作用。就在世人对新加坡成就津津乐道时，政府与有识之士已注意到西方文化的弊端如极端个人主义和享乐主义盛行，尤其对青年一代造成负面影响。新加坡人反省到如果他们的前景是“黄皮肤的西方人”，也就意味着民族的失落，没有文化之根，没有办法在世界立足。20世纪70年代末到80年代初，新加坡推广了华语华文，在整个80年代提倡儒家思想，在教科书和传媒中增加本土文化教育的教材。进入90年代，新加坡在人均国民生产总值上超过前宗主国英国，政府又高瞻远瞩地提出把亚洲价值观上升为国家意识。1991年1月，政府在《共同价值白皮书》中明确提倡五种核心价值观：国家至上、社会为先；家庭为根，社会为本；关怀扶持，同舟共济；求同存异，协商共识；种族和谐，宗教宽容。从中可以感受到经过现代化而提炼升华了的华人价值观。

非西方民族现代化的成功，对发展中国家有很大启迪。它打破了现代化即“西化”的神话，增强了落后民族的信心。它创造了各种不同的模式，开阔了其他民族的眼界。它在文化上探索了西方文化与本土文化的关系，照亮了发展中国家民族文化建设的前景。如果说在此之前我们谈论外来文化与本土文化的关系时主要指本土文化与西方文化的关系，那么现在这是真正全方位的外来文化，既包括西方的思想观念，也包括新兴国家（地区）的创新文化。后者对于所有的发展中国家一定更加亲切，更加富有借鉴意义。

发展中国家外生型现代化的文化历程，从历史上看出于万般无奈，十分痛苦，然而它也带来了意想不到的收获，即学习融会外来文化的兼容性，随时审视评价本土文化的清醒理性，这对于全球化时代具有巨大意义。西方文化没有经过外来文化的威胁，这是它近代的幸运，但它因此很难理解别种文化中的伟大，很少感到学习别的文化的必要性，这是它未来的不幸。西方国家极大地发挥了人类征服自然的能力，把个人自由提高到空前水平，但也对许多问题束手无策。仅靠西方文化很难救治现代化的许多社会疾病，需要世界各种文化来共同会诊。

（三）经济因素与非经济因素的互动

对东亚固有文化传统及其社会功能的重新评估，这是东亚各国从模仿、抄袭西方现代化走向根据本国国情探索适合自己的现代化道路所必然产生的人文反思。要把这一探索引向深入，我们还要注意研究生活实践中碰到的各种新问题。新的探讨不应是不着边际的文化讨论和空洞的附会，也不是重复“五四”以来关于中西文化的冲突与比较等旧话题的哲学论辩。文化因素有些是抽象难以琢磨的，文化的涵盖面也可无限宽泛，因此常被当作一个“剩余的变项”来搪塞。过去讨论文化动向只在文化层面打转转，不接触经济层面，最后就会回到把中国出路问题归结为一个文化问题的思路上来。为避免这种泛泛议论，探讨文化问题的重点应放在文化因素对经济增长与社会发展的关系这个时代课题上来，即文化因素是在什么条件下起作用的问题。

在现代社会，经济因素是自变因素，是社会发展的原动力，它在社会生活中的这一功能越来越大。文化因素则是它变因素，它提供一种价值观直接影响人们的意识，其社会功能是为经济生活和政治生活提供某种约定俗成的行为规范。（当然这是从社会功能层面的解释，目的论角度的分析会把文化看作一个社会安身立命的精神支撑系统。）文化并不直接地、更不单独地对经济发挥作用，它在这方面的作用始终限定在一定的经济和政治条件与国际环境中，忽略这一点就容易把真实的历史颠倒过来。所以我们决不能脱离具体的时空环境（背景）和社会条件来孤立地考察文化因素的历史作用，这样就有可能夸大文化因素的历史作用的虚象，从唯经济主义的片面走向唯文化主义的另一片面。例如，儒家因素确实对东亚资本主义工业的发展起了作用，但必须看到这些国家所接受的中华文化影响不但在吸收过程中早已本土化，更重要的是这些国家和地区都长期处于受外国压迫的殖民地状态，因此原有的中华文化早已严重变形或被改造过。现代西方文化价值和制度等因素早已渗透进来。

除此之外，经济发展的社会条件也发生重大变化。战后东亚处在美国的直接的经济、政治和军事影响之下，这一新的全球性政治经济背景对东亚的变革产生巨大的影响，中国的情况也一样，今天中国的国际国内条件已发生根本性变化，今天中国社会中保存的文化遗产或传统较之一个世纪前所保存的传统文化因素及其所可能发挥的功能已大不相同。如果说某些文化因素在今天的经济增长中发挥正面影响，并不能因此就断定儒家文化在整体上对中国现代化进程一直产生积极作用。也就是说对今天东亚现代化进程中的文化因素的重新评估，并不能完全驳倒韦伯的观点。只有全面透视发展所需要的各种主客观条件，才能解释为什么这些东亚文明存在了千百年之久，而东亚的现代经济增长只是在最近数十年中才得以显现的。

文化因素的探讨必须与制度因素首先是政治因素结合起来考察。近代西方社会科学是自由资本主义时代的产物，具有贬低政治特别是国家在经济生活中重要作用的特征。第三世界欠发达国家的现代化是外源性诱发现代化，政治因素首先是国家在现代化启动阶段具有特殊重要意义。在东亚儒家文化圈影响所及的各个社会中，文化与政治高度结合，文化精英与政治管理精英高度结合，儒家学者与皇权官僚阶层两位一体，形成以士大夫官僚制为特色的皇权世袭统治机构。文化因素则是渐变因素，而政治因素是快变因素，制度的可变性远远超过文化的可变性，因此在现代化的各阶段特别是启动阶段，在各种非经济因素中起决定作用的是政治因素。只有大力巩固现代化的领导，加速政治结构的改革，才可能发扬文化因素的潜在正面功能。东亚的优势主要不是文化的和心理的，而是结构的因素。这主要是指职业官僚在东亚政治结构中的特殊作用，政府的积极干预，高度的政治稳定等。导源于本地区固有的专制政治传统，糅合了近代西方政治体制的混合型政治模式，就比西方的国家政权更加集权化，政府与企业之间的协作精神更是西方所没有的。

沃格尔在考察日本现代化成功的原因时就指出这一成功并不仅仅在于日本传统的民族性以及美德，而是由于日本具有独特的组织能力，中央政府的计划，政府与企业家的紧密合作，以及由资本集中化而迅速建立的大企业和教育制度。①这种东亚式的政治体制，在西方学术著作中被称为"威权主义政治"。这种威权主义只能是过渡形式，随着经济的高速增长，经济的自组织能力不断加强和成熟，形成越来越大的自主性，逐渐摆脱对政治的从属地位，按自身的经济规律运行。这样政治结构的现代化进程也会逐步加速，但不会照抄西方模式。

今天的社会科学不只是要正确评估文化因素在现代化进程中的正负作用这个老问题，还要研究社会大转变和发达的工业主义带来的新问题。高度的经济发展自发地引发起的上层建筑，其中包括生活方式、伦理道德、信仰、情操等的相应变化，是非常复杂的。市场成为社会和文化的交汇点，一切精神领域内的东西都被市场化和商品化，在发达国家中引发深刻的文化危机和精神危机，在欠发达国家中则引起严重的文化倾斜与崇洋心理，造成严重的社会失序和文化依附，伴随西方的经济霸权主义而来的是文化霸权主义，这不但损害一切国家的民族性的传统，甚至也破坏了作为早期资本主义精神支柱的新教伦理。从各国现代化走过的曲折道路来看，在现代化的启动阶段，一般都要发生对传统的整体性的大否定和大冲击，到现代化的整合阶段，对传统进行分解性的再评估和选择性的继承，则正是现代理性的需求。在以往的两个世纪中，世界总趋势是：现代化推倒传统，经济因素支配非经济因素，西方文明压倒东方文明，从人类历史的长河来看，这只是阶段性趋势。

面向21世纪讨论传统文化，可以摆脱传统文化对经济增长的效益标准与功利观点，超越现代化价值观，站在新的高度，从如何治理现代化带来的全球生态危机与精神危机、争取全球协调发展、争取人的全面发展

---

① 参见［美］埃兹拉·沃格尔：《独占鳌头的日本》，天津政协翻译组译，黑龙江人民出版社1981年版。

的新视角，来重估传统文化的作用。中国的被动的应变式现代化，完全被束缚在传统的框架内，很难迈出改革的步子，失败之后又一变而为反传统，缺乏选择的自主性，而实际上传统又不能真正的反掉，它以改头换面的形式在现代化进程中表现出来：表现为某种形式的官方儒学，以服务于专制秩序；表现为圣王思想崇拜，以反传统形式造成“文化大革命”灾难。事实表明：无论是反传统还是维护传统，未必能直接支配经济增长，但却可能影响发展的方向。历史经验告诉我们：对传统文化决不能从全盘否定跳到全盘肯定，也不能把传统文化资源当成商品来开发，搞实用主义的利用。即使对促进经济增长起作用的传统因素也要仔细分析。在中国台湾、香港，以及韩国的经济增长中都可以看到传统的家族主义、亲私关系、长官意志、封建迷信滋长，对文化遗产中的糟粕必须进行批判。[①] 现代化的大变革必须要更新和发展传统，继承传统不是回归传统，而是要超越传统。

（四）跨文化交流及其自我意识

世界多极化、经济全球化深入发展，文化多样化、社会信息化持续推进，实现传统文化的创造性转化和创新性发展，并善于向国际社会讲好中国故事，是坚持中国特色、优化中国特色的重要方面，而在跨文化交流中如何传递信息、塑造形象、表达价值，营造于我有利的国际舆论环境，显得尤为重要。习近平多次强调要加强哲学社会科学话语体系建设，强调要用别人乐于接受的方式、易于理解的语言，讲述好中国故事，传播好中国声音。笔者认为，处理好寻求共识与自我意识、语言学习与文化自信、价值偏好与客观理性的关系应是不可缺少的环节。

在全球化背景下，寻求共同点和交叉面，通过互动、交流、合作共赢才能实现文明趋同、文化多样的发展前景。即使如此，每个国家在寻求共识过程中的角色定位依然不同。美国也许更多地考虑如何利用自己

① 转引自金耀基《中国社会与文化（Chinese Society and Culture）》，香港牛津大学出版社1992年版“东亚经济发展的文化阐释”一文。

的经济和文化优势，充分扩展市场份额和获利空间。而中国在学习借鉴别国经验和做法、分享国际化和市场化成果的同时还有一个自我意识的问题。按照字义，“国际化”就是使自己变得跟“国际”一样。可是，谁是“国际”呢？变得跟谁一样呢？也许几十年前大致只有一个标准、一个方向，如美国化。这样的国际化对中国来说就是单纯地向别人看齐。但是，今天中国道路的开创、中国奇迹的取得，中国为世界文明发展做出的贡献应当使我们意识到“国际化”的方向已经有了比较大的改变。虽然从国际舆论格局来看，西方话语仍居强势地位，但是高度重视人类共通的经验，尊重共同的价值和情感，从文化共识出发，聚焦中国故事，主动发声，实现国际表达，应当成为中国人跨文化传播中的自我意识。

以英语为主的外语学习是中国实现跨文化交流的重要方式，伴随外语学习而来的是其所承载的思维方式和价值观的影响。应当承认，在这种“后发追赶式”的国际化进程中，我们不同程度地忽视了中文教育和中国特有的思维方式。新加坡和中国香港因为历史和现实的种种原因直接移植英语，成为一个以说英语为主的社会。娴熟英语、通晓英语世界的价值观与运作模式，使它们容易与国际直接对话，但是英语强势，可能削弱了本土语言文化的发展，这种移植来的英语文化的厚度又不足以与英语母语国家或地区相提并论，此时，文化发展上可能的结局就是两边落空。移植语言，就是移植文化和历史，移植价值和信念。相对于母语，外语确实是我们不可缺少的一个“转换插头”，但电源依然是自己身在其中的母语文化。对这样的文化之根，中国人要有充分的自信。学习、了解别国语言，不是为了淹没自己、丧失自己，而是为了成就更好、更丰富的自己。

我们有能力做好自己的事情，13亿人的奋斗和创造为我们的跨文化传播提供了源源不断的生动实践，我们有底气也有必要用别人听得懂的语言、讲得通的逻辑词汇，去呈现自己的语言、观点和意义世界。当然，文化自信也要以讲究技巧、注重艺术为基本前提。

跨文化交流的目的实际上是寻求和印证各自的个性，进而达到知己知彼。因此需要面对的最终问题是客观理性。知己，就是要决定什么是自己安身立命、生死不渝的价值。知彼，才有能力用别人理解的方式展示自己。跨文化交流的结果，不是把我变得跟别人一样，而是用别人能理解的方式告诉别人我的不一样。所以“国际化”的关键，是要找到那个“别人能理解的方式”。而这就需要广博的知识和客观理性的价值判断能力。不知道非洲国家的殖民历史，不了解联合国的妥协政治，不明白世界各国对中国市场的反应，不懂得全球化给国家主权和民族文化带来的巨大挑战，对话从何而来？理解何以生成？越是理性清醒的国家，对于国际的知识越多，就越知道自己要怎么做。习近平在这方面为我们树立了很好的榜样，在谈到合作共赢时，他说，东南亚朋友讲“水涨荷花高”，非洲朋友讲“独行快，众行远”，欧洲朋友讲“一棵树挡不住寒风”，中国人讲“大河有水小河满，小河有水大河满”。这些说的都是一个道理。只有合作共赢才能办大事、办好事、办长久之事。这正是巧妙引用不同地域文化的相同感受而拉近了距离，产生情感共鸣。

合理处理寻求共识与自我意识、语言学习与文化自信、价值偏好与客观理性的关系，是讲述好中国故事、传播好中国声音的理论基础。具体实践中还需要我们不断提高传播的能力和水平，不断发现好的载体和方式，不断塑造融通中外的示范性人格，逐步消除猜疑、误读和误导，寻求最大公约数，在国际化进程中实现自我，尊重多样，共存共赢。

主题二
辩证认识孝道与社会主义核心价值观的关系

自从24字社会主义核心价值观的表达公布以来，各地结合本土特色在培育和践行方面作了大量有益探索，理论界也在积极思考并进一步聚焦核心价值观的落深、落细、落小。弘扬中华优秀传统文化，处理好继承和发展的关系，实现传统文化的“双创”(创造性转化和创新性发展)，是深化社会主义核心价值观研究的重要方面。有学者认为，孝文化是中国传统文化的重要组成部分，大力弘扬包括孝文化合理价值在内的优秀传统文化，是培育和践行社会主义核心价值观、提升我国文化软实力的途径之一，[①]但培育和践行的途径还不等于直接将孝道纳入社会主义核心价值观，尤其不宜把孝道、孝敬等作为社会主义核心价值观的标志性概念。对此应作谨慎、负责任的可行性分析。

一、合理肯定孝文化的价值与当代传承的必要性

孝道是中华民族传统美德的基础，也是修身齐家治国平天下的多元文化体系的基础。我国现存最早的汉学文献资料甲骨人辞之中已有“孝”字。许慎的《说文解字》解释了篆体的“孝”字：“善事父母者，从老省，从子，子承老也。”《诗经》云：“父兮生我，母兮鞠我，拊我蓄我，长

①《在传承和创新孝文化中弘扬核心价值观》,《光明日报》2014年12月4日，唐湘岳整理。

我育我，顾我复我，出我腹我。欲报之德，昊天罔极。”父母厚爱，子女难报深恩。《尔雅》在《释训》中更明确了“善事父母为孝，善兄弟为友”。孔子认为父子之道乃天性。居则致其敬，养则致其乐，病则致其忧，丧则致其哀，祭则致其严。只有这五个方面全部做到才能称得上是孝子。南宋哲学家朱熹在继承传统儒家思想的基础上吸收了佛道，提出孝、悌、忠、信、礼、仪、廉、耻，以孝为先。20世纪初，孙中山提出忠孝、仁爱、信义、和平等道德规范，也把孝道文化放在首要位置。毛泽东在战争年代也提出过忠孝问题，他认为提倡忠孝不是忠于一个人，而是为国家尽忠，为民族尽孝，不独亲其亲，老吾老。中华人民共和国成立后，我们进一步发扬了孝敬父母的传统美德，《中华人民共和国宪法》不仅将赡养父母作为儿女应尽的义务，而且也在公共福利中发展社会主义敬老事业，努力形成良好的社会道德氛围。把孝道文化与爱国主义和社会主义紧密结合。

毋庸置疑，孝道在今天仍然具有不可忽视的重要价值。

近年来，我国城乡的老龄化程度进一步加深，第六次全国人口普查显示，国内60岁以上老年人口已达1.78亿，作为养老问题思想道德基础的孝道文化正面临越来越严峻的挑战。农村的青壮年劳动力大都外出去城市打工，或通过接受高等教育的途径，直接留在了城市生活；城市（尤其是大城市）居民中也有不少青年学子负笈海外，不少人在国外工作或者定居，事实上导致了这一代独生子女家庭大批空巢老人的出现，其中农村的老人占全国老年人口总数的50%以上。就目前我国的实际状况来说，将农村老年人全方位纳入政府养老，条件尚不具备，主要还得靠子女赡养。但是传统的孝道在乡村日趋式微，孝道文化的践行遇到了很大的障碍，少数子女没有对年老体弱的双亲尽孝，甚至连基本的生活费用或医疗需求也不闻不问，让他们在孤独、贫苦中度过余生，白发苍苍的老人不得已只能自谋生计。另外，2014年2月27日全国老龄委发布《十城市万名老年人居家养老状况调查报告》，调查显示，中国空巢老人所占比例为51.1%。[①]2015年11月7日的数据显示，我国大城市老年"空巢家庭"率已达70%。[②]他们大体上虽无经济问题，但子女不在身边，缺少精神慰藉，也颇有晚景凄凉之感。如何克服中国老龄化社会面临的养老问题，使老人体面、平安地走完人生的全过程，已成为迫切需要解决的重大课题。

应该说，这些问题此前已引起整个社会的高度关注，重振孝道之风已成为万千老人的急迫需求。2013年7月1日全国人大常委会通过修订后的《中华人民共和国老年人权益保障法》正式施行，首次将子女"常回家看看"的精神赡养义务写入条文，正是这种关注程度的重要体现之一。[③]个别学者提出将孝道直接纳入社会主义核心价值观的表述中，也是一种试图遏制孝道文化滑坡的善意和努力。

的确，如果批判性继承传统孝道文化并实现创造性转化和创新性发展，可以成为今天培育和践行社会主义核心价值观的重要途径，也可能会带来以下的正面效应：

（一）突出我国传统社会的伦理关怀，利国利民

家庭是公民道德养成的基本场所。强调孝道，进一步生发开去，由对父母及祖辈的孝顺发展出对他人的同情、关心与照顾，乃至于承担对人群、国家的责任，具有积极意义和社会价值。孟子在描述他的理想社会时说："老吾老以及人之老，幼吾幼以及人之幼。"这与孔子对大同之世的理解："故，人不独亲其亲、不独子其子，使老有所终、壮有所用、幼有所长、矜寡孤独废疾者皆有所养"的思想是一脉相承的。用现代的话语来说，就是通过家庭范围内倡导孝道，由个人私德的彰显推展到社会公德的提升，从而达成"亲亲而仁民"的和谐氛围，有利于改善整个社会公民的道德水平。

---

① 全国老龄委：《十城市万名老年人居家养老状况调查报告》(2014年)。
② 国家卫计委：《中国家庭发展报告2015》。
③《中华人民共和国老年人权益保障法》(2013年7月1日修订)。

（二）顺应民心，因势利导，对各种迷信及落后的民间信仰有制衡作用

当前民间建宗祠、修家谱的风气很盛，从儒家文化的角度说，祖先崇拜虽有上古神话和巫术的渊源，但经过先秦儒家的改造后，所谓“慎终追远”，主要是为了求得自己心灵的安慰和情感的满足，以达到“民德归厚”的社会教化目的，其中凸显的是理性精神。如能因势利导，将其纳入正规的政府扶持和监管范围之内，并加强儒家传统的理性主义教育与引导，既可顺应民心所向，又可以借此制衡各种迷信及落后的民间信仰的无序扩散与蔓延。

（三）推行家风家教，关注各姓氏的宗祠建设和家谱修订，有利于增强全球华人的凝聚力

全球华人都乐于寻根问祖，祭祀祖先。提倡孝道，注重华人各姓氏的宗祠建设和家谱修订事业，推行家风家教，改善社会风气，有利于增强全球华人的凝聚力，尤其对促进港、澳、台地区同胞对大陆的向心力，有着重要而积极的战略意义。

（四）辩证吸收道教弘扬孝道的经验，有利于增强信念和规范并重的自觉性

在传统孝文化的形成过程中，道教曾发挥过不可忽视的作用，特别是道教的教化方式，对下层社会广大民众更具感染力。[①]道教擅长以人神感应、修德与养生合一、规范与信念并重等方式劝导世人尽孝。

二、私德“推己及人”至公德可能存在的弊端和问题

推己及人和忠恕之道实际上是孔子为个体的修养和自我约束而提出的处理人际关系的主张。费孝通在1999年9月15日纪念潘光旦诞辰100周年座谈会上的发言中专门提到潘先生做人的境界，认为他不仅能

① 王泽应：《辩证吸收道教弘扬孝道的经验》，转引自《在传承和创新教化中弘扬核心价值观》，《光明日报》2014年12月4日。

推己及人，而且是"一以贯之"。费孝通认为做人先要理解这个"己"字，只有把这个"己"讲清楚，才是和不同的人打交道、处关系的基础，也才能真正立身处世。[①]费老认为孔子社会思想的关键就是推己及人。

推己及人意味着自己怎样对待人，也希望别人怎样对待自己，己所不欲，勿施于人。推己及人还意味着将心比心，常常把自己放到他人的位置上，设身处地考虑问题，进而达成忠恕之道。由此可见，这是对行为个体看似简单，其实很高的要求。推己及人，某种程度上还可以说超越了"己"，费老就称赞潘光旦超越了一己荣辱。[②]但推己及人的"这一个"主体的"己"与"那一个"主体的"己"，往往各不相同，远非心理上和想象中那么容易通达。主体的多元、多样在现代社会早已是基本的常识。如果个体的"己"原本就是人前人后不一样的伪君子，那么他之推己及人，全世界就是伪善横行。按照这个逻辑，我们就要学鲁迅，"一个也不宽恕"。纵然某个个体主体的"己"是善良之人，他要推己及人，仅凭将心比心的愿望和内心修养恐怕是远远不够的，私德在何种环境和条件下才能推至公德，还需要说明和论证。关于这一点，李德顺、孙伟平等学者已经有比较深入的研究。[③]

我们不否认孝道文化的建设是培育和践行社会主义核心价值观的载体和途径之一，但从私德"推己及人"至公德，甚至试图将孝道直接纳入社会主义核心价值观的话语表达，则是不妥当的。

从抽象的道德概念出发，根据自己的理解和感受，想当然地假设人之天性、天理，假设自我和他人的一致性，由此演绎出一套做人的规范，这是"推己及人"的基本思维方式。初看起来简单明了并且很合理，但如果联系汉代举孝廉制度存在的弊端，结合当下活生生的现实，就不难发现这种抽象方法对主体性认识的失误和弊病。[④]

---

①②《清华校友通讯丛书》第六辑第61—64页，转引自《读书》1999年第12期。

③ 李德顺、孙伟平：《传统文化反思三题议》，《开放时代》2001年3月23日；孙伟平：《价值规范的"外推"与"内生"》，《学术界》2006年9月30日。

④ 参见李德顺、孙伟平、孙美堂：《精神家园：新文化论纲》，黑龙江教育出版社2010年版。

私德直接推至公德的失误，关键还是在于过分简单甚至粗鄙地看待公德所涉及的人际、事际关系，想当然地把人同质化：自己喜欢和想要的，一定也是别人喜欢和想要的；自己厌恶的，别人也一定厌恶。完全无视人际、事际关系中各个主体的多元多样性。这种抹平差异的同质化带有明显的主观随意，缺乏历史感。随着主体自我意识水平的提升和生活实践的不断发展，这种“一视同仁”就越来越难以说服人。

中国古代能够从孝道推至君臣关系、长幼关系甚至师生关系的，多半是圣人或统治者，而非普通大众。绝少数人从自身出发推己及人，推出来的也不大可能放之四海而皆准，即使如此还要强制外推，那就和强权、专制没什么区别了。何况在如此这般的私德推及公德的过程中，当权者很容易将自己不愿做、不想做的事情强行施加于别人，而百姓则只能被动接受当权者的施与，也没有可能去争辩这些施与是不是自己所欲。城头变幻大王旗，这种推己及人无论如何做不到一以贯之。

话说回来，从最理想的情况和条件去看，哪怕是出于最大的善意和绝对的公正心去推己及人，所能产生的也还是一套抽象主观的规范和概念，不等于道德生活中真正的现实。真实的生活中存在并发挥作用的道德客观上来自不同主体的共同生活及相互关系。社会公德不直接来自家庭孝道的外化，而是由社会生活中的人们“内生”而成，是人们的自我完善、自我调整和自我规范。

由此，我们认为，如果一厢情愿地将传统的孝道纳入社会主义核心价值观的话语表达可能存在如下问题：

第一，孝道的范围仅限于家庭层面，属于私德，虽也可以看作是社会主义核心价值观的文化资源之一，但明显不宜推己及人，也不足以上升到核心价值的标志性范畴。

所谓核心价值观，是一个国家和民族文化进步中最本质、最持久、最具决定性的精神标志，它支撑和影响其他所有的价值判断。它确实需要立足中华民族5 000年的文明成果，借鉴吸收优秀革命文化成果和社会主义现代化建设的理论成果，同时结合新的社会形势与时代要求予以创造性的发展和凝练概括。孝道，是中华民族的传统美德，无疑需要坚持与发扬，但其范围主要还是限于家庭层面，属于私德，不能通过推己及人上升到社会主义核心价值观的标志性范畴。家庭是社会的细胞，但家庭不是社会，犹如个人与人民的关系，个人是人民中的一分子，但个人不等于人民。

第二，现代社会的结构与古代传统家族制已有很大差异，不能简单套用家国同构的思路。而社会主义核心价值观需要强调的恰恰是超越血缘、家庭的最根本的文化理想。

家国同构，曾经是封建社会儒家道德推己及人的社会基础。现代社会的结构与古代传统家族制的社会结构已有天壤之别，谁都能理解，家庭与国家的关系，在今天根本不是一个小家庭与大家庭的关系，其中的问题不是简单地"推己及人"就可以解决的。而社会主义核心价值观需要培育和践行的是超越血缘关系和家庭伦理的共同道德，以及建立于公平正义基础上的规则意识，远不仅仅局限于私德。现行的核心价值观中属于公民个人层面的有"爱国、敬业、诚信、友善"四项，即是这种精神的体现。其中"爱国""敬业"的对象是国家和事业，暂且不论。"诚信""友善"的对象就是他人或某个群体主体。现代社会道德行为的表现特征是交互性的，亦即"诚信"和"友善"都不是针对某个个人的单向要求，而是要求个体与个体之间，或个体与群体之间必须共同遵守的伦理准则，即相互之间都能以"诚信"和"友善"相待。像孝道这样仅限于规范子女对父母或祖辈的家庭道德肯定是不够的。产生于古代家族制度并服务于这种制度的儒家伦理很难完全适用于现代社会。如果一厢情愿地将孝道纳入社会主义核心价值观的表达，无异于以"私德"代替"公德"，延续的仍然是中国古代"以孝治天下"的老路，与现代社会的治理制度有所违背，既不合适，也不明智。

第三，从儒家核心思想的本意来看，也是以仁义治天下，而非单提孝道。

在孔子那里，通常情况下，往往是“孝”与“悌”连用，以规范家庭伦理，《论语》里说：“孝悌也者，其为人之本欤！”正是此意。孝悌的含义，应包括父慈子孝、兄友弟恭在内。但历史上“父慈”“兄友”两者常常被忽略，因而不乏如舜对父亲瞽叟、弟弟象愚孝愚悌的情况出现。而且孝悌本身并不是人的根本德性，人的根本德性是“仁”，这是孔子思想的核心。因为爱人之心，莫大于父母，所以孝悌是行仁之始。但孝悌并不必然趋向仁者，孝悌也并非仁之核心或根本，仁才是孝悌的根本，仁者是大孝。孝悌仅是仁的表现之一，更重要的是，孝悌之人并非一定是仁者，有些贪官即是孝子，也关心家人，就是明证。因此，从社会德性教化的意义上说，与其提倡“孝道”，不如推行“忠恕”之道。1993年，在美国芝加哥举行第二届世界宗教大会，在并没有儒家代表或相应机构参会的情况下，100多位宗教领袖在会上通过的《全球伦理宣言》中，将孔子“忠恕之道”中的“己所不欲，勿施于人”列为伦理“金律”(the golden rule)，抛开思维方式，其影响力不可低估。显而易见，“忠恕之道”较之于“孝道”，对于当代中国社会基本没有家谱或家训的一般公民来说，在德性培育与国家社会伦理的建设上也许有着更大的普遍意义。

三、延伸思考

由上可知，尽管孝道不适合纳入社会主义核心价值观的话语表达，不足以凝魂聚气，最大限度地引领全国人民为实现中华民族伟大复兴的中国梦而奋斗。但并不意味着它不重要，更不是可有可无，而是事关亿万家庭和谐、生活幸福，需要审慎思考的是如何推行更为有效。例如，对于古代“二十四孝”这一类故事应该对其“去粗取精，去伪存真”，结合时代的要求，做出新的解释，并加以推行(如《新二十四孝》)，而不是像有一些知识分子或儒学人士那样，还在为“父母在，不远游”“不孝有三，无后为大”“子为父隐”等早已与社会现实相脱节的陈腐观念百般辩护，或动辄就立法，以为法律万能，可以代替或解决社会伦理道德方面存在的深层问题，从而彰显依法治国的精神。

以“常回家看看”入法为例，立法的初衷，无疑是出于善意。但是，且不说引得网上一片吐槽，更重要的是，在政府未能从制度上保证子女践行孝道的条件下（如允许法定节日外一定时间的探亲假、父母子女购房就近的优惠政策等基本配套措施），仓促出台，结果自然沦为一句空洞的口号。既损害了法律本身的严肃性与权威性，也模糊了社会伦理与法律的边界，颇有急病乱投医，导致两头不讨好的窘境。

有鉴于此，笔者认为，推行孝道是一个系统工程，应考虑长远之道，不可能毕其功于一役。如下的延伸思考也许是必要的：

第一，以承担赡养义务为底线，无须把孝道作为核心价值观的一部分给予特别关注。

孝道，是基于家庭内部的亲情之爱，应以情感为基础。父母亲与子女并非朋友，更不是生活中的陌生人，不同于社会的公共伦理，而是私人领域，承担赡养的义务是底线。缘于亲子血缘关系的孝道，固然需要培育，家风家教，应当保留。但在不同年龄段子女与父母的感情是不同的，幼小时，依赖父母；青少年时，独立意识强，叛逆心生，与父母疏远；成家立业之后，逐渐回归。古话说：“子欲养而亲不待”，很能说明问题。随着年龄的增长，尤其是孩子有了下一代之后，绝大多数人能体会到父母的不易，感同身受，自会靠近双亲，尽己所能尽孝，社会上也有不少这方面的真实故事。所以，无须专门作为核心价值观的一部分而予以特别关注。

当然，传统孝道“形而上”义理层面中的正面价值，应予以肯定，并逐步提升境界，比如从“善事父母”到“以孝养亲”。因为父母是自己命之所由系，身之所由出，孝敬父母，既是天伦，也是人伦。要在“能养之孝”的基础上，更倡导“敬亲之孝”，化“亲爱”为“博爱”。又如，从

"弗辱"、不累父母到合理谏诤，争取父子人格平等。同时，要对"移孝作忠""君为臣纲"的封建主张，"君臣、父子"的等级观念，主张"后喻"、一味守成的保守文化，予以剥离。从而创造建立一种从传统孝道"父慈子孝"出发，亲代施恩尽责，子代感恩回报，建立青老两代人格平等、尊重双方自由的平等孝道；一种从传统孝道"亲亲仁民爱物"出发，博施广爱，民胞物与，建立"民为德恤"、尊重生民的人本孝道；一种从传统孝道"事父母几谏"出发，既重亲情，更重道义，建立持节尽孝、不愈道义的民主孝道；一种从传统孝道"继志述事"，报亲扬名出发，积极入世，践行责任，建立忠于祖国、孝于人民的新型忠孝观。①

第二，可以重阳节等传统节日为载体，公开宣传、鼓励、支持孝顺父母的善行，提倡尊老敬老，作为现代文明社会的一个标志与象征，但以柔性、变通的方式为妥。

对于政府与社会来说，重要节庆仪式是弘扬中华优秀文化的生动载体。但就孝道而言，更应面对现实，取柔性培育、在多元多样中求融通的方式为妥，也符合当代社会大众的接受心理。强制性的做法并不可取，效果也不佳。汉代一直为后人诟病的就是在发现和培养官吏预备人选时使用"举孝廉"，规定每20万户中每年要推举孝廉一人，由朝廷任命官职。被举之学子，除博学多才外，更须孝顺父母，行为清廉。在汉代，"孝廉"还作为选拔官员的一项科目，没有"孝廉"品德者不能为官。②这个制度最终以失败告终。东汉末年有民谣讽刺"举孝廉"：举秀才，不知书；举孝廉，父别居。寒素清白浊如泥，高弟良将怯如鸡。这方面的历史教训值得记取。

随着经济的发展、国家实力的增强，更应从理念、制度与技术层面（比如，推行智能化养老服务方式等）逐步保障老年人（尤其是农村老人）的生活质量和尊严，为子女尽孝提供必要的便利与机会，这才是应着力

---

① 《在传承和创新教化中弘扬核心价值观》，《光明日报》2014年12月4日，唐湘岳整理。
② 百度百科"举孝廉"，另参见陈杰《理想的教育》，《新课程研究》（下旬刊）2011年10月25日。

尽责之处。同时，对于社会上出现的遗弃老人的恶性案件，有关部门必须予以严厉查处，坚决打击，以维护老年人的正当权益与正常的社会伦理秩序。

第三，孝道，源于感恩。感恩教育不可或缺，也是推行孝道的有效方式。

感恩，狭义上是感激父母，广义上就是感激社会、感激祖国、感激所有帮助过自己的人，孝可以成为感恩教育的基础。与时俱进开展感恩教育是孝道文化的最好传承。

感恩教育身教重于言教。本来“寒门出孝子”的古训，说明贫寒人家的孩子更早地参与社会生活，了解父母工作的艰辛，在情感上理解双亲的难处，因而从小就懂得感激父母，愿意为之分担生活的重担。现代社会环境变了，抚养孩子的方式亦不同于以往，富养是潮流。因此，倡导父母之爱是付出之爱，同时也在爱子女的过程中得到了回报，这种爱本身就是幸福的。也让孩子在爱的教育中养成对父母的爱。这样的教育也许更符合现代社会当下的现实。总的说来，要遵循青年学生的认知规律，将感恩教育融入学校课堂教学、实践教育和校园文化中；要用他们看得懂、听得进、学得会的具体形式，将感恩的思想观念和行为融入社会化教育的过程中，像空气和水一样时刻滋润着青少年的心灵。

第四，当今社会与其提倡单向性的“孝道”，不如倡导“慈孝”更为合适。

“父慈子孝”，其乐融融，才是传统儒学的本意，较之于单向性道德要求的“孝道”，“慈孝”并举更容易为现代的年轻人所接受。自古流传的“二十四孝”的故事，除了“郭巨埋儿”“卧冰求鲤”“闻雷泣墓”等少数几个不近人情外，其余的还是值得效法的，如“望云思亲”“上书救父”“笼负母归”“亲尝汤药”等，不要因为鲁迅批判过，就全盘否定。何况鲁迅批判的也只是那过分的几个，并非全部。建议有关部门组织力量，吸取“二十四孝”中的部分合理内容，同时精选古今中外父母教子有方、子女孝顺双亲的故事，编写一本图文并茂的《新二十四慈孝故事》，作为既适合孩子阅读，大人也爱看的读本，向社会推广，也是一件功德无量的事情。值得注意的是，《孝经》《论语》中也有对“谏诤”的论述，当父亲要做不义的事情的时候，儿子不可以不站出来劝阻；当君王要做不义的事情的时候，臣子不可以不站出来劝阻。《女二十四孝》中也有不少表现劝谏的故事，如《劝父改业》《劝母勿溺》《直言谏父》等。父慈子孝、家庭和睦，社会和谐就有了基础和保证。

第五，帮助老年人运用互联网技术和分享经济的优势，消除寂寞，强身健体，提升生活质量。

孩子应该教会年老的父母学会使用手机上网，收发微信，学会网购，利用视频对话、聊天，与子女、他人交流，以缓解精神上的渴求。尤其对城市空巢老人，可以通过休闲度假之静养、农业体验之动养、文化熏陶之“和”养等方式，与国家相关养老政策实现有效对接，真正丰富、优化老人的精神生活。

主题三
理学与启蒙——兼及对理学质疑的回应

讨论以启蒙话语来解释明清儒学发展的种种端倪时，笔者不禁发现，启蒙就是我们的处境。实际上，我们解释明清“启蒙”思想只是一种回溯，依照启蒙，我们找到相匹配的明清思想。“五四”以降，乃至改革开放以后的40年，启蒙仍然是重要的时代底色。与此同时，传统文化的复兴对启蒙所崇尚的“理性”和“智识”等保持着一种警惕。毕竟，反理学主要是在启蒙的话语下倡导的。

一、明清启蒙论对理学的批评

明清之际，社会鼎革，明清思想对于宋明以来的理学传统有继承，也有反思、批评。其中，新思想多元迭出，成为春秋战国之后又一次思想发展的高峰。近百年来，学术界对于这一时期思想的回顾往往以其璀璨、革新而认为可与西方启蒙运动相媲美，对于其后中国思想的开新亦兼具启蒙的意义，学者因而以明清启蒙学说称之。近代以来，梁启超、胡适、侯外庐等学者分别从不同角度阐述了明清之际的启蒙话语，当代学者如李泽厚、丁耘等也有相关论述，他们在不同程度上提出明清思想中的反理学性质。胡适曾经将近世哲学分为两个时期：理学时期——1050—1600年，反理学时期——1600年至今日（写于1919年1月28日）。其所界定的反理学的时间上限是明神宗万历二十八年，也是西方巴洛克时期与文艺复兴的分界，下限直到清末民初。可见，这一时间段的划分以西方思想史为重要参照，并在“五四”爆发前夕有重要的反传统的现实企图。当然，以上所列的几位学者所论启蒙各有自己的意图，并不完全是历史的态度，而意欲托明清思想之口抒发自己的思想主张。尽管如此，在发掘明清思想中反理学的因素方面，他们的矛头比较集中，总结起来，认为明清思想对理学的批评主要有以下四个方面：

第一，批评理学的宗教意味。这包括两方面：一是理学杂混了佛老的元素，不够纯正；二是理学自身的中古宗教态度，具有宗教性。侯外庐认为，王夫之在先天、后天、实虚、有无、体用等方面，攻击老庄，是对宋明学者“外儒内老”的苦心批评。[①] 他还认为，王夫之吸收佛老二氏的方法论，加以虚心研究，是“超出宋明儒者笼统抱定太极图旨而糅合老释的旧套，而在知识论上丰富了自己”。[②] 这一评价是否客观，尚待检验。但对理学阳儒阴释的批评确实颇为常见。潘平格就说“朱子道，陆子禅”。理学的所谓“中古宗教态度”也为人所诟病。胡适认为，戴震就是认清了理学的病根在于不肯抛弃那反人情性的中古宗教态度，因而要拼命推翻那“杂糅傅会”的、半宗教半玄学的旧理学。理学中主“敬”也是中古宗教遗留下来的一点宗教态度。[③] 关于理学的宗教性，李泽厚也提到，虽然宋明理学不是宗教，但它通过个体的心性以达到所谓的“合天人”境界而“安身立命”，本就具有宗教性能，王阳明更是将儒家教义从哲学提到宗教性的形而上学。[④] 李泽厚在提到这种宗教性，或称其为“道德的神学”[⑤] 时，实际上对这种“准宗教体验”和宗教性的包裹亦提出了批评，认为空虚的内省不应脱离具体的历史性。

第二，批评理学为空虚之学。颜元曾以“无事袖手谈心性，临危一

① 侯外庐：《中古早期启蒙思想史》，人民出版社1956年版，第45页。
② 侯外庐：《中古早期启蒙思想史》，人民出版社1956年版，第44页。
③ 胡适：《几个反理学的思想家》，《胡适学术文集》，中华书局1997年版，第1156、1142页。
④ 李泽厚：《中国古代思想史论》，人民出版社1985年版，第264页。
⑤ 李泽厚：《中国古代思想史论》，人民出版社1985年版，第273页。

死报君王”影射明末殉身的刘宗周，认为其空谈心性已至于极。侯外庐说：“夫之是以哲理对抗玄理，宗羲是保留余技而暴露玄理，而炎武则根本推翻心理性命的‘玄言’，所谓‘永嘉之亡，太清之乱，岂非谈空空覆玄玄者有之致之哉’。”[①]他总结朱之瑜的学问主旨是“经邦弘化，康济艰难”，李颙的宗旨则是“明体达用”。他认为清初反理学运动的特色是将学问当作指导行为的理论，而那种普遍概念的理学遭受严重的批判。胡适认为反理学运动有两个方面，即打倒和建设，其中费密和颜元等所提倡的打倒和破坏的内容之一就是谈心说性等玄谈。[②]如李泽厚所说，“宋明理学大兴之后，空谈性理轻视实务之风，不但弥漫士林，而且影响了整个政治。所以明亡之后，如同前人指斥魏晋清谈，认为何（晏）王（弼）之罪浮于桀纣一样，从顾炎武到颜元的许多正统儒家都十分沉痛地反对心性空谈，或骂王门，或责程朱，就不是简单的事情”。[③]清初遗民集体反思明亡的教训，甚至将亡国直接归咎于心性之学，确实是当时社会普遍的基调。而黄宗羲、王夫之等学者的杰出，不在于与社会上普遍地罪憎理学的气氛相合流，而恰恰是严肃地对待和整理理学传统，以传承保留余绪为己责。

第三，批评理学制欲绝情。现代学者在研究明清思想时都特重其安顿情感、欲望的方面。这一方面，戴震的学说最为典型，他曾提出“以理杀人”的论断。冯友兰因戴震强调情欲的正当性，认为戴震是主情的。[④]胡适认为，宋儒以来的理学挂着孔教的招牌，因袭了中古宗教的种种不近人情的教条，人人乱谈“存天理，去人欲”，甚至于形成吃人的礼教，其“一切病根在于分理气为二元与分理欲为二元”。因而戴震反对理学的理欲观就从推翻这种二元论下手，提出“血气心知，性之实体也”，[⑤]“理

① 侯外庐：《中古早期启蒙思想史》，人民出版社1956年版，第209页。
② 胡适：《几个反理学的思想家》，《胡适学术文集》，中华书局1997年版，第1156、1142页。
③ 李泽厚：《中国古代思想史论》，人民出版社1985年版，第277页。
④ 冯友兰：《中国哲学史》（下），商务印书馆1936年版。
⑤ 戴震：《孟子字义疏证》卷中天道，中华书局1982年版，第21页。

者存乎欲者也”。[①]事实上，戴震“以理杀人”的命题真正反对的不是理，而是理为政治所用而沦落为替代法的角色，异化为扼杀人情感欲望以合乎形式上的伦理规范。因为此形式上的伦理规范无限扩张它的范围，不再与人心内在的条理相适应，而仅仅作为观念的教条和统治的工具，“以理杀人”的悲剧就不可避免地发生。汪晖在评价章太炎《释戴》“明死于法可救，死于理即不可救”时说，“如果我们考虑到这种行为发生在以治道合一相标榜的清朝，那么，以道德行为替代法律行为显然要比仅仅使用法律行为更为严密和残酷。所谓治道合一，在政治上就是取消法的独立性，使之在道德的名义下运作”。[②]

第四，批评理学迷信愚昧、反知识。伊川曾以博闻强识为玩物丧志，此等不在少数。而重实学，尊重科学则成为现代学者推崇明清学术为启蒙思想的重要因素。侯外庐认为傅山开创子学研究，其本身就是对道学传统的反对态度，并引傅山说：“后世之奴儒，生而拥皋比以自尊，死而图从祀以盗名，其所谓闻见，毫无闻见也，安有所谓‘觉’也？”[③]以证其鄙夷道学家识见只不过是欺世盗名。胡适则以顾炎武、戴震、崔述为代表，认为他们是在致力建设求知识学问的方法。余英时在《戴震与章学诚》中对戴震也有类似看法，认为其是主张智识主义。明清启蒙论者因其对知识论重视程度不同，对乾嘉考据地位的评价也有分歧。梁启超认为明清启蒙时期是对于旧思潮的初起反动之期，因此这一时期的精力皆在于破坏，而未及建设，而至于乾嘉考据才达到全盛。[④]侯外庐则认为清初学者的思想不仅有破坏，也有建设。他们的学术规模宏大，是有启蒙时代市民阶级的社会根源的，其学术成就远超过乾嘉学者的思想。相比之下，侯外庐对于考据学的评价不高，总结其为蔽于古而不知世，蔽于词而不

① 戴震：《孟子字义疏证》卷中天道，中华书局1982年版，第8页。
② 汪晖：《现代中国思想的兴起》（第1部），三联书店2004年版，第448、449页。
③ 侯外庐：《中古早期启蒙思想史》，人民出版社1956年版，第276页。
④ 梁启超：《清代学术概论》，人民出版社2008年版，第3页。

知人，有见于实，无见于行，有见于阙，无见于信。[①]他反对章太炎将汉学家的治学精神理想化，更不赞同梁启超和胡适托古将汉学家的治学精神说成“近代的科学方法”。可见，学者在认为明清思想家反对理学的“反知识”这一点可以达成一致，而就建设性的方面来说，考据学在何种程度上与现代科学知识和方法接轨，却存在相当不同的见解。

二、明清启蒙论的背景与向度

明清启蒙思想论者这几种异见各有其理论的出发点，比如胡适采取的是实证主义和实用主义的视角，梁启超运用历史进化论的学说，侯外庐则通过马克思主义唯物观看待明清启蒙的思潮。这些无疑构成他们分析和评论的基本框架，这些框架帮助他们具体地历史地展开这一时期的思想，同时也约束了他们不能完全遵循思想原有的轨迹和脉络。因而，我们在他们的分析中不难看出这些先见和结构在面对明清思想的复杂性时呈现出的局限。

胡适在《几个反理学的思想家》中介绍自1600年至20世纪初的反理学思想，重点是以顾炎武、戴震、颜元和吴稚晖为反理学的代表，兼涉黄宗炎、费密和毛奇龄等几位思想家的思想。相比之下，侯外庐《中国早期启蒙思想史》横跨17世纪到19世纪初叶，遍及王夫之、黄宗羲、顾炎武等清初思想家，以及18世纪考据学家的思想和19世纪初叶经学家的思想。但他并没有完全顺应历史和思想的自然逻辑，而是另有一套建构的逻辑。其中，明清之际的思想家一概被贴上反理学的标签，完全从宋明理学和明清启蒙的断裂来看待新思想的产生，刻意割断两者的联系，使其思想虽然生发于中国，却似无源之水、无本之木。因此，随着明清思想的深度发掘，侯外庐往往误将理学内部问题的探讨作为启蒙思想对理学

---

① 侯外庐：《中古早期启蒙思想史》，人民出版社1956年版，第349、418页。

的外部批评。他在潘平格思想中发掘的“浑然天地万物一体”否定的内外、体用、先后、理气隔截，其背后的浑然一序的平等观，正是理学本来就蕴含的。又如，黄宗羲对理学“使美厥灵根者，化为焦芽绝港”的批评，正是理学的内部反思。而侯外庐对黄宗羲的定位是“正在朱熹列入文庙十哲之次的时候，树起反宋学的旗帜。并且他虽被全祖望称为‘以正谊明道之余技，犹留连于枝叶’，还争求王学正统，实则他已经扬弃了王守仁的玄学，在许多方面已经是一位反宋明理学的导源人了”。[①]他评论王夫之“颠倒了理学的头足，理学的外表虽然在他的言论中存在，而其内容则洗刷干净了”。[②]顾炎武在他的眼中虽“也谈心、理、性命诸范畴，但他否定这些范畴的旧理解，而把它重新规定为可以经验的所谓实学，以所见所闻为准”。[③]实际上，顾炎武、黄宗羲、王夫之等清初思想家对于理学学说已经溢出了反理学的框架，他们对于理学自觉继承的一面被刻意忽略，因而侯外庐在评价中每每露出牵强，以至于他最后不得不承认“如宗羲，如顾炎武正因了是‘高名耆旧’，他们的态度反而异常谨慎平稳。宗羲晚年仍崇师说之‘慎独’，炎武晚年则建朱子祠以明宋学统绪”。[④]

清初学术思想与理学之间的联系不是说断就断的。即便是学者公认的反理学旗手颜元，并没有真正走出理学的范围，用钱穆的话来说“仍未能画然与理学分疆割席”，[⑤]也不是彻底将纸笔之学丢掉。虽然其后思想转出，并吸收事功学派的陈亮的思想，其思想深受同乡孙奇逢思想的影响，且始终敬佩理学家胡安定和张横渠，与理学仍有着千丝万缕的联系，这里可以举两例说明：一则《年谱》“乙卯四十一岁”条记载“正月增常仪”，又“讲书”一则，“每日早晨试书毕，讲《四书》或经，及酉时讲所读古今文字”。《四书》虽然是孔孟思曾的书，但表彰出来，则不能不说是

① 侯外庐：《中古早期启蒙思想史》，人民出版社1956年版，第178页。
② 侯外庐：《中古早期启蒙思想史》，人民出版社1956年版，第57页。
③ 侯外庐：《中古早期启蒙思想史》，人民出版社1956年版，第209页。
④ 侯外庐：《中古早期启蒙思想史》，人民出版社1956年版，第191页。
⑤ 钱穆：《中国近三百年学术史》，中华书局1986年版，第183页。

宋儒的功劳，将《四书》选出来与经同读，其实也是对宋明儒所列的学术秩序的认可。一则习斋晚年主持漳南书院，同时不废程朱学，经史六艺之外，设“理学斋，课静坐，编著程朱陆王之学”。[①]举其朝夕相砥砺的好友，刁包、杜越、魏象枢、张沐、吕申、王介祺、魏莲陆、申涵光、赵御众等，也都是理学门中人物。

侯外庐承认反理学从理学中生成，这表现在：(1)外表与内容的矛盾，恒常在启蒙学者身上刻印着深深的烙痕；(2)学术史的一种主潮尽管支配着全局，但不能不遗留着所谓“余技”；(3)新命题的提出，不能完全割弃旧时代的主词，这是死的与活的矛盾的时代的特征。清初反理学的思潮不是平地降生的，它在理学的母胎里生成起来，渐渐由量变以至质变。[②]从客观的历史角度而言，思想家的思想系统本来圆融一体，并非有什么矛盾。而侯外庐所谓的“外表与内容的矛盾”和“余技”正产生于其独特的视角，是其自身的反理学的解释框架的局限造成的解释上的困难，反过来归咎于思想家的结果。

无论是梁启超、胡适还是侯外庐所谓的启蒙都不完全在西方启蒙运动的启蒙意义上谈启蒙。诚然，西方启蒙运动所谓“启蒙”亦并无确指，而蕴含和宽容着相反的概念和意义。大体上，启蒙的思想特征存在一些共性，第一，以“理性”为中心和汇聚点，启蒙哲学试图在理智解放的过程中表明自然和理智是自足的。第二，崇尚科学知识，把自然科学从神学中解放出来。第三，突出个体，只有通过一切个别力量的最高度的发挥，而不是抹杀它们的差别，消灭它们的个性，才能达到存在的真理，达到最高和谐和无限丰富的实在。[③]

同时，启蒙思想的内部存在着多元的态度。比如，在一致推崇理性的氛围下，狄德罗特别主张重视情感。他认为，人们不是为理性的抽象

① 颜元：《漳南书院记》，《习斋记余》，商务印书馆1936年版，第18页。
② 侯外庐：《中古早期启蒙思想史》，人民出版社1956年版，第351页。
③ E.卡西勒：《启蒙哲学》，顾伟铭译，山东人民出版社1988年版，第31页。

命令所支配和联合起来的，而是由他们一致的爱好、本能和欲望所支配和联合起来的。我们必须在这里寻求人类真正和有机的统一。我们也只有在这里，而不是在纯宗教的和道德的戒律中，才能发现这种统一的真实基础。卡西勒说到，启蒙时代是一个纯唯理智论的时代，是一个无条件地拥护思想和纯理论的优越性的时代。然而启蒙时代的宗教理想的形成和发展并没有证实这种观点。在这一过程中占主导地位的显然是相反的趋向；因为无论启蒙运动做出何等巨大的努力以发现一种"纯理性范围内的宗教"，但它又试图把宗教从悟性的统治下解放出来……启蒙运动力图在这一原则下包容的宗教观念的多样性比文艺复兴时代更为巨大。[①]他还提到，德国的自然神论比法国启蒙思想的宗教态度更具有包容性，洛克和莱布尼茨虽对信仰内容的不合理性提出异议，但他们没有断言信仰内容能够单单产生于理性，也没有断言信仰中没有超理性的因素。可见，启蒙思想是一个蕴含着千差万别新思想的体系。那么，明清之际所谓的启蒙思想究竟在何种意义上言之？

首先，西方启蒙运动时期的思想是现代学者讨论明清启蒙思想的重要参考。比如，启蒙哲学认为其任务不在于破坏，而在于重建。关于破坏和重建的讨论是胡适、梁启超和侯外庐等都极为关心的。另外，从历史上看，启蒙哲学表现出双重倾向：尽管它一方面和近古和现存的秩序作斗争，但另一方面它又不断地回到古代思潮和问题上去。这也与明清之际的思想很相似。梁启超就曾总结清代思潮是对宋明理学之一大反动，而以复古为其职志者也。又如，17世纪的"自然"指真理的起源和基础。人们不仅在物质世界，而且在精神世界和道德世界寻求这样的真理。17世纪将这两个世界合在一起，以构成一个真实的世界，一个自足的宇宙。18世纪思想仍然肯定了物质世界和精神世界的这种联系。[②]启蒙思想论者多次谈到的明清思想以道器合一、理气合一反对宋明理学

① E.卡西勒：《启蒙哲学》，顾伟铭译，山东人民出版社1988年版，第160、161页。
② E.卡西勒：《启蒙哲学》，顾伟铭译，山东人民出版社1988年版，第235页。

的理气二元论，亦是肯定物质世界和精神世界的这种联系。此外，启蒙论者所谓启蒙并非内容上与明清思想完全相应，而在形式的转换上具有相似性。比如，在18世纪思想中，理智的中心改变了位置，知识的各个领域——自然科学、历史、法、政治和艺术等，逐步摆脱了传统形而上学和神学的统治和监护。它们不再指望用上帝概念来为自己辩解，来证明自己的合法性，反而依据自己的具体形态来决定上帝概念。上帝概念和真理、道德以及法律概念之间的关系绝没有被抛弃，但这种关系改变了方向，可以说发生了一种指示符号互换。[①]明清启蒙论者在讨论清初学者与理学的关系时，类似地，认为他们没有改变理学的原有框架和概念，但改变了讨论的方向，其重心转向于形而下的气质及其由气质推动的实行。另外，侯外庐还参考了马克思主义学说和列宁关于启蒙学者特征的规定。[②]

正因为启蒙学说的多元性质，我们也可以说宋明理学在对抗佛老的过程中具备了启蒙思想的性质。宋明理学重自觉自识虽不能等同于理性和知识，但就真理源自与内心的自由和合乎理性的洞见，就感情和想象力要受到理性的严格法则的制约并服从这种法则，才会有内心的自由和合乎理性的洞见这些特征而言，理学的启蒙意义是很明显的。朱谦之曾经说到，与中国启蒙运动将儒家作为主要批判对象截然相反，欧洲启蒙运动在相当长的一个时期内，将儒家传统当作了启蒙的重要资源之一。[③]"从欧洲历史的脉络来看，专制对于封建而言正代表了典型的'现代'因素。"[④]理学系统因为没有人格神的位置，天理与哲人之理观念非常接近，这对欧洲哲人相当大刺激。[⑤]正因为如此，中国哲学史的梳理中，有不少学者借用日本学者内藤湖南、岛田虔次等近世的概念，将现代

---

① E.卡西勒：《启蒙哲学》，顾伟铭译，山东人民出版社1988年版，第154页。
② 侯外庐：《中古早期启蒙思想史》，人民出版社1956年版，第324页。
③ 朱谦之：《中国哲学对欧洲的影响》，上海世纪出版集团2006年版。
④ 丁耘：《儒家与启蒙——哲学会通视野下的当前中国思想》，三联书店2011年版，第99页。
⑤ 丁耘：《儒家与启蒙——哲学会通视野下的当前中国思想》，三联书店2011年版，第98页。

性的根基往上推到宋明。[①]

三、从理学的内在路径回应明清启蒙论者的批评

明清启蒙论者对于宋明理学的批评可以归结为四个方面：宗教性问题，空虚玄远的问题，抑制情欲的问题和轻视知识的问题。这四个方面既是外在的批评，也是理学的内在问题，是理学的发展过程中理学家建构种种学说来尽力避免的，因而可以按照理学的内在路径来回应这些批评。一方面，这些批评并非全是不实之诬，理学的学说中确实存在这些弊病；另一方面，理学的学说内部为了防止和对治这些弊病，亦有相应对治的理论，这些对治的理论却被批评者们有意或无意地忽视了。

作为儒学在宋明时期的一种发展形式，理学与佛学、道教之间的界线还是很清晰的。然而，理学在发展过程中确实吸收佛老的思想，不少理学家在回归儒学之前都有出入佛老的经历。宇野哲人认为，道家道教之于理学的影响在魏晋为盛、汉唐已经完成融合，至宋明时期，以佛教的影响最大。[②]伊川也曾说："今异教之害，道家之说，则更没可辟。唯释氏之说，衍蔓迷溺至深，今日是释氏盛，而道家萧索。"[③]在北宋理学家中，张载辟佛可谓最力。他总结理学与佛学的区别主要有三：其一，"或太高，或太下，只在外面走，元不曾入中道，此释老之类"。[④]太高者形而上，指的是佛教，太下者形而下，指的是道教。如果说，佛教偏于理，道教侧重气，则理学走的是兼摄理气的中道。其二，"释氏之说所以陷为小人者，以其待天下万物之性为一，犹告子生之谓性，今之言性者污漫无所执守，所以临事不精"。[⑤]佛学以性空为旨，理学继孟子而下主性善，归根于仁

---

① 蒋国保：《"宋明启蒙说"的误解与迷失》，《江汉论坛》2005年第10期。
② 宇野哲人：《中国近世儒学史》，中国文化大学出版部1982年版，第6页。
③ 程颢、程颐：《二程遗书》卷二上。
④ 张载：《张子语录》（上），四部丛刊景宋本。
⑤ 张载：《张子语录》（中），四部丛刊景宋本。

义礼智之性。其三，“释氏不穷理，皆以为见病所致，庄生尽能明理，反至穷极，亦以为梦。……盖不知易之穷理”。[①]理学不仅从本体论上区别于佛学，而且在此基础上建立了一套自己的工夫修养体系，北宋理学家张载、邵雍、二程等皆借《易》云“穷理尽性以至于命”，构建了一套穷理尽性的工夫修养体系。这套穷理尽性的工夫体系至朱子已至精微宏大，亦与佛学的修与悟的工夫异趣。

因而，笼统而言，“朱子道，陆子禅”只能就其精神气质，或者工夫渐顿路径上的相似性言之。冯友兰更是认为，从哲学本身说，这种指责并无意义。儒学与佛道的融合是儒学正常的一种发展。[②]象山、阳明以后，诟其禅者多因其过于高明。方学渐在《心学宗》中说“陆子立大之学，真切笃实，慈湖一变为无意，遂使天下疑陆子为禅，不知非陆子禅而慈湖禅也。阳明良知之学，亦真切笃实，龙溪一变为虚寂，遂使天下疑阳明为禅，不知非阳明禅而龙溪禅也”。[③]其实，正如罗整庵所说，阳明本不讳禅，但理学正因为时刻警惕自身不落入空虚玄远，与佛学为伍，理学学派内部之间相互矫正，提醒边界所在。朱子之笃实正可以对治陆子之高明，比朱子更重实行的事功学派又对治朱子，罗整庵之笃实对治阳明之高明，阳明后学中修正派之笃实对治归寂派、现成派的虚玄。然而，这笃实这虚玄为理学之两面，两者不可或缺。如果舍弃虚玄的形而上学一面，则完全走向事功学派的功利主义，取消了它的超越面。如果脱离百姓日用伦常，则不免于谈玄论虚，终少了事上磨炼的下手工夫，与佛教无异。兼具实用和超越，才是理学乃至儒学的真义，所谓“内在的超越”，即超越于我心我性，自我主宰之中。从这个意义上说，所谓理学混同佛老则非，而理学作为人文精神之极的一种形式，其具有宗教性则是不可否认的。这种宗教性的依据在于天人合一，宇宙心灵与个人心灵可以浑化

① 张载：《张子语录》（中），四部丛刊景宋本。
② 冯友兰：《中国哲学史》，赵复三译，长江文艺出版社2015年版，第307页。
③ 方学渐：《心学宗》续编卷一，清继声堂刻本。

为一。正如郭齐勇所说，“超越”一词不是在认识论上讲的，而是从他们的本体论—境界论上去讲的。[①]《中庸》讲“致广大而尽精微，极高明而道中庸”，超越的意义正在于日用之中尽精微、道中庸而实现的，这是理学所以提供安身立命的根本所在。

因而，在理学的学说系统中，形而上与形而下总是相即不离的，不可离理而言气，也不可离气而言理。这是理学学说探讨的基本前提和原则。然而，论者仍以为其虚玄，只是因为没有看到其实行的面向。历史上的理学家大多经世之才不浅，阳明最为突出，“破山中贼易，破心中贼难”说明他们绝不是只会坐而论道的冬烘先生。张君劢曾在他的《新儒家哲学发展史》一书中将朱子学命为实学。现代学者提倡实学者，最终也不得不承认实学思想史须从理学讲起，而并非明清首倡。颜元所谓即“三事”、“六府”即《尚书·大禹谟》所言“正德、利用、厚生”和“水、火、金、木、土、谷”，“三物”即《周礼·地官》中的“六德”（知、仁、圣、义、忠、和）、“六行”（孝、友、睦、姻、任、恤）以及“六艺”（礼、乐、射、御、书、数），此外，兵农、钱谷、水火、工虞、象数、天文、地理，并非理学不讲。程颐所谓玩物丧志，只是不提倡一味沉溺实行，事功，而走向实用主义和功利主义，脱离了超越的一面。理学提倡明体达用，有体自然有用。

理学追求超越面，因而特重淬炼人格之纯粹，对于情感亦强调其纯粹的方面。朱子提出“心主性情”说，一方面，是以心统摄情感，主宰情感，约束情感；另一方面，他给予情感很高的地位，“心主性情”蕴含着“性体情用”的结构，情是性之发用，这决定了情的善本质，朱子说“情是性之动”，“情元来皆善”。因情发出来被气质杂染才变得驳杂，不仅情是这样，情是性之发用，程颐说“人生而静以上不容说，才说性时，便已不是性”，朱子解“人生而静以上不容说”为人生而静以上未有性，在这个意义上说，性就是气质之性。面对驳杂的性情，人必须锻炼内心强大

① 郭齐勇：《中国儒学的精神》，复旦大学出版社2009年版，第248页。

的主宰力，控制情绪循理而不是循气的路向发出，才能发而皆中节。但在客观效果上，朱子“心主性情”论指导下的工夫确实是心主宰情压倒了性体情用。因而，晚明学者刘宗周也批评朱子“惨刻而无情”，并特别发挥了性体情用的这一方面。他说，“喜怒哀乐中便是仁义礼智信”，[①]又说“独即尽性之学，独中具有喜怒哀乐四者，即仁义礼智之别名，在天为春夏秋冬，在人为喜怒哀乐，分明一气之通复，无少差别”。[②]刘宗周直接将情等同于气，并力图将喜怒哀乐之情提到形上地位，而此情只能是性所流露出的纯情。唐君毅称“此实是借此喜怒哀乐之名，以表此心在意念未起时之纯情，或自感之周流不息”。[③]刘宗周通过“天无无春夏秋冬之时，故人无无喜怒哀乐之时”重新规定喜怒哀乐，使之贯通已发、未发，至此理学情论达到一个新的高峰。唐君毅因此评论说：“宋明儒者属之于形上之本然之心体，以究其高明与精微之义，则必由周、张、程、朱、陆、王门诸子，东林儒者至蕺山诸大儒，穷老尽气，次第困心衡虑于天与人、性与情、理与气、心与理、已发与未发、本体与工夫、至善与无善无恶诸问题，至数百年，而后至乎其极，方还契于孔孟之性情之教者，正以此高明精微之义理境界上求升进，有如行于高山峻岭，而环山一周之不易也。”[④]因而，从学理上讲，理学继承孔孟性情之教，并不排斥中正之情的生发。理学提倡情循理而行，而不是循气为欲，是要解决情感泛滥过度、发之不当的问题。

明清启蒙论者借用明清思想家的学说表达情感的重要性，主要出于情感满足心理需要和享受快乐而言，但情感带来的悲伤、痛苦及其导致的困扰也是人要面对的更大现实。伏尔泰年轻时拥护享乐主义，主张最大限度享受人生的乐趣，并一味为奢侈、口腹之欲和感官享乐辩护，但里斯本地震以后，随处可见的苦难使他收回曾经赋予享乐的光荣，意识到

---

① 刘宗周：《学言》，清文渊阁四库全书本。
② 刘宗周：《圣学宗要》，清文渊阁四库全书本。
③ 唐君毅：《中国哲学原论（原教篇）》，中国社会科学出版社2006年版，第310页。
④ 唐君毅：《中国哲学原论（原教篇）》，中国社会科学出版社2006年版，第332页。

闭上眼睛是愚蠢的欺骗。过度满足或者不当满足人的情感和欲望，往往降低人的承担痛苦的能力，而抑制人的情感和欲望往往使人更坚强，更能锻炼人面对痛苦的承受力。理学提倡的是控制人情感的自律行为，问题是，控制情感如果是出于他律，甚至为政治所用，不仅抑制人过多的情感，甚或窒息崇高而伟大的中正之情、感受力乃至自然的爱和忠诚，势必走向人性的对立面，酿成悲剧。

启蒙论者批评理学对情感的态度，有两个问题：一是混淆理学学理与意识形态化以后的理学和科举制度下教科书式的理学，以教条式的理学和宗族化背景下的桎梏让理学背负罪名；二是在价值观上明清启蒙论者与理学家存在着根本分歧，明清启蒙论者崇尚人的自然情感为真实的自我，而这一点甚至没有捕捉到清初思想家的思想脉搏，因为即便是王夫之、黄宗羲、顾炎武，甚至被视为反理学代表的颜元、戴震，他们都没有反对天理，亦没有将情、欲视为人的本质。天理是自然、当然的理则，此理则运于人的心性，亦是人的本质所在。明清启蒙论者过于宣扬明清思想中放开情、欲的方面，不免诠释过度。

此外，明清启蒙论者倾向于认为，明清之际自然科学研究有所进展，一些学者甚至将考据学作为这一时期智识主义的表现，这恐怕与西方所谓知识论相差甚远。理学传统中，尊德性与道问学之辨，本质上亦没有推动知识论，道问学讲求格物穷理，本身亦是尊德性题中之义。而明清之际的顾炎武、傅山等推崇实证、考据，亦难谓之知识论的发展。从这个意义上说，明清之际的思想在知识论方面并不能构成对理学的真正批评。然而，此一问题的提出蕴含了现实的焦虑，即中西映照背景下对中国实证科学发展的拷问，因为它理应在现代性萌芽的议题之中。包括余英时在内的不少海外学者多年来致力于此一问题的研究，进而回溯到清代乃至明代，其实都只是今人的问题。

总结起来，宗教性问题、空虚玄远的问题、抑制情欲的问题和轻视知识的问题，这四项批评正好反映了理学的特征。抑制情欲的问题和轻视知识的问题说明理学倡导的自觉自识应在德性上，勿沉溺于情欲，勿沉溺于知识，乃至不沉溺于任何外在的影响自我主宰的一切事物；宗教性问题、空虚玄远的问题又反过来提醒我们，勿沉溺于自身，勿执着于自我，而应在超越的精神之下放手做实事，才能极高明而道中庸。这样看来，理学教给我们的智慧，不但不是它的缺陷，反而正是其价值所在。

主题四
回归自然与攀登仙道——成玄英《庄子疏》仙道学说对人类生命价值的解构和超越

“儒、释、道”三教是共同构建起传统中国民族精神的基本要素，但近代以来，不论是在普罗大众中还是在学术界的象牙塔里，道教却遭受了最为苛刻、最为不公的对待。鲁迅在1918年致许寿堂的信中所谓“中国的根柢全在道教”，隐含着将旧中国视作腐化落后、一无是处的国度，而在此语境中的道教成为迷信、愚昧、奴性崇拜的集中象征。然而，一个无法产生深刻思考、无法不断递进更新的文化，必然无法延续千年，更无法成为具有蓬勃生命力的民族的精神支柱之一。因此，当我们在新时代建立起强大民族自信的时候，当我们已经承认道教与儒、释编织着传统中国人的心灵地图的时候，便更需反思2 000年来道教的深刻内涵是如何影响着国人的思考和实践的。

作为具有独立意识的文化体系，道教围绕长生成仙而进行的一系列有关人类生命意义的思考，显然是其最具特色的思想内容，其中不乏对当代生活仍有启发的成分。例如盖建民将道教生命哲学的积极观点总结为贵人重生的乐生观、“我命在我不在天”的生命自主观、延生有术的生命操作观等，[①]这些内容在当下显然具有很正面的现实意义。有

① 盖建民：《从道教生命哲学看道教文化的现代意义》，《宗教：世纪之交的多视角思维——福建省宗教研究会论文集（三）》，1999年，第205页。

关道教生命哲学的讨论尽管已经不算太少，[①]包括詹石窗、[②]冯国超、[③]李大华、[④]李刚等一批学者都已在此问题上付出长期努力，[⑤]分别对道教生命哲学的基本特点在总体上进行把握，总结出若干要点，其中得道成仙、长生不死被公认为道教生命哲学的理论核心。在前人的研究基础上，我们可以将道教生命哲学引入更具体的个案分析，做一些相对复杂的讨论。下面以唐代高道成玄英《庄子疏》为研究对象，分析此书在人类生命价值方面的思考。

在讨论道教思想时，往往无法避开基本的概念问题。"道家"和"道教"仅一字之差，但在国内外学术界却获得截然不同的对待。在国内学术界，哲学的道家和宗教的道教被彻底分裂开来，前者成为庙堂之高和江湖之远的精神食粮，后者只是下里巴人的青灯鬼话。与国内主流学术界严格区分两者不同，海外学者往往将道家和道教合并讨论，这或许是由于两者的翻译都是"Taoism（Daoism）"所导致的一个结果。这里不希望过深地卷入两个概念的分合纠缠，因为道家与道教的划分很可能是当代学者以分类学把握研究对象基本特征的一种尝试，其分类是否有意义只能在具体的研究中得到反映，不同的研究视角必然会给出不同的评价。[⑥]因此，这里只需指出，与被学术界视为"纯思想流派"的道家不同，

---

① 有关道教生命哲学研究的综述，见白照杰：《改革开放四十年中国道教哲学的建构》，夏金华主编：《改革开放四十年中国哲学的建构》（即将出版）。

② 詹石窗发现《列仙传》的撰述，将更传统的"神"改造为修炼而成的"仙"。在这样的改造下，生命从有限向无限的转化过程得到凸显。见其《道教神仙信仰及其生命意识透析》，《湖北大学学报》2004年第31卷第5期。

③ 冯国超的文章较早，指出道教认为人可修炼长生的思想基础是体认到永恒不朽的道在人中。见其《析道教生命哲学》，《哲学研究》1991年第10期。

④ 李大华将道教生命哲学的基本特征总结为五个要点，颇具哲学意味：（1）本体即现象（"道与气合"）；（2）精神生命与肉体生命不分离（"性命合一"）；（3）有中存无；（4）融合理性与非理性；（5）融合个体生命与宇宙生命。见其《关于道教生命哲学基本特征的思考》，《中国哲学史》1999年第1期。

⑤ 李刚将道教生命哲学的特征总结为主体性、实证性、超越性。见其《道教生命哲学的特性》，《江西社会科学》2004年第9期。李刚对道教生命哲学的研究颇为深入，除多篇以此为题的论文外，近年还出版了若干相关专著，如《何以"中国根柢全在道教"》，巴蜀书社2008年版等。

⑥ 有关道家和道教概念问题的讨论集中于20世纪90年代到21世纪初，不少学者对此发表意见。其中存在一种倾向，即对道教抱赞同观点者，多将两者划一，甚至认为道教"包含"道家；但对道教持排斥态度者则认为道教只是挪用（甚至"误用"）道家思想。基本立场的差异，造成"各是其所是，各非其所非"的结果。也有一些学者意识到这样的区分和争论只是当代学者的自娱自乐，缺少学术意义，但这样的观点也不免有些极端。

道教至少在内容组成上要远为复杂，其中一些高道所阐发的哲学思想确实能与先秦两汉道家思想相衔接，但又确实是在新的信仰立场上给出了与原旨颇有差异的诠释，从而对以“道”为中心思想体系的发展产生影响。成玄英无疑就是这样一位高道。

一、成玄英及其《庄子疏》

成玄英（活跃于632—670年），字子实，生卒年不详，活跃于唐太宗到唐高宗时期。少通儒家经典，后精善老庄之学，对道教重玄学的阐发尤其深刻。据《新唐书》记载，成玄英曾隐居东海（山东东部沿海地区），贞观五年（631年）奉太宗诏入长安，获赠“西华法师”之号。高宗永徽四年（653年）获罪，罚往郁州（今江苏连云港），住云台山，在此期间专心著述。[①] 据传统书目资料显示，成玄英著有《老子道德经疏》2卷、《老子开题序决议疏》7卷、《庄子注》30卷、《庄子疏》12卷、《度人经注》等。[②] 其中《庄子疏》属成玄英晚年作品，历30年始成。

新、旧唐书均载成玄英《庄子疏》12卷，[③]《宋史》录为10卷，[④] 道光十年（1830年）刊行之《古逸丛书》所收成玄英《南华真经疏》即10卷本。[⑤] 成玄英《庄子疏》单本早已不见（《古逸丛书》所收为黎庶昌辑佚

① 欧阳修、宋祁：《新唐书》卷五十九，中华书局1975年版，第1517页。有关成玄英生平的更详细介绍，可参考强昱：《成玄英评传》，南京大学出版社2006年版，第17—23页；崔珍皙：《成玄英〈庄子疏〉研究》，巴蜀书社2010年版，第8—10页。

② 见《唐书·艺文志》、《群斋读书志》、《直斋书录解题》、《文献通考·经籍考》、《天一阁书目》等。成玄英的这些著作部分亡佚，但《道德经疏》、《庄子疏》、《度人经注》则全部或部分流传至今。此外《群斋读书志后志》录成玄英《周易流演》5卷，但又怀疑系释仁英作。《宋史·艺文志》亦录成玄英《易流演》5卷，复录成玄英《流演穷极图》5卷。《宋史》编纂常有错漏，此二书同录成玄英名下，卷数相同，且以图解《易》本在情理之中，故怀疑两者为同书异名。然此书不见更早著录，与成玄英其他著作旨趣不同，《后志》即已怀疑，盖为南宋时期托成玄英大名之伪作。见脱脱等：《宋史》，中华书局1977年版，卷二〇二，第5035a页；赵希弁：《郡斋读书志后志》，《景印文渊阁四库全书》，商务印书馆1988年版，第674册，卷1，第370a页。

③ 刘昫：《旧唐书》，中华书局1975年版，卷四十七，第2029页；欧阳修、宋祁：《新唐书》，中华书局1975年版，卷五十九，第1517页。

④ 脱脱等：《宋史》，中华书局1977年版，卷二〇五，第5180页。

⑤ 成玄英：《南华真经疏》，黎庶昌辑：《古逸丛书》，京使署道光十年版，册十五。

所得)，但其内容并未亡佚，而是很早便与西晋玄学家郭象(253—312年)的名著《庄子注》合并为《庄子注疏》，广为流传。*The Taoist Cannon*《庄子注疏》条目编者认为，北宋张君房(活跃于1001年前后)《南华真经章句余事》最早将注、疏合编。[①]南宋晁公武(1105—1180年)《郡斋读书志》在成玄英名下录《南华真经疏》33卷，称"本郭象注，为之疏义"，可知所录33卷者兼具郭象注与成玄英疏。南宋陈振孙(约1161—约1183年)《直斋书录解题》录此书30卷，[②]元代马端临(1254—1323年)《文献通考·经籍考》录为33卷，[③]明代范钦(1506—1585年)《天一阁书目》录为35卷。[④]明正统《道藏》所收《南华真经注疏》即35卷本。[⑤]清代郭庆藩(1844—1896年)编《庄子集释》，全文收录郭象注和成玄英疏。[⑥]今又有中华书局出版曹础基和黄兰发共同整理之10卷33篇本《庄子注疏》，最方便参考。[⑦]

成玄英的著述弥漫着思辨味道很浓的重玄学理论，因此，自蒙文通开始学术界便赋予成玄英在中国哲学史上的崇高地位，[⑧]强昱对成玄英的推崇尤重，认为"成玄英的重玄学，为道教建立了完整的形上学，标志着由先秦老庄学、魏晋玄学至重玄学的老庄学的第三期发展"。[⑨]李大华据严灵峰《周秦汉魏诸子知见书目》统计出古今《庄子》注疏800逾种后，认为庄学历史上有两个里程碑式的《庄子》注解，其一是郭象《庄子注》，另一即为成玄英之《庄子疏》。[⑩]正是由于成玄英及其《庄子疏》

---

① Kristofer Schipper and Franciscus Verellen, *The Taoist Canon: A History Companion to the Daozang* (Chicago and London: The University of Chicago Press, 2004), pp. 294—296.

② 陈振孙：《直斋书录解题》，上海古籍出版社1987年版，卷九，第287页。

③ 马端临：《文献通考》，中华书局1986年版，卷211，第1733页。

④ 范邦甸撰，江曦、李婧点校，杜泽逊审定：《天一阁书目·天一阁碑目》，上海书籍出版社2010年版，卷3之2，第316页。

⑤ 郭象注，成玄英疏：《南华真经注疏》，《道藏》，文物出版社、上海书店、天津古籍出版社1988年版，第14册。

⑥ 郭庆藩：《庄子集释》，中华书局1961年版。

⑦ 郭象注，成玄英疏，曹础基、黄兰发整理：《庄子注疏》，中华书局2011年版。有关《庄子注疏》其他版本信息，可参此书之《点校说明》。

⑧ 蒙文通：《辑校成玄英〈道德经义疏〉》，《蒙文通文集》，巴蜀书社1998年版，第6卷。

⑨ 强昱：《成玄英重玄学思想述要——以〈庄子疏〉为中心》，《宗教学研究》1998年第3期。

⑩ 李大华：《自由、自然与境界——论成玄英的〈庄子疏〉》，《中国哲学史》2003年第3期。

在中国哲学史上拥有如许崇高之地位，学术界对之研究也相对丰富。仅专著而论，便有Yu Shiyi、周雅清、罗中枢、强昱、崔珍皙等人的作品；[①]此外，李刚、李大华、强昱等学者也已发表数以百计的相关论文；[②]而在讨论道教重玄学的海内外学术著作中，成玄英更成为无法规避的重要人物。[③]尽管学术界对成玄英思想的讨论已经非常充分，其中也不乏与本论文主题交涉之内容，但这些研究常忽视成玄英作为"道士"的基本立场，而将之视作安任自然、回归老庄的"道家思想家"对待，忽视其思想的复杂性和可能存在的内在矛盾。因此，当我们对成玄英思想立场进行重新讨论后，便可发现有关这位唐代高道及其《庄子疏》的研究仍有一定的拓展空间。

二、道教与道家——成玄英《庄子疏》思想立场再思考

先秦道家和后来的道教在思想上存在一个最关键差异，即道家主张随顺自然，而道教从根本上来说却是在违逆自然命运。自然赋予人类有限的寿命和相对固定的生命形式，而道教从一开始就追求长生不死（违逆自然规定）和得道成仙（自觉改变存在形式）。三辅国雄即明确指出道教对长生不死的原始追求，以"生物层级的欲望为基础"，但在方法论上"则完全是人为的技术，即人的'文化'"，因此"追求不老不死的道教却

① Yu Shiyi, *Reading the Chuang-tzu in the T'ang Dynasty: The Commentary of Ch'eng Hsüan-ying*（*FL. 631—652*）（Bern: Peter Lang, 2000）；周雅清：《成玄英思想研究》，新文丰出版社2003年版；强昱：《成玄英评传》，南京大学出版社2006年版；崔珍皙：《成玄英〈庄子疏〉研究》，巴蜀书社2010年版；罗中枢：《重玄之思——成玄英的重玄方法和认识论研究》，巴蜀书社2010年版。

② 此无法一一枚举，可参考郭正宜所总结之成玄英思想研究现况，见其《成玄英〈庄子疏〉护生思想初探》，《高苑学报》2006年第12卷，第268—272页。

③ 此类著作包括卢国龙：《中国重玄学》，人民中国出版社1993年版；LaFargue, *Michael. Tao and Method: A Reasoned Approach to the Tao Te Ching*, New York: State University of New York, 1994；李大华、李刚、何建明：《隋唐道家与道教》，广东人民出版社2003年版；李刚：《重玄之道开启众妙之门——道教哲学论稿》，巴蜀书社2005年版；Friederike Assandri, *Beyond the Daode jing: Twofold Mystery in Tang Daoism* Magdalena: Three Pines Press, 2009；郑灿山：《东晋唐初道教道德经学：关于道德经与重玄思想暨太玄部之讨论》，台湾学生书局2009年版。

是反‘自然’的宗教”。[①] 在道家和道教的这一分裂上，我们可以发现所谓道家主要是在自然或宇宙循环立场上看待生命，不同的生命形式和寿命长短缺少个体意义，因此彭祖与夭子相齐寿，大鹏与学鸠共逍遥。但道教却是“以人生哲学为主，以宇宙本体论为辅，以个人为本位，追求个体生命的永恒性”。[②] 道教这一特殊立场最显著的表现，就是对仙道信仰抱有坚定的信念。正如大渊忍尔所指出的，道教的出现丰富了中国传统的神仙信仰，将之从相信神仙“存在”，扩展为相信人可以修炼成仙。[③] 于是最晚从有组织的道教产生的汉晋时期开始，“神仙可学”便成为道教理论的核心命题。[④] 尽管当时社会上还存在不同意见，如张衡（78—139年）《论衡·命义》认为“寿命修短皆禀于天”，“命当夭折，虽禀异行，终不得长”；[⑤] 而嵇康（223或224—262或263年）虽然并不排斥神仙的存在，但却认为是否能够成仙决定于先天命定，因此神仙是“不可学至”的；[⑥] 所谓“儒家理性主义”的批判更是无时无之。然而，在道教内部却是一片神仙可学的呼声。葛洪（284—364年）《抱朴子内篇·论仙》掷地有声地给出“我命在我不在天，还丹入口亿万年”的观点，书中对神仙可学的观点给以详细说明，其中观点和修炼方式广为同时代和稍后的道教徒所接受和继承。[⑦] 降至唐代，著名道士吴筠（卒于778年）的《神仙可学论》和《形神可固论》更是掷地有声地确定了修道主体的主动性。神仙可学论的存在，使人的生命有机会成为与大道一致的存在，获得超越不稳定、易朽坏的自然属性，获得永恒价值。从某个角度而言，葛洪之后的道教，不

① 三辅国雄：《不老不死的欲》，王标译，《不老不死的欲求：三辅国雄道教论集》，四川人民出版社2017年版，第223页。
② 李刚：《道教生命哲学的特性》，《江西社会科学》2004年第9期。
③ 大渊忍尔：《道教の形成》，见其《中国文化丛书6宗教》，大修馆书店1967年版；转引自三辅国雄：《不老不死的欲》，王标译，《不老不死的欲求：三辅国雄道教论集》，四川人民出版社2017年版，第225页。
④ 有关近百年海内外道教神仙信仰研究的大体情况，参见曾建华：《“神仙”研究百年》，《西南民族大学学报》2016年第8期。
⑤ 黄晖：《论衡校释》，中华书局1990年版，卷二，第46页。
⑥ 嵇康：《养生论》，《嵇中散集》，见《景印文渊阁四库全书》，台北商务印书馆1983年版，第1063册，卷3，第346b—348b页。
⑦ 王明：《抱朴子内篇校释》，中华书局1985年版，卷2，第13—22页。

论哪个派别，都并不怀疑成仙的可能，而只是在“如何成仙”和“如何是仙”的问题上做文章。

成玄英作为著名“道士”，理应遵循生命超越、修道成仙的立场，但在其《庄子疏》中，这个“毫无疑问”的立场却被打了个大大的问号。不可否认，作为“道家”思想代表的《庄子》当然秉持着安命论、顺自然、齐彭殇的观点，成玄英所作的《疏》不仅常常为这些观点做出详细解释，更是使用三绝兼忘、有无双遣的重玄思辨模式，对各种世俗价值意义进行解构。大量相关内容的存在，使我们很容易将成玄英视作一个“自觉回归先秦道家死亡智慧”的人。[①] 如李刚首先指出道教坚持“我命在我不在天”的立场是对儒家的命定论和庄子的安命论的否定，[②] 接着他认为南北朝隋唐五代道教生命哲学家可分为三派，分别是传统派（秉持神仙不死、形神可固说）、半传统派（混杂佛教无生死说与道教长生不死说）以及所谓的反传统派（完全接受佛教不生不灭的生命哲学，主张：肉身非是；生死任自然；齐一生死；无生无死，忘乎生死），成玄英无疑就是反传统的代表。[③] 李刚的这一说法是相关研究中最系统、最具代表性的论述，如果此论成立，那么成玄英的形象便实在太过吊诡——简直会成为在道教内部反对道教的怪人！与成玄英齐名的同时代高道李荣（活跃于658—663年）也是一位著名的重玄学家，他在注解《西升经》“我命在我，不属天地”时，尽管接受“天地无私，任物自化，寿之长短，岂使之哉”，但主张“若能存之以道，纳之以气，气续则命不绝，道在则寿自长”，[④] 并未完全接受道家“任自然”的思想，而仍旧坚守修道长生的可能。在与“齐名”的李荣的对比下，成玄英的“反道教传统”形象便更显奇怪。

然而，成玄英果真只是一个坚定的“道家思想家”？他的“道教信

① 张志建：《成玄英的死亡思想初探》，《宗教学研究》2006年第1期。
② 李刚：《道教生命哲学的特性》，《江西社会科学》2004年第9期。
③ 李刚：《南北朝隋唐五代道教生命哲学的分化发展》，《何以中国根柢全在道教——道教哲学论稿之二》，巴蜀书社2008年版，第145—184页。
④ 陈景元编：《西升经集注》，《道藏》，文物出版社、上海书店、天津古籍出版社1988年版，第14册，卷5，第594b页。

仰”立场是否完全不发挥作用？事实上，此问题背后存在向来遭到忽视的基础设问，那就是成玄英的思想是不是一个圆融而不存在内在矛盾的体系？然而，这绝不是一个易于回答的问题。[①]成玄英的“道家”思想部分在很多学者的研究中得到阐明，但《庄子疏》的一些细节所凸显的仙道信仰则遭到忽视。但是这些细节的存在却提供了窥探成玄英“道士”立场的依据。

首先来看成玄英对两位“神仙”的看法。成玄英对《庄子·养生主》中“老聃死，秦失吊之，三号而出”一句颇不以为然，认为：

> “此盖庄生寓言耳。而老君为大道之祖，为天地万物之宗，岂有生死哉！故托此言圣人亦有死生，以明死生之理也。故老君降生、行教、升天，备载诸经，不具言也。”[②]

经过中古前期道教的洗礼，《道德经》的作者老子早已被神化为至高神灵之一，更成为唐代道教的宗教标志。[③]这段引文表明成玄英认同道祖的基本事迹，透露出成玄英明确的道教信仰立场，即认可神仙的存在。如果说老子这位神仙太过特殊，其本身就是“大道”化身，因此与一般需要修炼而成的“仙”决然不同，以之为例不能证明成玄英怀有“修道成仙”的思想，那么成玄英对《庄子·秋水》的注释便更可打消疑虑：

> “河伯欣然自喜，以天下之美为尽在己。[疏]河伯，河神也，姓

① 若水的一篇文章意识到成玄英重玄学对修道论的解构存在极大的危险，会破坏传统道教修炼之宗旨，但文中并不否认成玄英应该具有“道教学者”的身份，因此必然有“修道证仙的目的”。若水：《本体的解构与重构——唐代道教重玄学发展探微》，《社会科学战线》2002年第5期。

② 郭象注，成玄英疏，曹础基、黄兰发点校：《庄子注疏》，中华书局2011年版，卷2，第69页。以下引用《庄子注疏》，均自此本，省略作者和出版信息。

③ 有关中古前期老子神化问题的研究很多，相关综述，可参白照杰：《“吾之有大患者，为吾有身”新诠——中古佛道论辩语境中的“老君身体”》，《哲学分析》审稿中。李唐官方认老子为圣祖，唐代道教界对老子作为“教主”的认同感极高。有关李唐政府与老子信仰关系的综合考察，见白照杰：《整合及制度化：唐前期道教研究》，上海人民出版社2018年版，第2章。

冯名夷，华阴潼堤乡人，得水仙之道。”①

在成玄英的认知中，望洋兴叹的河伯成为因修炼水仙之道而升为河神的华阴乡民，再次表明他对修道成仙（神）的认可。除以上两例之外，成玄英《庄子疏》对“长生久视”的解读也并非完全遵循道家安顺自然的观点。《庄子疏·在宥》中有几段材料很有代表性：

“[疏]清神精滤，体无所劳，不缘外境，精神常寂，心闲形逸，长生久视。……任视听而无所见闻，根尘既空，心亦安静，照无知虑，应机常寂，神淡守形，可长生久视也。”②

“（广成子称）吾与日月参光，吾与天地为常。【疏】参，同也。与三景齐明，将二仪同久，岂千二百岁哉！”③

“仙仙乎归矣！【疏】仙仙，轻举之貌。”④

前两段引文对长生久视的论述尽管充满心性学的意味，但却明显赞同“神形”相守而寿命无限的观点，最后一段引文则说明成玄英对得道升天并不反感。

成玄英《庄子疏·天地》中的一段话体现出其思想之复杂性，但更可让我们摸清他的理论旨趣：

“千岁厌世，去而上仙，【疏】夫圣人达生死之不二，通变化之为一，故能尽天年之修短，厌嚣俗以消升。何必鼎湖之举，独为上仙，安期之寿，方称千岁。乘彼白云，至于帝乡。【疏】精灵上升，与太一

---

①《庄子注疏》卷6，第305页。
②《庄子注疏》卷4，第208页。
③《庄子注疏》卷4，第210页。
④《庄子注疏》卷4，第211页。

而冥合；乘云御气，届于天帝之乡。”[①]

引文中成玄英对紧邻的两句话的注解，表现出对升仙的两种截然不同的态度——前半部分显然否定升仙长生的意义，而后半部分则对飞升帝乡满怀憧憬。这段自相矛盾的话，实际拥有内在贯通的线索。结合后文的具体讨论，我们可以发现成玄英基本认为传统意义上“坚持”肉身与灵魂合一状态的成仙并不值得称道，这样的神仙或长生之人依旧没有脱离“人”的存在形式，由此必然无法获得完全的逍遥，亦无法逃脱来自内外的各种伤害，终将沉沦于消亡的命运。因此，以道家齐物安任思想对人生命和存在形式的解构，必然导致对执着于“(人的)形神”的仙道理念的破斥。然而，成玄英在此并没有放弃成仙的可能，只是提出一种新的神仙形态。这一形态要求修道者不再执着于个体生命的意义和形式，进而融入大道之中，成为无限世界的一部分，由此转变为真正的不朽。在这样的神仙形态下，尽管“人”的存在和意义都已消失，但修道者却已被升华为“道”本身，获得了新的价值。换言之，成玄英似乎是将得道成仙分裂为两个层面：一是人的层面，以道家思想重玄理论破除对“人”的形态的执着；二是仙的层面，坚持道教思想，赞美永恒不朽。由此，成玄英的道家思想和道教思想便达成某种默契，即以道家思想拆毁旧壁垒，以道教思想搭建新城堡，道家思想是工具，道教立场是旨归。基于这一理解，认为成玄英笔下的“神仙长生之道”被赋予新内容，“完全嗅不到道教传统的肉体长生说的气味，而是庄子式的达于自然变化之理，与化同往”的观点，[②]便有再检讨的必要了。

我们已经感觉到成玄英仙道学说拥有两个层面和两个立场。尽管道家和道教生命价值旨趣的天然张力导致成玄英的观点常常自相矛盾，但其“一破一立”、从人而仙/道的大体脉络却仍算清晰。接下来，我们对

---

① 《庄子注疏》卷5，第228页。
② 李刚：《成玄英的“自然无为”论》，《宗教学研究》2000年第3期。

成玄英道家思想对人类生命意义的解构及其道教思想对人类生命意义的重建进行更具体的观察。

三、生死一如和无生无死
——成玄英在道家立场上对人类生命意义的解构

《庄子》原文的自然主义立场和颇可玩味的论辩方式，使包括郭象、成玄英在内的绝大多数注解者在一定程度都成为“庄周”的信徒。注解者多在接受《庄子》基本观点的基础上，进一步拓展相关理论。对成玄英而言，《庄子》被界定为“申道德之深根，述重玄之妙旨，畅无为之恬淡，明独化之窅冥”的著作，[①]因此从南北朝到唐初发展起来的重玄学理论自然而然地被成玄英用来当作分析《庄子》的工具，从而推进了庄学的思考。就“人的生命意义”而论，成玄英在《庄子疏》开篇不久就提出自己的观点，为相关论述的展开奠定了基调：

> “人谓之不死，奚异！其形化，其心与之然，可不谓大哀乎？【郭注】言其心形并驰，困而不返，比于凡人所哀，则此真哀之大也。……【疏】然，犹如此也。念念迁移，新新流谢，其化而为老，心识随而昏昧，形神俱变，故谓与之然。世之悲哀。莫此甚也。”[②]

成玄英和郭象都接受《庄子》的观点，认为对常人而言，肉身无可避免地衰老朽坏是最悲哀的事情，而对更善思辨者而言，心灵随着肉体的衰败而丧乱则是更深的不幸。在此，成玄英已大体将人的生命划分为性（心识）和命（肉体）两个层面，性的重要性超乎命之上，其对人类生命价值的分析即从解构“命”和提升“性”的角度入手。以下分四个方面，分别探

① 《庄子注疏》，成玄英序，第1页。
② 《庄子注疏》卷1，第32页。

讨成玄英对“人”的生命形式和意义的认识。

（一）人类生命的本质——气化

气在中国传统思想中是非常特别的存在，有关气的讨论早已汗牛充栋。在成玄英这里，构成人类生命的本质内容并不是今人所谓的“物质”，而是似实还虚的气，气的聚散决定了人类生命是否能存在和延续。《庄子疏·知北游》称：

> “汝身非汝有也，是天地之委形也；生非汝有，是天地之委和也；性命非汝有，是天地之委顺也；【郭注】……合气聚而生，汝不能禁；气散而死，汝不能止也。明其委结而自成耳，非汝有也。【疏】委，结聚也。夫天地阴阳，结聚刚柔和顺之气，成汝身形性命者也，故聚则为生，散则为死。死生聚散，既不由汝，是知汝身岂汝有邪？”①

> “夫大块载我以形，劳我以生，佚我以老，息我以死。【疏】大块者，自然也。夫形是构造之物，生是诞育之始，老是耆艾之年，死是气散之日。”②

“气聚而生，气散而死”的说法在成玄英《庄子疏》中反复出现，这一观点的直接来源显然是《庄子·知北游》原文中的“人之生，气之聚也。聚则为生，散则为死”。③ 显然，以气之聚散来解释人之生死并非成玄英的独创，不少更早的思想论著都拥有这样的观念，④ 但与人的“气”质本身相比，成玄英显然更关心由此引发的有关人生命价值的连锁思考。

既然人的生命本质在于气，而气是自然（大块）的赋予，于是生命的

---

①《庄子注疏》卷7，第394页。
②《庄子注疏》卷3，第134页。
③《庄子注疏》卷7，第391页。
④ 参见小野泽精一、福永光司、山井涌编：《气的思想：中国自然观与人的观念的发展》，李庆译，上海人民出版社2007年版。此书为一论文集，其中第1编和第2编第1、2章，收入多篇有关唐及唐以前气论之研究，颇可参考。

所有者便并非人自身，其来也自然，去也自然，本来未有，失去也便不值得悲伤。故成玄英说道：

> "气聚而生，生为我时；气散则死，死为我顺。既冥变化，故不以悦恶存怀。……是以气聚而生，譬疣赘附悬，非所乐也；气散而死，若肒痈决溃也。"[①]
>
> "聚散虽异，为气则同……既无其别，有何忧色！"[②]
>
> "夫气聚为生，生不足乐；气散为死，死不足哀；生死既齐，齐了斯泯。"[③]

由此，不但不应以气散而死为悲，更由于生死本质无别，均为气之运动，不论生死，气都不增不减，故气聚而生亦不足为乐。然而，既然所有人均是大块以气所造，那么为何个体之间差异如许巨大呢？成玄英对此问题的解答可见后文其对物性、命分思想的分析，这里要指出的是，在成玄英看来，个体生命的差异从根本上来说是"气类"的不同。如《庄子》提出羡慕彭祖寿八百，"众人匹之，不亦悲乎"，成玄英则称世人与彭祖的寿命差异未必真值得唏嘘，"而不悲者，为彭祖秉性遐寿，非我气类，置之言外，不敢嗟伤"。[④]简言之，彭祖与一般人本质（气类）上就不同，不具有可比性，就像以人寿比之与大椿一样没有意义。成玄英对邈姑射之山上的绰约神人的解释也使用了气类之说，称"神圣之人，降生为物，挺淳粹之精灵，禀阴阳之秀气"，自然与凡俗之人大大不同。[⑤]

（二）人类生命生化的方式——独化

独化论是魏晋玄学家郭象提出的著名理论，认为万物自化，不依赖

---

①《庄子注疏》卷3，第127、第148页。
②《庄子注疏》卷7，第391页。
③《庄子注疏》卷9，第500页。
④《庄子注疏》卷1，第8页。
⑤《庄子注疏》卷1，第16页。郭象对之的注解，也使用了气类不同的说法，称神人"特禀自然之妙气"（第15页）。

于某个外在的造物者。郭象《庄子注》中的独化论显然影响到成玄英，如成玄英对《庄子·齐物论》中“夫万吹不同，而使其自己也”一句的注疏称：

> “寻夫生生者谁乎？盖无物也。故外不待乎物，内不资乎我，块然而生，独化者也。是以郭注云：“自己而然则谓之天然。”故以天然言之者，所以明其自然也。”[①]

引文中的“郭注”自然指郭象《庄子注》，其对成玄英的影响一目了然。成玄英在解释《庄子》形影寓言时，亦使用独化论观点，认为“一切万有，无相因待，悉皆独化，佥曰自然”，[②]故影不待形而生。不但物是独化，就连生命过程的不同阶段也被理解为独化。《庄子·知北游》曰：“死生有待邪？皆有所一体。”郭象注之以“独化而足”，“生与死，各自成一体”。成玄英更具体地说道：“死，独化也，岂更成一物哉！死既不待于生，故知生亦不待于死，死生聚散，各自成一体耳，故无所因待也。”[③]在成玄英眼里，生命是自然独化的结果，不是造物者的恩赐。这一观点似乎与上文提到的“大块载我以形”的观点存在矛盾，但成玄英将“大块”解释为“自然”，便消解了以“大块”为造物者的误解。在成玄英眼中，人的生命同样是自然独化的结果，生与死是独立存在、彼此无待的阶段。既然人的生命是绝对独立的存在，那么其主体便有能力决定自我实现的程度，抵达“逍遥”境界。

(三)人类生命差异的原因——命分和物性

《庄子·逍遥游》称“小知不如大知，小年不及大年”，成玄英认为这种个体之间的“不如”根源于物性的不同，“故知物性不同，不可强相希

---

①《庄子注疏》卷1，第26页。
②《庄子注疏》卷9，第501页。
③《庄子注疏》卷7，第406页。

效也”。[①] 正如上文所述，成玄英将个体差异归咎于所禀气类不同。他认为，不仅彭祖和邈姑射山神仙的禀气不同，尧舜等圣人也受气非凡，称：“人禀三才，受命苍旻，圆首方足，其类极多。至如挺气正真，独有虞舜。”但此类受气，亦非刻意可为，“受气上玄，能正生道也。非由用意，悉本自然”。[②] 禀气不同，最终导致个体间出现天然的命分和物性差异。

所谓命分，主要指寿命之修短。成玄英称：“夫生也受形之载，禀之自然，愚智修短，各有涯分。”[③] 生命禀之自然，生死不外自然，成玄英表示“夫旦明夜暗，天之常道；死生来去，人之分明。天不能无昼夜，人焉能无死生？”[④] 寿数长短的差异不禁使人怀疑“命分”存在优劣，但成玄英认为“夫造物为人，素分各足，何劳作法，措意治之。既同于大通，故任而不助也”。[⑤] 也就是说，虽然个体所禀命分确实有差异，但在命分的范围内可以实现安足——这显然继承了“齐物”的思想。由此，生死作为“自然”过程，使寿命长短失去相对意义（不论长短都是自然），于是“养生”便被引入一个新的理念，即不在乎寿命的绝对长短，而关注是否实现命分的先天规定。成玄英在对《庄子·养生主》的注解中称：

> “而知止守分、不荡于外者，养生之妙也。……所禀形性，各有限极，而分别之智，徇物无涯。遂使心困形劳，未慊其愿，不能止分，非养生之主也。”[⑥]
>
> “依天然之腠理，终不横截以伤牛，亦犹养生之妙道，依自然之涯分，必不贪生以夭折。”[⑦]

---

① 《庄了注疏》卷1，第7页。
② 《庄子注疏》卷2，第107页。
③ 《庄子注疏》卷2，第63页。
④ 《庄子注疏》卷3，第133页。
⑤ 《庄子注疏》卷3，第160页。
⑥ 《庄子注疏》卷2，第63页。
⑦ 《庄子注疏》卷2，第65页。

不刻意追求命分之外的东西，而是充分实现命分的规定便成为是否善于“养生”的根本标准。

禀气的差异又导致物性之不同，即使是骈枝六指，也是“禀自然性命，生分中有之”。[①] 如此，万物皆禀自然之气而独化，各任其形，故《庄子》称：“彼正正者，不失其性命中情。”成玄英对此句注解甚为清晰，认为“物各自得，故言不失也。言自然者，即我之自然；所言性命者，亦我之性命也”。[②] 因此，无论禀气如何不同，物性如何差异，彼此之间都不存在孰优孰劣的价值判断，因为衡量尺度只有自身的“自然”。故成玄英称：

> “长者谓曾史离旷杨墨，并禀之天性，蕴蓄仁义、聪明、俊辩，比之群小故谓之长，率性而动，故非有余。短者，众人比曾史等不及，故谓之短，然亦天机自张，故非不足。”[③]

“贤者”与常人虽有所谓长短，但评价长短的尺度并非先天设定，而在自然尺度上或者说“以道眼观之”，彼此根本都是各安天性，“有余不足”之说也便毫无意义。换言之，除非人为地违逆天性对自身造成损害（如断臂截指），否则即是完满的各得其“正”。成玄英自然接受了《庄子》中物性天然思想对事物“外形”的解释，而影响更为深远的是，成玄英还接受了此观点在人类心性上的推演。既然万物的物性差异源自先天禀赋之不同，那么所谓的善良、聪慧、邪恶、愚蠢等世人或趋之若鹜或避之不及的心性特征，便也不单单是后天学习所能培养成型的结果。成玄英在其《庄子疏》中对这一观点进行反复强调：

---

① 《庄子注疏》卷4，第170页。
② 《庄子注疏》卷4，第173页。
③ 《庄子注疏》卷4，第174页。

“夫物赖钩绳规矩而后曲直方圆也，此非天性也，谕人待教迹而后仁义者，非真性也。夫真率性而动，非假学也。故矫性伪情，舍己效物而行仁义者，是减削毁损于天性也。……喻学曾史而行仁者，此矫伪，非实性也。既乖本性，所以侵伤其德也。”①

“天下将安其性命之情，之八者，存可也，亡可也。【疏】八者，聪明仁义礼乐圣智是也。言人禀分不同，心情各异。离旷曾史，素分有者，存之可也；众人性分本无，企慕乖真，亡之可也。”②

就这一观点而言，不论《庄子》原文还是成玄英的《疏》都将矛头指向儒、墨、法等诸子之学，但对于以得道成仙为根本目的的“道教”而言无疑也会产生极大的破坏作用——既然性分不可更改，得道成仙是否可能？正如前文所述，成玄英时代的道教早已完全接受神仙可学的观念，如果成玄英的观点止步于此，不免成为道教中违和刺耳的杂音。有关这一疑问的详细分析详见下文第四部分，但这里有必要指出，此问题解决之根本即在于对与成玄英“性分”合道观点的理解。《庄子·缮性》认为“缮性于俗学以求复其初”是妄想，因为后天的各种俗学都只能导致受学者距离天性越来越远。成玄英对此观点大加赞赏，并尝试给出一条正确的“复其初”的方法，即“人秉性自然，各守生分，率而行之，自合于理”。③这一复归理论非常重要，可以说是沟通成玄英道家思想和道教思想的桥梁和消解两者矛盾的媒介。此观点实际认为，人达到“合于理”的境界从根本来说并不是不断向外寻求，而是向着源点的复归。如果“合于理”（可以将“理”理解为道的规定性）的终点是合于道（与道合真），那么所谓的得道过程就将成为一种“复归”源点的运动。既然是“复归”，就不是外在累加的、违反天性的伪装，而仅是对自身和自然共同性的体悟，于

① 《庄子注疏》卷4，第175页。
② 《庄子注疏》卷4，第202页。
③ 《庄子注疏》卷6，第297页。

是得道便具备可能，得道后的状态便是“仙”。

（四）对待人类生命的态度——生死一如，安顺自然

当成玄英接受了《庄子》的主要观点，对人类生命的本质、生化方式、差异原因有深入理解之后，他必然只能接受《庄子》在生命意义上的齐彭殇的观点，并将之解析得更为透彻。成玄英认为生、死是犹如“寒暑之递迁”的自然过程，仅是立场不同的界说，两者“形性不同”，但“体理无异”，[①]故“生者以生为生，而死者将生为死”。[②]生死、夭寿等一般的对立判断在常人看来有所不同，但“以道观者，何是何非！”[③]因此，站在大道视角上的“玄通之士，浩然大观，二仪万物，一指一马，故能忘怀任物，大顺群生。然同者见其同，异者见其异，至论众妙之境，非异亦非同也”。[④]成玄英给出了更为具体的生死流转的自然描述，称：

> “大道在恍惚之内、造化芒昧之中，和杂清浊，变成阴阳二气；二气凝结，变而有形；形既成就，变而生育，且从无出有，变而为生，自有还无，变而为死。而生来死往，变化循环，亦犹春秋冬夏四时代序。是以达人观察，何哀乐之有哉！”[⑤]

生、死既然同是纯粹的自然过程或者说“物理之变化”，[⑥]便无必要为之强加情感因素和美恶评价，郭象所谓的“玄同生死”便成为对待人类生命的基本态度。[⑦]不仅生死一如，寿、夭也被认为是禀气不同的命分，长短有别，但“若以性分言之，无不自足”。[⑧]故充分发挥先天性分，便可自

①《庄子注疏》卷10，第571页。
②《庄子注疏》卷1，第35页。
③《庄子注疏》卷4，第179页。《庄子・天地》中“以道泛观而万物之应备”句，成玄英疏之曰：“夫大道生物，性情不同，率己所以，悉皆备足。……故以理遍观，则庶物之应备。”见卷5，第219页。
④《庄子注疏》卷2，第105页。
⑤《庄子注疏》卷6，第334页。
⑥《庄子注疏》卷1，第62页。
⑦《庄子注疏》卷1，第59页。
⑧《庄子注疏》卷1，第45页。

得其意，完美实现个体生命的本来价值，即成玄英所"苟其大小得宜，则物皆逍遥"之谓也。[①]

在这里，所谓的"逍遥"并非彻底的无拘无束，而是在自然对个体生命的规定性内达至"适切"。成玄英认为欲获得个体生命中应得之逍遥快乐，首先需要心态上的安时处顺，生死喜忧不入于心，所谓"夫忽然而得，时应生也；倏然而失，顺理死也。是以安于时则不欣于生，出于顺则不恶于死。既然无欣无恶，何忧乐之入乎！"[②]接着，在具体实践中则要"任性而为"（并非"任意而为"）。成玄英认为物性得之于自然，任性率真即是复归自然和实现命分的必然方式。"安排任性，各得逍遥，不矜不企，即生涯可保"，[③]当知"无死无生，是以随便任化，所遇皆适；抱守正真，待于造物而已矣"。[④]最终，即可"达于命分，冥于物外"，[⑤]"性各自足，无求于世，卒于天年"。[⑥]

达至这些要求者便是"忘夭寿于胸中"的圣人。[⑦]《庄子》对圣人的境界描述很多，其中不少论及圣人对待人类生命的态度，成玄英对之也做出了更细致的解释，现举两例：

"故曰：圣人之生也天行，其死也物化。【疏】圣人体劳息之不二，达去来之为一，故其生也如天道之运行，其死也类万物之变化，任炉冶之陶铸，无纤介于胸中也。"[⑧]

"圣人晏然体逝而终矣！【疏】……夫圣人通始终之不二，达死生之为一，故能安然解体，随化而往；泛乎无始，任变而终。"[⑨]

① 《庄子注疏》卷1，第5页。
② 《庄子注疏》卷3，第143页。
③ 《庄子注疏》卷4，第182页。
④ 《庄子注疏》卷7，第371页。
⑤ 《庄子注疏》卷2，第104页。
⑥ 《庄子注疏》卷4，第197页。
⑦ 《庄子注疏》卷5，第221页。
⑧ 《庄子注疏》卷6，第292页。
⑨ 《庄子注疏》卷7，第371页。

由以上引文可知，成玄英心中的圣人尽管无法逃避死亡的命运，但早已不以生死为意，因此圣人不但超越了死亡，同时也超越了生存。因此，说这里的圣人对待生命的态度是消极被动的“安顺”显然流于表面，任乎自然的方式是为成就全天之真的结果的必然之路。事实上，以这样的自然主义原则来对待人类生命不但不会导致对生命价值的漠视，更能推导出对生命的尊重——生命本身就是自然（道），尊重自然就必须尊重和爱护生命。有关于此，《庄子》对伯夷、叔齐、尾生等六人因义、信等世俗价值而损害自身性命（物性和天命）的行为做出批判，成玄英更是激烈地批评“此六人不合玄道，矫情饰行，苟异俗中，用此声明传之后世，亦何异乎张磔死狗流在水中、贫病之人操瓢乞告！”①

四、与道合真
——成玄英在道教立场上对人类生命意义的升华

以上总结了成玄英从“道家”思想方面对人类生命价值的分析，但成玄英对人类生命的讨论并未止步于此。正如上文所述，他仍希望以复归大道、与道合真的方式来达成人类生命的再度升华。与大道冥合的生命个体超越了“人”的存在形式，获得永恒存在、无所不能的特权，人类生命的价值也随之等同于大道本身的意义。我们可以将此观点视作非常特别的道教成仙理论，其不否定人类追求不朽的欲望，只是给出的满足欲求的途径是不执着于坚守“人”的个性。接下来让我们具体看看成玄英在“道教”思想的层面上如何展开这样的论述。

（一）实现人类生命超越的基础——道通生万物

成玄英的“道家”哲学主要关注如何令人类完满实现作为“人”的生命价值，而其“道教”哲学将重点转移到如何通过使人超越“人”的存

① 《庄子注疏》卷9，第520页。

在而获得更高的生命意义。在这一点上，必然涉及事物之间的转化问题。物变思想是《庄子·逍遥游》中一个非常有趣的主题，其中最典型的例子就是鲲鹏之变。鲲化而为鹏，对成玄英而言是一种生命的升华，他注解道：

> "昔日为鱼，涵泳北海；今时作鸟，腾翥南溟。虽复升沉性殊，逍遥一也。亦犹死生聚散，所遇斯适。千变万化，未始非吾，所以化鱼为鸟。自北徂南者，鸟是凌虚之物，南即启明之方；鱼乃滞溺之虫，北盖幽冥之地；欲表向明背暗，舍滞求进，故举南北鸟鱼以示为道之径耳。"①

我们在这里可以看到成玄英的思想存在分裂。成玄英首先称鲲和鹏皆自得其乐，逍遥自在，但紧接着却又将鸟和南方作为轻灵光明的象征，而将鱼和北方视作沉滞幽暗的代指，并认为从鱼/暗到鸟/明的变化是"为道之径"。这样的分裂，是成玄英徘徊于道家和道教两种不同的生命价值立场所造成的结果，其中的生命转化和升华与道教的得道成仙旨趣完全一致。

成玄英认为，"夫道通生万物，故名道为物之初也"。②物类之间可以转化的原因便在于万物本身都由道演变而来，本质相同。换言之，物类之间的转变均在"道"的范围内进行，变化的只是表现形式，以物观之互有彼此，以道观之无有不同。因此他称："道者，虚通之妙理；物者，质碍之粗事。而以粗视妙，故有大小，以妙观粗，故无贵贱。"③既然万物之间可以凭借拥有道之本质而变异，那么在"道通生万物"的基础上，更根本的变化便是回归与道合真的境界和形态。成玄英认为《庄子》所谓的"游心物初"就是"凝神妙本"、归心于道，④接着"精灵上升，与太一而冥

① 《庄子注疏》卷1，第3页。
② 《庄子注疏》卷7，第379页。
③ 《庄子注疏》卷6，第313页。
④ 《庄子注疏》卷7，第379页。

合；乘云御气，届于天帝之乡”。[1]达此境界者，当然已非一般意义上的“人”，而被称为真人、至人，不惧水火，脱离生死，“真知之士，有此功能，升至玄道，故得如是者也”。[2]既升至玄道，则“与太虚而同体，混万物而为一”，[3]因此与一般意义上的生命形式改变不同，对这些真人而言，生命形式本身已失去意义，其生命已融入最本源的宇宙存在。这显然是一条非常特殊的生命升华之道。

（二）人类生命升华的主要修道方式——心性修炼

成玄英基本不认为保持单一存在形式可以获得长生久视的效果，而相信万物均处于“运运迁留而更相代谢”的过程中。[4]由此，成玄英继承《庄子》，对包括“吐故纳新、熊经鸟申”在内的传统养生术表示不屑，认为“斯皆导引神气以养形魂，延年之道，驻形之术……各滞一方，未为通美”。只有“自不刻意而下，方会玄玄之妙致也”。[5]而世人热衷的养形延生，不过是“厚养其形，弥速其死，故决定不足以存生”，[6]只能与“形神全固”“与玄天之德为一”的境界距离越来越远。[7]那么如何才能与道合真成就不朽呢？成玄英认为依旧需要“修”，只是所修行的大方向需要做出调整。对以养形为中心的修道方式的反对，并没有导致成玄英放弃“修”的实践，他在《疏》中指出：“夫上士闻道，犹借勤行；若不勤行，道无由致。是故虽蒙教诲，必须修学，慕近玄道，决成圣人。若其不然，告示甚易，为须修守，所以成难。”[8]但这里的修行已不再是如“世俗之学”那样累加式的向外学习，而是沿着“本性”追寻大道，在心性体道上下功夫。正如前文所述，成玄英认为物“性”源自大道，故遵循先天自性，即可获悉大道。在此理论下，修道之人便“应须放任”，而不应该“拘

①《庄子注疏》卷5，第228页。
②《庄子注疏》卷3，第126—127页。
③《庄子注疏》卷5，第269页。
④《庄子注疏》卷9，第496页。
⑤《庄子注疏》卷6，第291页。
⑥《庄子注疏》卷7，第342页。
⑦《庄子注疏》卷7，第342页。
⑧《庄子注疏》卷3，第139页。

执心志，矜而持之，故与虚通之理蹇而不夷也”。[①] 由于物性本身与道相连，因此遵循物性的求道，实际是向内的体认，向本根的逆推，即所谓“反夫真根，复于本命，虽复摇动，顺物而作，动静无心，合于天地，故师于二仪”。[②] 毋庸置疑，这一理论显然是《道德经》著名的“归根复命”原则的发展。在此原则下，修道自然要向“日损”的方向前进。《庄子·知北游》引用了《道德经》中“为道日损”的那一段话，成玄英疏之曰：

“夫修道之人，日损华伪，既而前损有，后损无，有无双遣，以至于非有非无之无为也，寂而不动，无为故无为不也。”[③]

成玄英将重玄学理论融入对日损修道法的解释，以双遣的方式拆解对有无的执着。而彻底的不执着、不窒碍便是成玄英所认为的体道境界——“心不滞于一方，迹冥符于五行，是以澹然虚旷而其道无穷，万德之美皆从于已也。”[④]《庄子》中颜成子游介绍自已九年递进之成就的话，在成玄英看来就是一条修道的渐进途径，兹引如下：

“颜成子游谓东郭子綦曰：‘自吾闻子之言，一年而野，【疏】……闻道一年，学心未熟，稍能朴素，去浮华耳。二年而从，【疏】顺于俗也。三年而通，【疏】不滞境也。四年而物，【疏】与物同也。五年而来，【疏】为众归也。六年而鬼入，【疏】神会理也。七年而天成，【疏】合自然成。八年而不知死、不知生，【疏】智冥造物，神合自然，故不觉死生聚散之异也。九年而大妙。【疏】妙，精微也。闻道日久，学心渐著，故能超四句，绝百非，义极重玄，理穷众妙，知照宏博，

① 《庄子注疏》卷6，第317页。
② 《庄子注疏》卷8，第461页。
③ 《庄子注疏》卷7，第390页。
④ 《庄子注疏》卷6，第291页。

故称为大。’ ”[①]

在对九年成就大妙的解说中，成玄英再次引入重玄学理论，超越一切窒碍的心性成为修道终点的奖励。

在成玄英所看重的修道方法中，原本出自《庄子》的“坐忘”被视作非常关键的内容。成玄英认为“至道不可心知”，[②]大道并不是能够通过“理性”完全把握的对象，而是需要全身心的“体察”（故曰“体道”）才能领悟的本源。而此过程需剥离后天培养出的各种伪学之智，回归合道本性，即所谓“学道亦尔，但能忘遣，即是达生”。[③]“坐忘”即是一种行之有效的忘遣之法。有关《庄子·大宗师》中颜回所述的“坐忘”，古今中外之研讨极多，不必赘述，这里仅引成玄英对相关文字的解释便足以说明问题：

> “聪明之用，本乎心灵。既悟一身非有，万境皆空，故能毁废四肢百体，屏黜聪明心智者也。……道能通生万物，故谓之为大通也。外则离析于形体，一一虚假，此解“隳肢体”也。内则除去心识，悗然无知，此解“黜聪明”也。既而枯木死灰，冥同大道，如此之益，谓之坐忘也。”[④]

达到此无所不遣的坐忘境界后，则“耳目无外视听，抱守精神，境不能乱，心与形合，自冥正道”，进而“根尘既空，心亦安静，照无知虑，应机常寂，神淡守形，可长生久视也”。[⑤]成玄英对《庄子·应帝王》中壶子看相故事的解说，在某种程度上表现的正是坐忘的四个层次，他认为：

---

①《庄子注疏》卷9，第499页。
②《庄子注疏》卷3，第155页。
③《庄子注疏》卷7，第347页。
④《庄子注疏》卷3，第156页。
⑤《庄子注疏》卷4，第202页。

“而壶子示见，义有四重：第一，示妙本虚凝，寂而不动；第二，示垂迹应感，动而不寂；第三，本迹相即，动寂一时；第四，本迹两忘，动寂双遣。”①

于此，静坐的壶子，通过看相巫师之眼，具体地将坐忘的递进境界呈现出来。

（三）人类生命升华后的状态和成果——心如死灰与随变逍遥

成玄英对《庄子·大宗师》的一段注解中，提到诸如伏羲、王母、彭祖等很多神仙，认为这些仙人的神奇能力均源自“得道”，②由此我们不难发现成玄英对得道成仙、仙人有异能等传统道教观点并不排斥。但与得道神仙表现出的外在神迹相比，成玄英更钟情于对这些仙人的内在世界进行讨论，因为在他看来，一切外化的神迹都源于心性对大道的体悟。

成玄英认为，得道圣人已到达“无我双遣，行德两忘”的境界，故能“放任乎变化之场，遨游于至虚之域”。③至虚之境中的遨游者最典型的特征就是“形同槁木，心如死灰”，成玄英说道：

“纯精素质之道，唯在守神。守而不丧，则精神凝静，既而形同枯木，心若死灰，物我两忘，身神为一也。……既与神为一，则精智无碍，故冥乎自然之理。”④

“夫得心者，无思无虑，忘知忘觉，死灰槁木，泊尔无情，措之于方寸之间，超之于视听之表，同二仪之覆载，顺三光以照烛，混尘秽而不挠其神，履穷塞而不忤其虑，不得为得，而得在于无得，斯得之矣。”⑤

① 《庄子注疏》卷3，第160页。
② 《庄子注疏》卷3，第136—138页。
③ 《庄子注疏》卷2，第120页。
④ 《庄子注疏》卷6，第295页。
⑤ 《庄子注疏》卷2，第106页。

对一切有形的超越不是让心灵没有重点地广泛辐射，而是使精神凝聚于物外之道本身。超越物我的心灵境界导致肉体与自然融为一体，自然无所谓生死，“我”亦无所谓生死。因此，所谓“形如槁木，心如死灰”，并不是“槁”和“死”，而是“无生无死”，只是常人不解，以“死灰”目之而已。

体悟玄道获得终极解放的心灵使主体（如果与道合真后还会拥有“主体”意识的话）最终的无待逍遥。成玄英笔下的体道者明白自然迁化之理，“当随变任化，则无往而不逍遥也”。[①]《庄子·养生主》中那位解牛的庖丁被成玄英当作得道逍遥的典型，以之为例对体道与逍遥之间的关系进行解说：

> “用无厚之刃，入有间之牛，故游刃恢恢，必宽大有余矣。况养生之士，体道之人，运至忘之妙智，游虚空之物境，是以安排造适，闲暇有余，境智相冥，不一不异。”[②]

当洞察宇宙真理后，一切的窒碍都已失去实际意义。对得道者而言，似乎整个世界都变成了虚空，无时无刻不处于逍遥自在的状态。但成玄英指出，体道境界也需用心保持，否则也可能产生“退转”的恶果，称：“况体道之人，虽复达彼虚幻，至于境智交涉，必须戒慎艰难，不得轻染根尘、动伤于寂者也。”[③]不论如何，在成玄英看来，体道之人既然不会为外物所滞，也就不可能为外物所伤。他在解释《庄子》所谓神人“物莫能伤”时，援引中古道教著名的阳九百六劫运说，称：“夫达于生死，则无死无生；宜于水火，则不溺不热。假令阳九流金之灾，百六滔天之祸，纷纭自彼，与我何为！”[④]由此，得道境界的“神异”性便得到凸显，其道教信仰立

---

① 《庄子注疏》卷2，第117页。
② 《庄子注疏》卷2，第66页。
③ 《庄子注疏》卷2，第67页。
④ 《庄子注疏》卷1，第17页。

场也便得以坚持。

由以上讨论可以发现，成玄英以体道—心性为中心对得道神仙的理解显然与更传统的神仙描述不同，其根本差异在于得道前后“主体”是否能继续存在。成玄英在论述“与道合真”时，使修道主体成为大道的一部分，导致个体的消亡；但正如上文所见，他在很多时候也描写了得道仙人的种种神异。或许这一矛盾恰恰表现着成玄英心中仙人妙不可言的存在状态。①

通过以上研究，可以发现成玄英《庄子疏》在讨论人类生命价值时存在所谓的“道家”和“道教”两种立场，前者主张安任，后者主张超越当下存在形式。两者之间的张力，展示出成玄英在身份上的游移。成玄英表面更偏向道家安任自然，但最终却将目标定在更换生命存在形式后的永恒不朽。两者只能以“分阶段”的方式来进行某种调和，即在人的阶段安顺自然，而在融入大道的超越阶段则放弃人的存在。这一调和方式得以确立的原因在于成玄英将修道理解为“回归”，而非“积学”。顺乎自然地回归本源，实际指向违逆自然的永恒不朽。于是，人类生命意义获得质变提升的可能，道教仙道信仰的本位得到坚守。

成玄英这一理论，与传统仙道理论强调对死亡的超越不同，其所强调的是死亡的无意义化，同时也消解了“生”的意义。永恒存在之所以不朽，就在于超越了有形存在本身，因无始而无终。在这一理论下，如果说人类生命拥有超越现代人所谓“自然属性”的意义，那就在于人类拥有心性修炼（或者哲学思考）的能力，可以在对自然、人、我的揣摩和反思中得到身体和心性的双重跃迁。换言之，在成玄英的思想中，人类生命的最重要价值在于得道之可能。而得道之后，生命是否是“人类”的形式已不再重要，不论是所谓成仙，还是成为大道的一部分，生命的局限和

① 非常有趣的是，成玄英理解的得道者，似乎非常类似于电影《超体》中女主人公的最终状态。

窒碍都被完全消灭。在这样的一种糅合先秦道家安顺自然和中古道教“违逆”自然（盗窃天机、逆返婴儿）的思想体系中，人类生命通过“破—立”一体的方式得到提升。

与一般意义上的生命哲学差异非常大，道教生命哲学常常秉持与今人（尤其西方、近代）极不相同的思考范式和理论前提，而将论说导向颇为不同的方向。与道家思想相比，道教从来不接受“顺从自然，安心领死”的命运，因此道教徒就算再深刻地借鉴道家的自然主义思想，也必然会对之做出某种调整，以符合自己的道教本位立场。这一“六经注我”的过程，对道教哲学和思想的改变很大，尽管其间会出现这样那样的内在矛盾，但无疑丰富了道教学家对人类生命价值的思考，也为当代人提供了更多可资借鉴的思想资源。

主题五
“平民”观念的现代变迁

从传统到现代，常常伴随语词的沉浮。对平民观念研究的兴趣最初缘起于笔者被冯契“平民化的自由人格”这一提法所激发的好奇心。在当代的汉语实践中，“平民”和“平民化”的用法虽然并不罕见，但也显得不够“正规”，更常见也更“正规”的大概是“人民”“群众”和“大众化”等语词。冯契本人对“平民化”解释不多，在他身后的相关研究也主要聚焦于“自由人格”。如顾红亮梳理了现代中国思想中的“平民化人格话语”，他虽然对“平民化”的内涵做了目前笔者所见最为完整的分析，[①] 但正如其《现代中国平民化人格话语·导论》所言，该著的主要概念是“人格”，对“平民化”则缺少相应充分的历史梳理。[②] 笔者无法对“平民化”做出更多的理论说明，而首先致力于通过探究现代汉语中的“平民”语词史，以期为“平民化的自由人格”增加一个历史的注脚。

随着掌握材料的增多，笔者逐渐意识到现代“平民”语词史中的丰富性和复杂性，为此需要“批判的观念史”方法的介入：观念内部的逻辑

---

① “那么何谓‘平民化’？笔者认为，至少有四层意思。其一，‘平民’的最基本意思指普通的百姓。‘平民化’有百姓化、大众化的意思。‘平民化人格’不等于‘平民人格’，不等于普通民众直接享有的人格，而是指具有大众化取向的理想人格。在现代，即便是圣贤或精英也具有‘平民化人格’。其二，‘平民’既可以是一个集体性的名词（如大众、群众），也可以是一个个体性的名词，把‘平民’理解为具体的个体，这时，‘平民化’指的是个体化。其三，‘平民化’指现世性、有限性。‘平民化人格’具有现实性、世俗性的品格，有现实人格的含义。其四，‘平民化’指民主化。”参见顾红亮：《现代中国平民化人格话语》，华东师范大学出版社2005年版，第9页。

② “本书的导论有两个任务：一是界定本书的主要概念——‘人格’的基本含义；二是概述人格话语的框架结构，也即本书的逻辑结构。”同上，第1页。

分析，观念光谱中的复杂关系，观念史与社会史的互动，等等。同时，“平民”自身的特点也带来了新的方法论思考。相比于那些作为现代思想核心追求的价值观念（如“进步”、“平等”、“自由”等），“平民”首先是一个平凡的社会—政治分析术语，用于描述一定的社会层级。在与其他现代术语的竞争中，它没有进入当代汉语实践中“正规”术语的序列，它所占有的意义则被其他术语分割和替代了。这反而为我们提供了在观察其他更加成功和洁净的观念时容易忽略的视角，包括语词间的竞争和语词、意义、观念之间的复杂关系。其次，经过与其他语词的组合，一系列具有社会动力性、通常处于多方思想—政治派别的争夺中的现代性话语形成了，笔者主要关注其中较为重要的两种：“平民主义”和“平民教育”。最后，通过这些话语，“平民”才与那些更为宏大的、通常发生着冲突的价值观念发生关联，包括“平等”“劳动”“合作”“国家”等，笔者主要将讨论其中作为抗议性原则的“平等”。因此，笔者的第二层问题意识是方法论的，通过对“平民”这一平凡的、边缘化的语词的考察，我们有可能会为批判的观念史研究提供更为多样的模型。

一、从“平善之人”到“平等之人”

“平民”作为语词在汉语中十分常见且渊源甚古。《尚书·吕刑》中说：“蚩尤惟始作乱，延及于平民。”孔安国将“平民”解释为“平善之人”。由此“平民”之“平”指“平善”的道德属性。下文指明了这种道德属性的不稳定性：受到蚩尤“惟始作乱”的影响，“平民化之，无不相寇贼，为鸠枭之义”。《后汉书》中谓“郡国欲获丰穰虚饰之誉，遂覆蔽灾害，……贪苛惨毒，延及平民。”注曰“平民，谓善人也”。[①]可见“延及平

① 郭双林教授认为“这里的‘平民’一词，与我们今天所说的‘平民’在内涵上已完全相同”，从李贤等人的注来看，这一判断值得商榷。郭双林：《论辛亥革命时期知识界的平民意识》，《近代史研究》2012年第3期。

民”的句式和“平善之人”的解释在历史上有一定的生命力。

“平民”的“平善”属性又有着社会—经济的基础。《周礼注疏·卷二》中有“九赋”之说：

> “以九赋敛财贿：一曰邦中之赋，二曰四郊之赋，三曰邦甸之赋，四曰家削之赋，五曰邦县之赋，六曰邦都之赋，七曰关市之赋，八曰山泽之赋，九曰弊馀之赋。”

郑玄注从“九赋”中区别了“平民”与“末作”：

> “邦中，在城郭者。四郊去国百里，邦甸二百里，家削三百里，邦县四百里，邦都五百里。此平民也。关市、山泽谓占会百物，弊馀谓占卖国中之斥弊，皆末作当增赋者，若今贾人倍算矣。”

贾公彦疏对“平民”与“末作”做了进一步的解释：

> “云‘此平民也’者，谓‘六曰’已上，皆是平善之民，先王以农为本，故谓之平民也。对‘七曰’已下非农民者为末作也。”

在这一解释中，“平民”一称是“先王”对农民的褒扬，“平善”的道德属性是与其所业——农——紧密联系着的。

对“平民”另一个有影响力的解释是“齐民”。如《资治通鉴卷五十二》说“出于平民，回入奸吏”，胡三省注曰“平民，谓齐民也”。[①]“齐民”与“平民”可以互释。《汉书·食货志第四下》谓：“世家子弟富人或斗鸡走狗马，弋猎博戏，乱齐民。”如淳注曰：“世家，谓世世有禄秩家也。齐，等也。无有

---

① 另如《山堂肆考·卷二百三十》云：“平民曰齐民，言齐等也。”

贵贱，谓之齐民，若今言平民矣。”[①]这显然与“平民”与“末作”的区分相冲突，区别在于，我们是以社会身份（“世家”—“平民”）还是以从事职业（农业—工商业）来界定“平民”。这一解释为我们提供了“平民”之“平”的另一层含义：除了“平善”之外，它还指“平民”内部“无有贵贱”的“平等”。

尽管存在或多或少的冲突，通过以上用例，我们大致能理解古代“平民”术语的意义范围：它泛指内部身份平等的“齐民”，但又不是“编户齐民”那样严格表示户籍的法律用语；[②]它特指“齐民”中与“末作”相对的农民，“平”经常与务农者所常有的善良、安分等道德属性联系在一起，但这些属性又极易受到外界的影响。

古代“平民”与现代“平民”在社会—政治分析术语的层面上有显而易见的连续性：它们都宽泛地表示社会中某一多数的、平凡的层级。古代“平民”是被恶首、世家、军队[③]等在上者侵扰的对象，这些侵扰包括道德上的腐蚀、日常的压迫和超出常规的屠戮。同时，他们也是在与在下者的对比中得到描述的，罪犯、[④]军户、[⑤]贱民[⑥]等人群都有可能上升为“平民”。与之不同的是，现代“平民”在用于社会层级分析时范围更加扩大了；同时，在与“在上者”的对比中，“平民”的对抗性含义被凸显和大大加强了。

现有研究中大多围绕现代“平民”术语中“下层民众”“劳动人民”

---

① 就“平民”表示无特权的身份而言，它又与“庶人”等同义：“庶人，平民也，贱故无庙也。”《礼记正义·卷四十六》。

② 关于中国古代的户口类别，参见宋昌斌：《中国户籍制度史·第四章》，三秦出版社2016年版。

③ “诸将怯不敢战，杀平民冒功，民相率从贼。”（《明史·卷一百七十七》）

④ “五月辛卯，皇太后诏曰：‘皇帝幼冲，承统鸿业，朕且权佐助听政，兢兢寅畏，寅，敬也。不知所济。深惟至治之本，道化在前，刑罚在后。将稽中和，广施庆惠，与吏民更始。其大赦天下。自建武以来诸犯禁锢，诏书虽解，有司持重，多不奉行，其皆复为平民。’”（《后汉书·卷四》）

⑤ “壬戌，诏曰：‘先帝灵命初兴，龙飞西楚，岁纪浸远，感往缠心。奉迎文武，情深常隶，思弘殊泽，以申永怀。吏身可赐爵一级，军户免为平民。’”（《宋书·卷六》）

⑥ “四民为良，奴仆及倡优隶卒为贱。其山西、陕西之乐户，江南之丐户，浙江之惰民，皆于雍正元年、七年、八年先后豁除贱籍，如报官改业后已越四世，亲友元习贱业者，即准其应考出仕。其广东之蜑户、浙江之九姓渔户，皆照此例。”（《钦定大清会典》卷十七《户部》）在后世的历史书写中，清代的“除贱为良”是中国社会逐步走向平等的显著标志。而在对现代“平等”价值已有更明确信念的晚清维新士人看来，这一举措的效果是值得怀疑的：“惟君权虽有义理以责任之而专制不除，奴隶岁经光武用孔教之义频免为良人，而明以后投大户者不绝，及乐户、丐户、蛋户之名，尚有不尽得为平民者，而妇女之禁抑未解。三者尚未改，故平等之义未尽，而愚弱亦从之。”（《康有为大同论两种》，三联书店1998年版，第93—95、162页）参见高瑞泉：《平等观念史论略》，上海人民出版社2011年版，第149页。

或"一般百姓"的核心含义，对其意义的伸缩情形进行梳理。[①]对于"平民"的多义性，在经过大量讨论的20世纪30年代已有相当的了解：

"平民"有好几种解释：受经济压迫的平民，与贵族阶级相对的平民，缺乏教育的平民，劳动工作的平民，平等自由的平民。总而言之，统而言之，就是社会上一般民众。[②]

而发生这些复杂情形的关键机制，则早在20年代初就已经被点明了：

"在得谟克拉西制度内之人民本为横线的组织，无一不是平民。不过官吏大商，以及智识阶层中人等等，无论其业务有生产，不生产之区别。而有相当经济行为，一般心理假设之定义，皆不在内。"[③]

现代民主国家中的合法公民俱为"平民"，这一含义构成了"平民"的上限，它所强调的是公民间去除身份差别的、"横线组织"的、基于权利的平等。[④]在一些更为少见的用例中，"平民"的"平等"义继续扩张，达到了"一律平等的人类"这种基于人之相同性的论证，从而使得"平民"一词又具有了人道主义的色彩。[⑤]另一方面，在现代国家中又存在着广泛的事实不平等，包括官民身份、经济、教育等，这些不平等关系中的弱势一方同样被称为"平民"，包含了一种要扩展事实上的平

---

① 朱志敏认为，五四时期的"'平民'是指包括工人、农民在内的下层人民是很清楚的"，但同时又指出，"在当时思想界所谓的'平民'含义并不确定和一致"。朱志敏：《"五四"时期的所谓"平民"是指哪些人》，《历史教学》1988年第9期。郭双林区分了辛亥时期"平民"的四层含义：第一，"泛指下层群众，与阀阅、贵族、绅士相对立"；第二，"特指无产者或无产阶级，与资产者或资产阶级相对应"；第三，"人民或民众，与政府相对应"；第四，"与'政治'连用时相当于'民主'、'共和'"。郭双林：《论辛亥革命时期知识界的平民意识》，《近代史研究》2012年第3期。

② 傅葆琛：《平民教育之魔力》，《民间（北平）》1934年第1卷第12期。

③ 受益：《平民教育与平民生活》，《新中国》1920年第2卷第6期。

④ "平民二字的定义，按狭义的说就是士农工商等一般的同胞，国家主人翁。按广义的说，凡属国民，无贵贱贫富之分，无有枪阶级无枪阶级之别，全是平民。"《平民主义》，《绥远月刊》1925年第1卷第4期。

⑤ "这一律平等的人类，一句话用省语把他翻译出来，就是平民"。高思潜：《平民的医学》，《绍兴医药学报》第11卷第2期，1921年；"我们只想说'平民'是人类的通称，亦是人类的美名。"庸人：《我的平民教育观》，《沈阳高等师范学校周刊》1922年第67期。

等的诉求。因此，“平民”的下限是表示社会最底层的“贫民”。[①]在这两条界限之间，如上引论文所梳理的那样，“平民”的含义可以上下游移。这些移动的内在标准与现代社会政治运动所要发动和联合的人群有关，因此无政府主义、[②]三民主义、[③]共产主义、[④]“平民教育”[⑤]等运动对“平民”有各自流动着的界定，正是通过与这些主义话语相连接，“平民”获得了它的社会动力性。

现代“平等”观念是“平民”古今含义相区分的关键点。古代的“平民”/“齐民”原本就具有“无有贵贱”的内部平等意涵，但这一意涵是以承认总体上的尊卑贵贱之分为基础的，在这个意义上，古代“平民”最重要的特征是安于社会等级的“平善”。通过现代民主制度内部的“权利”观念，“平民”—“公民”延续了“平民”/“齐民”中固有的内部平等性；但更为重要的是，在诸多现代社会运动对“平民”术语的调用中，现代“平等”那种处于外部的事实“不平等”和争得“平等”的张力结构中的、

① “平民教育，即贫民教育。”《平民教育问题》，《广州市市政公报》1923年第81期。

② 中国的无政府主义者主要在两种意义上界定平民，一是与“政府”相对：“国界者政府之所造成者也。小则争权利，大则起战祸，皆由政府发生之，与平民无与。苟无政府，吾平民即能互相亲爱，又安有所谓国界乎？”《师复文存》，上海书店1991年版，第41页。二是与“阶级制度”和“富人”相对的“无资产无土地者”：“阶级制度者，平等自由之大敌也。有政治即有治人者与被治者之阶级，有私产则有富人与平民之阶级。”同上，第101页。

③ 在孙中山的用语中，当涉及“民权”时，“平民”与“国民”同义：“今者由平民革命，以建国民政府，凡为国民，皆平等以有参政权。”《总理全集》(第1集上)，上海书店1990年版，第289页。当涉及“民生”时，“平民”则与“资本家”相对：“资本家者，以压抑平民为本分者也，对于人民之痛苦，全然不负责任者也。”《孙中山全集》第2卷，中华书局1982年版，第333页。

④ 中国早期的社会主义文献曾受到日语的影响，以“平民”翻译“proletarian”，并“在十多年当中在中国的社会主义文献中占有统治地位”。参见［德］李博：《汉语中的马克思主义术语的起源与作用》，赵倩等译，中国社会科学出版社2003年版，第321—325页。

中共三大提出了“以革命的方法建立真正平民的民权”的口号，这时的“平民”已不再专指“proletarian”，而“涵盖了除封建地主、官僚买办、反动军阀以外的各个社会阶级”。参见于化民：《国民革命时期中共“平民政权”思想的演进轨迹》，《中国社会科学》2013年第12期。瞿秋白尤爱“平民”一词，并有“劳动平民”、“劳工平民”、“革命平民”、“无业的平民”等不同的组合。同时，他根据列宁的相关思想对“平民”术语的宽泛性有相当深刻的认识：“马克思主义者反对资产阶级滥用‘平民’一词，空泛的说平民而掩藏着平民里面的阶级对抗性。马克思主义断然的要求无产阶级政党之阶级的独立。然而他分‘平民’为阶级，并非为着使这先进阶级闭关自守只干工会活动，而让资产阶级的政治运动单独发展；而是为着要使无产阶级以最大的毅力为全体平民的事业而奋斗，领导全体平民”。《瞿秋白选集》，人民出版社1985年版，第71页。

在另一些用例中，“平民”又可指被压迫阶级中除去工农的那一部分。见《中国共产党一九二五年“五一”告中国工农阶级及平民》，《向导》1925年第112期。

⑤ “所谓平民教育的‘平民’是指一般已过学龄时期而不识字的男女，或一般已识字而缺乏常识之男女。”晏阳初：《“平民教育”的真义，与其他教育的关系》，《晨报七周年增刊》，1925年。

作为“抗议性原则”[①]的一面被凸显出来了。

另一方面，在以“进步”为核心价值的现代社会运动中，“平民”又有着某种指向过去的现成性。在晏阳初等人看来，“平民”并不能直接地就是“公民”，毋宁说，“平民”是通过某种教化（对于这种教化的性质，存在着诸多争论）而造成“公民”的质料。作为未来平等之基础的“新民”与“平民”旧有的道德、习性、情调之间存在着张力，既存的务农者形象与现代社会中的劳动者形象相结合，成为现代社会运动中广泛存在着的民粹主义因素的温床。

“平民”的广泛适用性造成了它作为一个社会—政治分析术语的致命缺陷。在此后的语言实践中，它的几项主要意义被几个术语所分割。首先是表示民主国家中合格成员的“公民”；其次是作为革命发动和联合对象的“人民”。正如毛泽东在《论人民民主专政》一文说：“人民是什么？在中国，在现阶段，是工人阶级，农民阶级，城市小资产阶级和民族资产阶级。”一个显著的例子是，瞿秋白曾引用列宁著作《怎么办》中的一句话：“谁实际上忘了‘共产主义派赞助一切革命运动’，谁忘了我们应当在全体平民之前，既不隐藏我们社会主义的见解，又要明白指出民权主义的总责任，那人便不是社会民主党（共产党）。”[②]《列宁全集》中文第二版则将此句译为：“因为谁在实际上忘记‘共产党人支持一切革命运动’，忘记我们因此也就应当向全体人民说明和强调一般民主主义任务，同时一分钟也不隐瞒自己的社会主义信念，那他就不是社会民主党人。”[③]

从中我们可以清楚地观察到从“平民”到“人民”的语词变化。

再次，“平民”还被切割为表示更精细的阶级划分的一系列术语：农民阶级、工人阶级、城市小资产阶级等。不过，它作为一个历史学中

---

① “平等首先突出地表现为一种抗议性理想，实际上是和自由同样杰出的抗议性理想。平等体现并刺激着人对宿命和命运、对偶然的差异、具体的特权和不公正的权力的反抗。”[美]乔万尼·萨托利：《民主新论》下卷，冯克利等译，上海人民出版社2009年版，第511页。

②《瞿秋白选集》，人民出版社1985年版，第73—74页。粗体为引者所加。

③《列宁全集》第6卷，人民出版社1986年版，第79页。粗体为引者所加。

的翻译术语仍被持续使用，[①]并在中国史写作中体现着普遍历史叙事所拥有的话语权力。[②]但如果说它自此尚未失去其连接主义话语、造成社会动力的观念功能，那么起码可以认为，这种管道已经更为曲折了。[③]

二、“平民”与“主义”

作为一个平凡的社会—政治分析术语，“平民”通过与其他语词的组合，形成具有主义色彩的话语，进而发挥其作为现代观念的社会动员力量。同时，在很大程度上与“平民”术语的歧义性有关，“平民”话语也呈现出异常复杂的、处于各方势力争夺中的状况。而此种话语争夺所传达出的消息，则是现代社会在总体上已经是一个“平民社会”，亦即一个以“平等”为建构原则，同时又会到处发现不平等状况的社会。

（一）“平民主义”

据笔者所知，“平民主义”一词最早见于中文文献，是在19、20世纪之交。维新派报纸《知新报》1899年的一篇文章介绍了俄国皇室的“平民主义”，大意指俄国皇室对臣民“平易无隔阂”“一私之生活与常人无多异”。作者不忘指出，俄国皇室的“平民主义”“以视支那之君民隔绝，贵贱判若霄壤者，待有别矣”。[④]可见“平民主义”的一个早期含义是传统“君民无间”的政治理想。1902年的《翻译世界》也有一条“米人平民主义”。按该消息译自美国报纸，其中“平民主义”似应为Democracy的

---

① 李景云：《自由民、平民、城市平民和城市贫民》，《历史教学》1981年第12期。

② 在马克思主义史学写作中，“平民”主要指“奴隶”社会中居于贵族和奴隶之间的中间阶层，这与古代“平民”的含义虽有部分重叠，但更大程度是话语—权力运作的结果：“姬昌施行裕民政策，招致附近各地的平民。照《召诰》说，殷纣禁止本国平民出境逃亡，是否全数投奔西周，不可知，当时有平民这个阶层却无疑义。他们领公家土地耕种，缴纳税租。剩余物品得私有自享，这种人数增大，就成为封建社会的开始。”范文澜：《中国通史简编》上，华东师范大学出版社2014年版，第30页。

③ 对于泰州学派的“平民儒学”说试图揭示儒学通过“平民化”所展示出来的现代化潜力。而由于上文所述“平民”术语的多样性，导致“平民儒学”概念的内涵尚不清晰，为此似乎还需要进一步的澄清工作。参见陈寒鸣：《论明代中后叶的平民儒学》，《河北学刊》1993年第5期；贾乾初：《愚夫愚妇：平民儒学语境中的“人”》，《文史哲》2013年第2期。

④《俄国帝室之平民主义》，《知新报》1899年第92期。

翻译，但从译者的实际认识来看，这里的含义也未超出“君民无间”的范围。[①] 此后，“君民无间”的早期含义经过演变，更突出了某种接近于现代“平等”，但又与之截然有别的含义：在承认地位不平等的前提下，在上者对在下者于某种程度上的接近，包括姿态上的亲近和物质生活水准的趋同。[②] 这也成为此后“平民化”的常用含义之一。[③]

另一方面，“平民主义”又是Democracy的一种重要中译。梁启超发表于1902年的《论民族竞争之大势》，曾引“洁丁士氏”的《平民主义与帝国主义》一书，[④] 该书应为F.H. Giddings的*Democracy and Empire*。[⑤] 这是“平民主义–Democracy”的翻译关系较为明确的早期用例。[⑥] 又任公在1899年《夏威夷游记》曾提及德富苏峰的“平民主义”，[⑦] 但语焉未详，且德富苏峰的“平民主义”来源芜杂，似不能视为Democracy的单纯翻译。[⑧] 及至1907年，著名刊物《东方杂志》有文章讨论“平民主义”与

---

① 这条信息称，“平民主义，美人用之久矣。近美国某报馆大反对之。一日大统领尔斯显尔德氏旅行，坐电气车，他一人急行其车，以致互相冲突，至伤尔斯显尔德氏。”《翻译世界》1902年第2期。

② “卑尊一体，咸能忘形。家喻户晓，相习成风。故人民入军以后，咸能依守平民主义之范围。”《法国之平民主义》第15卷第12期，1918年。另参见《德皇平民主义》，《半星期报》第13期，1908年；《瑞典国皇帝的平民主义》，《新民报》1915年第2卷第2期。

③ “近来在各报上时常有些好文章，内容不是记某某要人‘没有架子’，便是说某某要人很能‘平民化’……”。老尧：《当代要人之平民化》，《北新》1928年第2卷第22期。“（军队）同甘共苦并不只发生感情上的联系而已，其最大意义有二：一是便于考核督导，军纪由是方能严明；二是公开长官的生活，方可以保持朝气，不致腐化。这一原则，今天也可以应用于性质机关来，用一句简单的话来说，就是：高官生活的平民化。”何若钧：《高官生活平民化》，《中央周刊》，1947年第9卷第48期。

④ 梁启超：《论民族竞争之大势》，《饮冰室文集之十》，第10页，《饮冰室合集》(1)，中华书局1989年版。

⑤ 参见石川祯浩：《梁启超与文明的观点》，见于狭间直树编：《梁启超·明治日本·西方》，社会科学文献出版社2012年版，第90页。

⑥ 在作于同时期的名文《进化论革命者颉德之学说》中，梁启超借颉德之口说：“十九世纪者，平民主义之时代也，现在主义之时代也。”笔者尚未找到颉德原书(*Social Evolution*)中的确切原文，因此无法确认此处的“平民主义”是否即是“Democracy”的中译。这里暂且提出问题，留待方家教正。梁启超：《进化论革命者颉德之学说》，《梁启超全集》第2卷，北京出版社1999年版，第1029页。

⑦ “德富氏为日本三大新闻主笔之一，其文雄放隽快，善以欧西文思入日本文，实为文界别开一生面者，余甚爱之。中国若有文界革命，当亦不可不起点于是也。苏峰在日本鼓吹平民主义甚有功，又不仅以文豪者。”梁启超：《夏威夷游记》，《梁启超全集》第2卷，北京出版社1999年版，第1220页。

⑧ “依据斯宾塞的进化论、密尔的功利说、科布顿、布莱特曼彻斯特学派的非干涉主义、自由放任主义及横井小楠的世界和平思想，构建了我的思想。”[日]德富苏峰：《苏峰自传》，中央公论社1935年版。转引自陈秀武：《近代日本的“平民主义”思想与儒学——以德富苏峰为中心》，《东北师大学报（哲学社会科学版）》2007年第4期。

“国家主义”的优劣：“世之主张民权者，动谓泰西之富强，由于平民之主义。此非确论也。夫平民主义，倡始于法儒庐骚，而其主义盛行于一时，故其时重民而轻国，谓苟无民何有国。所当牺牲其国以为民也。”[①]

可见，“平民主义”作为Democracy的一种正式中译逐渐趋于稳定。“五四”前后，这一用法更为流行。较为著名的用例有毛泽东的《〈湘江评论〉创刊宣言》[②]和李大钊的《平民主义》。[③]对此学术界已多有论列，此处不再赘述。[④]

同时作为Democracy中译的尚有语词相近的“平民政治”。主要在“五四”后，“平民主义”与“平民政治”之间的广狭差别逐渐凸显出来。李大钊有论：Democracy这个字最不容易翻译。由政治上解释它，可以说为一种制度。而由社会生活的种种方面去观察，它实在是近世纪的趋势，现世界的潮流，遍社会生活的各方面几无一不是Democracy的表现。这名词足以代表时代精神。若将它译为“平民政治”，则只能表明政治，而不能表明政治以外的生活各方面，似不如译为“平民主义”，较妥帖些，但为免掉弄小它的范围起见，可以直译为“德谟克拉西”。[⑤]

这体现了“五四”前后人们对Democracy更为激进化乃至精神化[⑥]的理解。在李大钊看来，这一激进化的方向即是“世界进化”的方向，它最终指向“世界大同”，亦即在个性解放基础之上的“人类共同精神联贯”。“平民主义”是这一进化道路上的“记号”，根据其实现程度的深浅，或谓“进化”的进度，需要区分较低级的“中产阶级的平民政治”和

---

① 《平民主义与国家主义之废兴》，《东方杂志》1907年第4卷第8期。

② “各种对抗强权的根本主义，为‘平民主义’（兑莫克拉西。一作民本主义，民主主义、庶民主义）。”毛泽东：《〈湘江评论〉创刊宣言》，1919年7月14日，《毛泽东早期文稿》，湖南人民出版社1990年版，第293页。

③ 李大钊：《平民主义》，商务印书馆1923年版，《李大钊全集》第4卷，人民出版社2006年版。

④ 参见顾昕：《从“平民主义”到“劳农专政”——五四激进思潮中的民粹主义和中国马克思主义的起源（1919—1922年）》，《当代中国研究》1999年第2期；王人博：《庶民的胜利——中国民主话语考论》，《中国法学》2006年第3期。

⑤ 李大钊：《由平民政治到工人政治》，《晨报副刊》，1921年12月，《李大钊全集》第4卷，人民出版社2006年版，第1页。

⑥ “‘平民主义’是一种气质，是一种精神的风习，是一种生活的大观；不仅是一个具体的政治制度，实在是一个抽象的人生哲学；不仅是一个纯粹的理解的产物，实在是濡染了很深的感情、冲动、欲求的光泽。”《平民政治与工人政治》，《新青年》第9卷第6号，1922年7月1日，《李大钊全集》第4卷，人民出版社2006年版，第84页。

较高级的“无产阶级的平民政治”。而由于“平民政治”（Democracy）一词已被“中产阶级”所污染，我们需要创立新词来表示“无产阶级的平民政治”。在这一新制度已被实现的“劳农俄国”，这个新词同样已被创造出来了，它就是“工人政治”（Ergatocracy）。因此，在李大钊的用语中，“平民主义”“平民政治”“工人政治”形成了一种历史进步的叙事，“平民主义”作为一种富有精神性的世界潮流，依次以“平民政治”和“工人政治”为其在政治方面的表现外壳。①

上文已述，毛泽东早年亦曾用“平民主义”作为“兑莫克拉西”的翻译。但在其思想成熟期，占主导地位的用法是“民主主义”，如我们所熟悉的“新民主主义”、“人民民主专政”等，这对中华人民共和国的政治话语起到了决定性的形塑作用。而“平民主义”是如何失去其原有地位的，仍有待进一步的考察。笔者现有的一点猜测仍然基于“平民”术语的宽泛性。一方面“平民”指革命需要发动和联合的对象，另一方面“平民主义”又指一种精神和政体，这难免将产生混淆，正如我们今天也会对“人民主义”表示费解。在“人民”逐渐取代“平民”成为中国共产党对革命力量的主要能指后，“平民主义”存在着与“民主主义”相竞争的可能性，但此时中国共产党的话语系统已经稳定，时机已经过去了。

问题的复杂性在于，“平民”术语同时又与中国无政府主义之间有着密切关联。对中国早期社会主义、无政府主义均有重要影响的幸德秋水，1903年在其创办的《平民新闻》发刊辞中，曾提出“平民主义”“社会主义”“和平主义”三面旗帜，但此时他的思想大致仍处于社会主义范围内。转向无政府主义后，幸德秋水曾出版论文集《平民主义》。②由于缺乏中文文献，笔者尚不能确知幸德秋水“平民主义”的具体内容，它对中国无政府主义的影响也有待进一步探究。目前能够确定的是，在刘师复

---

① 以上根据李大钊前引诸文概括而成。对“五四”时期民主观念与“平民主义”关系更系统的探讨，参见朱志敏：《五四民主观念研究》，北京师范大学出版社1996年版。

② 参见苏楠：《幸德秋水》，《世界历史》1982年第4期。

等中国无政府主义者那里，“平民”是极为常用的高频词，并有“平民革命”“平民教育”诸说（详见下文）。即使目前尚无确切证据说明中国的无政府主义者直接使用“平民主义”作为其口号，但可以肯定的是，“平民”术语是无政府主义话语构建中的重要因素。

在今天的汉语实践中，“平民主义”的另一个用法是“民粹主义”（Populism）的中译。[①]我们的确能轻易察觉现代中国“平民主义”话语中的民粹主义成分，但正如上文所展示的，“平民主义”话语处于多种势力的争夺之中，由此产生的复杂含义，是无法完全概括为“民粹主义”的。

（二）“平民教育”

中国现代史中，“平民教育”与著名教育家晏阳初的名字以及“中华平民教育促进会总会”联系在一起。从20世纪20年代初开始，在由晏阳初倡议和主导的“平民教育”（为行文简便，下文将省称其为“晏氏‘平教’”，其中也包括了陶行知等人立场相近的意见）实践推进的同时，通过历史构建，对“平民教育”话语的占有工作也持续展开。陶行知的《平民教育概论》描画了“平民教育”的前史：“这个问题二十多年前已经有人注意了。前清的简字运动就想解决这个问题，没有多大成效。注音字母也有一部分人拿来做速成教育的工具；他的命运尚在试验中。五四以后学生由爱国运动进而从事社会服务教育人民，自动开设的平民学校，遍地都是，虽办法不无流弊，却起引能我们对于平民教育改善的兴味。”[②]

在这一叙事中，简字运动—注音字母—平民学校构成了一条单一的历史线索，指向作为目的的晏氏“平教”。此外，晏阳初本人的《平民教育概论》同样涉及“今—昔”、“平民教育”的关系，在指出与过去的“平

---

① “平民主义，亦称‘民粹主义’”。《大辞海》（网络版）“平民主义”条。中文版《布莱克维尔政治学百科全书》在“Populism”词目中未列“平民主义”的译名，但在词条中又使用了“农业平民主义”、“政治平民主义”和“平民主义”。邓正来主编：《布莱克维尔政治学百科全书》，中国政法大学出版社1992年版，第588—589页。在该书英文版中，这些译文分别对应于Agrarian Populism, Political Populism 和Populism。The Blackwell Encyclopaedia of Political Thought, Blackwell Publishers, 1987, pp.393—395。

② 陶行知：《平民教育概论》，《中华教育界》1924年第14卷第4期。

民教育”区别的同时，实际上也就在进行着对“过去”的冠名和占有。[①]通过这些叙事，“平民教育”话语处于争夺中的状况及其内部的复杂性被掩盖起来。批判观念史的工作力图对这些状况有所揭示。而为了表明这些状况，我们首先要对晏氏“平教”有基本的了解。

晏氏“平教”的宗旨是“除文盲，作新民”。[②]但这两者之间其实存在着某种紧张。要害在于，“除文盲”并不能自动地造成“新民”。换言之，单纯的识字教育并不能直接造就现代国家所需的现代公民或“共和国民”，两者之间需要具有“主义”色彩的政治教化的中介。晏阳初很早就已确立了“教育”与“国家”之间的思想关联，[③]但晏氏“平教”的初期运动基本上围绕着以《平民千字课》为基本教材的识字亦即“除文盲”展开，并以“不可带一丝一毫政治宗教的作用”[④]为自我要求。这招致了当时论者的批评，这些批评认为，仅仅通过“除文盲”无法自动地“作新民”，[⑤]缺少对平民关注切身社会、政治问题的引导，将导致识字教育缺少吸引力，[⑥]言辞更激烈者则认为“识字运动”仅仅是“鱼目混珠”，偏离了“平民教育”应有的思想改造和文化运动方向。[⑦]总而言之，识字教育必

---

① 这些旧有的“平民教育”包括“贫民教育”、课余教育、零碎的平民教育、单纯的文字教育。晏阳初：《平民教育概论》，《教育杂志》1927年第19卷第6期。在更早的一篇文章中他亦指出：“论及平民教育一事，自民国成立而后，凡稍有思想的人，无不知其紧要。更自‘五四运动’以来，平民教育，或通俗教育的觉悟，一时风行。……但据二年以来，在十余省所调查的实情，内容十居八九很少切实成绩……”晏阳初：《平民教育新运动》，《新教育》1922年第5卷第5期。

② 1923年8月，中华平民教育促进会总会在北京成立，宣布“除文盲、作新民”为宗旨。参见杜学元等编：《晏阳初年谱长编》(上)，上海交通大学出版社2017年版，第66页。

③ “平民程度之高低，关系于国家努力之强弱。先贤所说的：‘民为邦本，本固邦宁’，就是这个意思。”晏阳初：《平民教育新运动》，《新教育》1922年第5卷第5期。

④ “我们办平民教育就要纯粹的去办平民教育，断不可带一丝一毫政治宗教的作用。”陶行知：《教育与人生》1924年第27期。

⑤ “一个人单是能够识字和读书，未必就是能适合社会目的的份子。……例如现行之平民千字课——自然是重要而且有相当价值的，并且也有慎重编辑的必要；可是要专恃他为达到我们所要求之社会的目的，当然是不够的。”常导之：《进一步讨论平民教育问题》，《教育杂志》1924年第16卷第4期。

⑥ “主张教育救国的人，他们以为中国的国民，若是都能认识字，能念书，中国即可得救了。……枯燥无味的识字运动，对于平民的生活太隔离得远了。”敬云：《平民教育的真意义》，《中国青年》1924年第1卷第14期。

⑦ “我十分尊重‘平民教育运动’，我却不能不痛诅这些鱼目混珠的勾当：仅以‘平民识字运动’来搪塞。我们要晓得平民教育运动是一种‘平民文化运动’。除教他们识字外，更应特别注意从改造思想方面入手。”园丁：《杂感：平民教育运动？！》，《民国日报·觉悟》1924年第2卷第18期。

需更辅以明显之主义，然后始足与言将来之成效。[①]

作为回应，晏阳初强调了“平教”中的“公民教育”维度，并反过来批评论者对晏氏“平教”的误解。[②]而与此同时，他又在继续声称“平教”“无宗教、无党派、无主义”的“超然性”。[③]这说明，起码在相当长的一段时间内，晏阳初等人认为，旨在为现代国家培养合格成员的“平民教育”能够超脱于诸种“主义”的影响，而这里隐含着的前提是认为现代国家能够超脱于诸多宗教和政党而独立存在。然而，在强调了“平教”的“新民”维度后，此种超然性实际上已经无法再维持下去了。1927年，晏阳初再度陈述了这一超然性，并为自己设置了这样一道难题：“或谓共和国家的人民，对于政治不能无思想、无主张，有思想有主张，自然不同于甲，即同于乙。平民教育中既有‘公民教育’一项，怎样能逃避党派的信徒？不能逃避而强逃避，是无异于以怯懦教人，决非共和国民应有的正大光明的态度。”

晏氏本人的回答近于搪塞：“吾辈今日所作的基本工作，与发生此种问题的距离尚远”，他继而强调，“对于国家分子的训练，也专在共和国民人人共同应有的根本智识上注重，绝不挟如其他任何主义，这是吾辈正大光明的态度”。[④]但是，问题始终在于，这种“人人共同应用的根本智识”，包括“团结力”“公共心”“判断力”“正义心”，本身就已蕴含了深刻的政治性：它是“共和”国民人人“应”有的。在这个意义上，晏阳初对“无主义”的数次宣称，正是对“共和”“民主”（晏氏没有明确地区分这两

---

① 常道直：《国家主义与平民教育问题》，《中华教育界》1925年第15卷第1期。

② “设施平民教育，是以识字教育为起点，而以公民教育为正鹄。有些人以为平民教育不过为《千字课》教育而已，实在是不明了平教运动底目的了。”晏阳初：《“平民”的公民教育之我见》，《新教育评论》1926年第1卷第21期。

③ “平民教育乃全民众之教育，无宗教、无党派、无主义之色彩。若带有宗教、党派、主义色彩，则运动范围必因之而缩小，不能称为全城平教运动。”晏阳初：《平民教育运动术》，《晨报副刊：社会》1926年第47期。

④ 以上引文见《平民教育的宗旨目的和最后的使命》，《晏阳初全集》第1卷，湖南教育出版社1989年版，第117—118页。

者）这两种现代最大的“主义”的反复确认。[①]笔者相信，正是基于这种困难，在仅仅一年之后的《平民教育概论》中，关于“超然性”的表述已经悄然从“平民教育的原则”一栏中消失了。[②]

正是在这一关键点上，晏氏“平教”与其他类型的、恰恰以“主义”为首要诉求的“平民教育”话语发生了冲突。而对此种冲突的掩盖，也就掩盖了现代大众教育（Mass Education）所蕴含的深刻政治性。对于现代“平民教育”话语的多样性，限于篇幅，此处不能展开，而只择要简述如下：

第一，“平民主义的教育”。1919年杜威来华讲学，其中一个重要内容为“平民主义的教育”。[③]其名著*Democracy and Education*起先也被翻译成“平民主义与教育”。[④]杜威的影响力为晏氏“平民运动”的展开起到了很好的铺垫作用。在此后的历史叙事中，这两者有时被描述为同一运动过程的两个阶段，[⑤]“平民教育”也偶尔被解释为“平民主义的教育”亦即Democratic Education的缩写。[⑥]而在晏阳初本人的用语中，“平民教育”的正式英译为“Mass Education”，[⑦]在其对“公民教育”的解说中，也极少直接提及“平民主义”，甚至有人明确反对在“平民教育”和“平

---

① 历史的讽刺性在于，在极左思潮中，晏氏“平教”所蕴含的政治性反而被无限放大了。参见宋恩荣、孙邦华：《晏阳初全集·导论》，《晏阳初全集》第1卷，天津教育出版社2013年版，第2页。

② 《平民教育概论》，《晏阳初全集》第1卷，天津教育出版社2013年版，第129—130页。

③ 《平民主义的教育》，《教育潮》1919年第1卷第2期。

④ [美]杜威讲述，常道直编译：《平民主义与教育》，商务印书馆1922年版。

⑤ “有美国教育哲学家杜威博士在美国各大学校讲演《平民主义与教育》……国内这一切的运动和理论上的鼓吹好像是按照一个预定的计划先在全国制造空气，然后由晏阳初等返国提倡平民生活里产生出来的平民教育。”汤茂如：《平民教育运动的经过》，《教育杂志》1927年第19卷第9期。

⑥ “平民教育，即平民主义的教育，是民众的，普遍的，平等的，自由的。”李敏：《我的平民教育观》，《平民教育》第68/69期，1923年。亦曾有人对此译法表示反对。“（平民教育就是从英文Democratic Education）翻译出来的，照中文字面看起来，似乎平民教育当作普通教育解释，但是平民教育与普通教育不同，平民教育不但为平民的，也为贵族的豪富的，普通教育系使人人都有同样的普通知识。所以（德谟克拉西的教育）译作平民教育，是非常勉强而且易生误会，现在（平民教育）既然成为教育上通行名词，改换别的，恐怕要愈加混乱思想了，因此我不去改他。”陈鹤琴：《什么叫做平民教育》，《世界教育思潮》第36期，1919年10月27日。

⑦ 如《平民教育运动》一文原为英文单行本，标题即为*The Mass Education Movement*，1924年9月中国北方出版社出版。见于《晏阳初全集》第1卷，天津教育出版社2013年版，第52页。

民主义”之间建立联系；[①]但考其“公民教育”的实质内容，则又基本处于杜威Democratic Education的思想范围之内。通过此种方式，晏氏“平教”在表面上去意识形态化的同时，实现了对“平民主义的教育”话语的占有。

第二，无政府主义的“平民教育”。另一种具有鲜明“主义”色彩的“平民教育”来自无政府主义。在刘师复等人看来，基于人性本善的原理，发动“平民革命”、[②]实现无政府主义的关键在于向平民传播真理。[③]无政府主义者自觉地将“平民教育”区别于“国家教育”，其中区别的关键并非举办机构不同，而在于传授内容之深浅、真假的不同，归根结底则是“主义”的不同。[④]

第三，宗教的和保守主义的“平民教育”。在华基督教向来重视教育普及。晏阳初本人即为基督教青年会会员，而他的行动也颇有宗教家的献身精神。他在早期强调“平民教育”的非宗教性，或许有与教会教育相区别的动机。而在晏氏“平教”运动兴起之后，基督教内部的“平民教育”话语也随之产生了。这些话语大致分为三个方面：主日学校等基督教教育组织是展开“平民教育”的现成优质资源；[⑤]基督教是“平民教育”能够实现的精神基础；[⑥]以及通过平民识字教育开展教义宣传的

---

① “平民教育更不是平民主义的教育，平民教育没有任何主义的色彩，也决不能有任何主义色彩的。”张友仁：《青年教育与平民教育》，《教育杂志》1926年第18卷第1期。

② “无政府之革命，乃平民革命，而非英雄革命也。英雄革命，可以三数英雄驱遣党徒运动军队而为之，于大多数平民无与也（从前一切政治革命多属如此）。若平民革命，则必由于平民之自觉，以平民自己之实力行之，断非但使用手段运动军人仓促起事所能成功者。故吾党第一级最重要之功夫，即为“平民传播”，要求平民多数之赞成。”《答蔡雄飞》，1914年7月，《师复文存》，上海书店1991年版，第278页。

③ “用报章书册言说学校等等，传播吾人主义于一般平民，务使多数人晓然于吾人主义之光明，学理之圆满，以及将来组织之美善，及使知劳动为人生之天职，互助为本来之良德。”《无政府共产党之目的与手段》，1914年8月，同上，第48页。

④ “平民教育对于国家教育而言，政府所经营之教育，无论如何，只能得皮相之教育，而决无精神之可言，甚或足为真理之障碍，（即如提倡宗教宗法爱国主义军国主义等是）故私立之平民学校最为要务。”《答悟尘》，同上，第288页。

⑤ 参见季鼎臣：《乡村主日学校附设平民教育》，《兴华》1924年第21卷第15期。

⑥ “但是基督教育；虽然没有挂着平民教育的招牌，而他的精神，实是无贫富无贵贱的阶级，而有知识有道德功能的……我愿我国谈教育的人，宜先研究基督的教育，实行基督的精神，平民教育就不难普及了；平民教育就不难收美满的功效了。”朱琴：《基督教育与平民教育》，《中华基督教育》1924年第4卷第11期。

诉求。[①]

另一种较为微弱的声音是从保守主义阵营中发出的，他们从晏氏“平教”运动中看到保存国粹、恢复传统的契机。其中又可以区分两种倾向：一种是认为提倡平民教育提供了恢复固有道德的机会，[②]另一种则基于“小人学道则易使”的遗教。[③]

三、“平等”作为抗议性原则

“平民”话语所承载的现代价值观念中，以“平等”最为重要。[④]反过来也可以说，探究“平民”的观念史，同时也为我们提供了观察“平等”观念史的一个视角。

恩格斯在《反杜林论》中说：“一切人，作为人来说，都有某些共同点，在这些共同点所及的范围内，他们是平等的，这样的观念自然是非常古老的。但是现代的平等要求与此完全不同；这种平等要求更应当是从人的这种共同特性中，从人就他们是人而言的这种平等中，引申出这样的要求：一切人，或至少是一个国家的一切公民，或一个社会的一切成员，都应当有平等的政治地位和社会地位。要从这种相对平等的原始观念中得出国家和社会中的平等权利的结论，要使这个结论甚至能够成为某种自然而然的、不言而喻的东西，必然要经过而且确实已经经过了几千年。”[⑤]

从恩格斯的论述中我们能引申出一种历史叙事，即“平等”经历了一个从“相同性的平等”到“权利平等”的古今之变，也可以说，这是一

① “另一面即应进平民里去传道，去作工，不徒使平民识完一千个字就算完结，终要使他们有道德，得真理。”朱旭初：《平民教育与传道》，《兴华》1924年第21卷第10期。

② “欧化东渐，国人的自信力摇动不定，只知学欧美的皮毛，放弃中国固有四千余年的文化精神，提倡平民教育它能恢复固有的道德：如忠孝，仁爱，信义，和平等，……”张洪仁：《提倡平民教育之我见》，《一中学生》第3期，1932年。

③ 梁定权：《论平民教育》，《友声》1925年第1期。

④ “‘平民’的意思，是‘人人都是平等的。’”《蔡元培全集》第3卷，中华书局1984年版，第380页。

⑤ 《马克思恩格斯选集》第3卷，人民出版社1995年版，第444页。

个从“平等的形而上学”到“平等的政治经济学”的下降过程。而从“平民”观念史的视角看，古代“平民”所表示的是一个层级中的、内部平等的群体，它和“平等”的形而上学论证的距离相当遥远。现代“平民”观念与现代“平等”观念发生关系的方式，是从自身内部“无有贵贱”的平等性出发，继而要求此种平等在全社会范围内的扩张：造成“平民社会”。它所凸显的是现代“平等”观念作为“抗议性原则”的一面。因此，从“平民”观念史出发，我们无法观察到恩格斯在上述引文中所描述的那种“下降”过程，毋宁说，我们通过“平民”能追踪到的，是实际承担这一“下降”过程的社会群体的兴替。

对于“平民”所体现的作为抗议性原则的“平等”，尚需进一步的分疏。高瑞泉曾区分了现代“平等”发挥作用的三个阶段：第一个阶段，平等（尤其是权利平等）主要是作为抗议性原则出场。它与如下的历史现象相匹配：19世纪末20世纪初，以名教纲常为焦点，儒家——从经学、专制皇权、家族制度扩展到一般儒家文化——受到全面的批判。随之而起的第二个阶段，平等从原先的抗议性原则转变为现代社会的建构性原则。此过程又与第三个阶段相衔接：一方面“平等”受到普遍主义冲动的驱使，不断地发现其新的应用范围；另一方面又在政治民主和经济生活中遭遇到文化的制约，因而呈现出现代性的困境。[①]

“平民”是在与其“在上者”的对抗中显示出抗议性的。这些“在上者”最初是皇室、贵族、绅士乃至国家。在民国建立、原则上的权利平等已经确立后，“平民”作为平等国民的含义似乎已经实现，但这并没有减少“平民”的抗议性，马上它就找到了新的敌人：资本家、官僚、帝国主义，等等。换言之，在“平等”已经转变为建构性原则，并进行它普遍主义的扩张时，这种扩张同样可以采取抗议的形式，因为在新发现的不平等关系中总是存在着较弱的那一方。再一次地，这一评论并非否定关于

① 高瑞泉：《平等观念史论略》，上海人民出版社2011年版，第77页。

"平等"的抗议性原则和建构性原则的区分，而只是从"平民"的视角发现，对建构性原则扩张的实际承担者而言，这仍然是一个不断抗议的过程。对平民视角的强调，有助于防止我们将建构性原则的扩张想象为一个理性主义的过程，从而对现代"平等"价值所面临的现代性困境有更深切的认识。

与抽象的"平等"原则相比，"平民"话语有着更多的经验因素，当它所承载的"平等"价值从对抗性原则进展至建构性原则时，仍然保留了不平等关系中的对抗性痕迹，例如相对于"平民主义"，我们可以说"贵族主义""官僚主义""国家主义"等。因此，在"平民"话语中，我们能够更明显地观察到作为建构原则的"平等"所带有的人类情感维度。它一方面表现为对"在上者"的嫉妒，并进一步地指示着"平等"价值的平均主义倾向；[①]另一方面，它又是对现存自身的肯定，亦即对原有"平民"群体中的价值、习性和情调的扩张，从而指示着"平等"价值中的民粹主义倾向。

与"平民"和"平等"相关联的另一个话题是关于中国古代社会的"平民社会"说。钱穆认为，自秦以下，中国社会的总体趋势是走向平等，这种平等的标志即是"平民社会"的逐渐建立。汉代已是"平民政府"，[②]同时"平等社会开始成立"，[③]但其间多有波折，及至宋以下，"始是纯粹的平民社会"。[④]总体上看，"中国历史上的传统政治，已造成了社会各阶层一天天地趋向于平等"。[⑤]对中国古代社会平等性或"无阶级"的观察在20世纪初即已存在。如孙中山认为，"欧洲没有革命以前的情形，和中国比较起来，欧洲的专制要比中国厉害得多"，其中原因在于，古代

---

① 参见李石：《平等与嫉妒：在罗尔斯与诺奇克之间》，《伦理学研究》2015年第4期。
② 钱穆：《国史大纲》上，商务印书馆2010年版，第128—130页。
③ 钱穆：《中国文化史导论》，商务印书馆1994年版，第177页。
④ 钱穆：《理学与艺术》，《中国学术思想史论丛》六，《钱宾四先生全集》第23册，联经出版社事业股份有限公司1998年版，第280页。
⑤ 钱穆：《中国历代政治得失》，三联书店2001年版，第171—175页。相关评论参见张邦炜：《宋代"平民社会"论刍议——研习钱穆论著的一个读书报告》，《历史教学》2017年第16期。

封建制度破坏之后，除皇帝外的世袭制度已经打破。“平民做宰相、封王侯的极多，不是代代世袭一种事业的。”[①] 钱穆的功绩是为此做了历史学的论证，并将这种社会状况概括为“平民社会”。

对这类观点的总体批评，是古代社会当然可能存在大量的平等现象，但“古代社会没有把‘平等’作为谋划和改变社会制度及生活的基本政治规范，只有现代社会才把每个人都平等地享有其权利视为基本的伦理和政治原则”。[②] 即使古代确实存在着以“平民”为人口主体的“平民社会”，它所具有的“平等”也只限制于处于上下层级中的内部平等；此外，“平民宰相”所体现的社会流动性说明古代社会在一定范围内存在着“作为平等利用的机会平等”，即“对平等的功绩给予平等的承认”，[③] 但这种机会平等同时又恰好是社会身份不平等的再生产机制。[④] 因此不能对其平等性做过高的估计。不过，从钱穆的用语中我们能够察觉现代“平民”话语与“平等”价值的密切联系，换言之，就钱穆对“平民社会”与“平等社会”经常画等号而言，我们能够察觉到钱穆所使用的“平民”术语在一定程度上已经是一个现代观念。

---

① 《总理全集》第1集上，上海书店1990年版，第121页。
② 高瑞泉：《平等观念史论略》，上海人民出版社2011年版，第28页。
③ [美]乔万尼·萨托利：《民主新论》下卷，冯克利等译，上海人民出版社2009年版，第524页。
④ 参见阎云翔：《差序格局与中国文化的等级观》，《社会学研究》2006年第4期。

理论路径之三：

西方伦理与人文精神

主题一
李凯尔特价值哲学的形而上学动机

如果人们想要对价值哲学这个概念的起源进行考察，试图把握价值对于现代哲学发展的重要意义，那么新康德主义学派恐怕是必须遇到的一块策源地。而新康德主义西南学派的两位代表人物文德尔班与李凯尔特的价值哲学思想不仅拓宽了早期新康德主义学派视哲学为知识论的狭隘境界，而且也真正能够把价值提升为哲学概念从而试图解决传统形而上学的某些困境。对于李凯尔特本人来说，价值概念或者价值论始终应与形而上学紧密相连，或者更准确地说，价值哲学背后的形而上学动机始终应该作为价值哲学展开的必然语境。

一、黑格尔之后德国哲学的危机

就哲学史的角度而言，自黑格尔逝世后，德国哲学可以说是迅速陷入了一种混乱的困境。无论是把这种困境称为“身份危机”，还是把它叫作“后黑格尔哲学中的合法性危机”，这种困境的实质是：在后观念论时代，哲学这一名词对于德国人究竟意味着什么？或者说，在黑格尔之后，人们应该如何研究哲学？哲学与经验科学之间的界限究竟在哪里？在这种迷茫的支配下，一方面在哲学内部，经验哲学（包括实证主义、心理主义、庸俗唯物主义）和历史主义开始兴风作浪，席卷各所德国大学哲学系，黑格尔哲学中形而上学的因素开始得到清算和剔除；另一方面从外部看，哲学与其他学科的关系开始发生深刻变化，自亚里士多德开始的“哲学即科学”的传统开始断裂，哲学本身开始分解为一系列专门化的“研究科学”（Forschungswissenschaften）。由此，哲学反而被要求必须成为像其他科学那样的一门学问。

对于黑格尔理性形而上学体系的激烈反叛最重要的一个任务就是否认世界存在于绝对理性统一概念之下。具体说来，一方面，德国观念论之后兴起的经验哲学①（包括新康德主义、实证主义、庸俗唯物主义）实际上把主观理性看作为一种认识能力、意识过程甚或是经验活动，它是对世界的“观察的理性”与“立法的理性”；主观理性最典范意义上的运用是在自然科学研究之中：在实验、观察、计算等主观理性的操作过程中，人们达到了对给定自然的认识，尽管这一认识的内容仍然可能是主体建构起来的。另一方面，经验哲学把客观理性降格为思维的逻辑规律；它不再是整个宇宙整体的逻各斯，而只是主观思维活动不可违背的法则；更为极端的处理甚至可以把这种意义上的客观理性理解为心理活动的经验法则。这一经验心理学主义的看法很明显与英国经验论（洛克、贝克莱、休谟）始终在推进的哲学心理学化的努力有密切关联。

由主张主观理性的建构性，且康德哲学不属于绝对唯心主义而能提供观念论终结之后为哲学恢复名誉的有影响力的基础，②故新康德主义迅速得到发展。由主张客观理性只是心理活动规律，且心理学恰恰作为一门经验科学而出现，故世界的统一问题消失了，或者更明确地说，古代哲学中最重要的存在论的问题域被抛弃了；如今最重要的问题已经从存在（Sein）问题转变为意识（Bewusstsein）或给予存在（Gegebensein）的问题，或者用海德格尔的话说，已经转变为存在者（Seiende）的问题

---

① 这里所理解的经验哲学包括了朗格（Friedrich Albert Lange，1828—1875年）在《唯物主义史及对其当下意义之批判》第2卷“自康德以来的唯物主义史”中所提到的一些唯物主义哲学但不限于此。参见Friedrich Albert Lange, *Geschichte des Materialismus und Kritik seiner Bedeutung in der Gegenwart,* Zweites Buch, Frankfurt am Main: Suhrkamp Verlag, 1974。

② Herbert Schnädelbach, *Philosophie in Deutschland 1831—1933*, Frankfurt am Main: Suhrkamp Verlag, 1983, S. 18.

了。新康德主义者柯亨（Hermann Cohen, 1842—1918）对这一点的观察很敏锐："唯独在科学中，各种事物被给予且对于哲学发问来说它们现成地是可指摘的。""星辰并不在天空上被给予，而是在天文学这门科学中……"；"进行认识的意识……只有在科学知识之事实中拥有这样的现实，而一门哲学研究可以关涉这种现实……"。[①] 而那托普（Paul Natorp, 1854—1924）说得就更彻底了："根本没有存在（Dasein），而只有科学（Wissenschaft）。"[②] 很明显，哲学对（经验）科学的统治在黑格尔之后彻底变为了（经验）科学对哲学的统治。当亚里士多德教导我们经验自身不能成为科学是因为没有关于个别的科学存在时，[③] 或者按照黑格尔来说经验的事物并不是科学的来源因为科学建立在内容之"概念的必然性"上——经验现象符合概念而不是相反——时，在此两人统一的理性图景中，单单"经验科学"（Erfahrungswissenschaft）并不创造科学一般的概念；科学自身恰恰首先在哲学（形而上学）中"实现"。[④] 而经验哲学分裂的理性却必然导致一种"物质主义者的还原论"（Materialist Reductionism）：[⑤] 一切概念必须通过还原到物质现象并在实验观察中来获得其意义并确证自身的正确性。"在这一点上，化学和生理学在欧洲成网状分布的智识影响在某种意义上标记了一种返回：在观念论哲学和作为德国生物学之对立者的思辨的、目的论的自然哲学（*Naturphilosophie*）数十年的统治之后，返回到18世纪晚期和19世纪早期法国的'机械论'

---

① Hermann Cohen, *Das Prinzip der Infinitesimalmethode und seine Geschichte*, Berlin, 1883, S. 127. 转引自：Margarete von der Groeben, *Konstruktive Psychologie und Erlebnis: Studien zur Logik der diltheyschen Kritik an der erklärenden Psychologie*, Stuttgart: W. Kohlhammer Verlag, 1934, S. 38。

② Paul Natorp, Hermann Cohens philosophische Leistung ", in: *Philosophische Vorträge der Kant-Gesellschaft*, Nr. 21, Berlin, 10. Mai, 1918, S.5f. 转引自：Margarete von der Groeben, *Konstruktive Psychologie und Erlebnis: Studien zur Logik der diltheyschen Kritik an der erklärenden Psychologie*, Stuttgart: W. Kohlhammer Verlag, 1934, S. 38。

③ "个别者不是科学"（*De singularium non est scientia*）这一表述来源于邓斯·斯各特（Duns Scotus, 1266—1308）。参看见Herbert Schnädelbach, *Philosophie in Deutschland 1831—1933*, Frankfurt am Main: Suhrkamp Verlag, 1983, S. 302。

④ Margarete von der Groeben, *Konstruktive Psychologie und Erlebnis: Studien zur Logik der diltheyschen Kritik an der erklärenden Psychologie*, Stuttgart: W. Kohlhammer Verlag, 1934, S. 17.

⑤ J. W. Burrow, *The Crisis of Reason: European Thought, 1848—1914*, New Haven and London: Yale University Press, p. 34.

观念，而这些观念本身乃是思辨努力的一段漫长历史的产物，这一思辨努力为了解决笛卡尔心物二元论而陷入了物质一元论。”[①]于是，由分裂的理性进一步发展而来的理性之窄化就非常明显了：“在19世纪中，理性被等同于自然科学的机械理性：理性的危机必然在其身后牵出理性主义的危机。”[②]这种理性窄化的后果是颠倒了理论与经验之间的关系：如果理论不再是科学地位的判准，而经验成了这一判准，那么这就意味着经验超过理论的优先性：理论只是经验系统化之结果。[③]

通过进一步的思考我们可以相信，黑格尔之后的经验哲学在对理性之分裂与窄化无可奈何甚至乐此不疲之际，实际上必然将存在论从自然科学中清除出去。这样一种清除最终导致对本质主义的拒斥和一种去存在论化（Entontologisierung）[④]和对“形而上学之非必要性”（Metaphysikunbedürftigkeit）[⑤]的主张。这就意味着，“实证主义将存在者作为设定（Positum）的规定不再拥有新的存在筹划（Seinsentwurf）。情况恰恰是，对于一切实证主义思想来说，存在者的臆想直接地给予存在（Gegebensein）是所有可知者自身无预设的基础，作为被给予者（Gegebenen）的存在者之规定在这个基础中，而某物在这种规定中实现”。[⑥]因此，从这个意义上说，黑格尔之后作为反对其理性形而上学体系而登场的经验哲学或者实证主义实际上仍然是一种形而上学，因为它去除了西方哲学传统中的理性和存在而欲盖弥彰地将经验和存在者（实在）作为核心概念引入了它的哲学理解中；只是这种形而上学从形态上看已经化约为符合自然科学观察要求的科学了，所以是一种“形而上学

---

① J. W. Burrow, *The Crisis of Reason: European Thought, 1848—1914*, New Haven and London: Yale University Press, p. 33.

② J. M. Bochenski, *Europäische Philosophie der Gegenwart*, Bern: A. Francke AG. Verlag, 1951, S. 33.

③ Herbert Schnädelbach, *Philosophie in Deutschland 1831—1933*, Frankfurt am Main: Suhrkamp Verlag, 1983, SS. 113—114.

④ Ibid., S. 112.

⑤ Hans-Helmuth Gander, *Positivismus als Metaphysik: Voraussetzungen und Grundstrukturen von Diltheys Grundlegung der Geisteswissenschaften*, Freiburg/München: Verlag Karl Alber, 1988, S. 97.

⑥ Ibid., S. 96.

之褫夺的形态”（Deprivationsgestalt der Metaphysik）。[①]

当然我们同时必须承认，黑格尔辩证法的崩溃只是经验哲学大行其道的一个条件，另一个必然的条件则是德国自然科学本身的愈臻完善。从当时的欧洲范围看，德国的生理学与生物学的研究已经处于领先的地位。[②]观察与实验的方法已经替代了原本作为理性之主导范式的黑格尔的辩证法，自然科学的方法论导致了那些削弱旧形而上学世界观的结果。

二、事实性对象与价值性对象的领域划分

对于彼时的哲学危机，李凯尔特并没有袖手旁观。李凯尔特仍然试图以一种新的方式来保留形而上学，这种新的方式即是价值哲学。

李凯尔特价值哲学的出发点是形而上学这一事实最明显地体现在他引出价值概念的论述中。李凯尔特认为，人们首先能够认识到“两种存在者类型的总体差异”（totale Differenz der beiden Arten des Seienden），而这两种存在者类型意味着世界可区分为两个自主存在但又相互关联的领域：“非实在的价值自为地是一个领域而与所有现实的对象相对，这些现实的对象同样自为地构成一个领域。”[③]虽然看起来有点像柏拉图两个世界的区分，但是我们必须拒绝承认这种类比的合理性，因为李凯尔特所说的价值的领域与事实性对象的经验领域联系在一起。

在谈及事实领域与价值领域的区分时，李凯尔特对否定及无的关注实际上回应了很重要的哲学问题。1929年，海德格尔在其就职讲座中对

---

① Hans-Helmuth Gander, *Positivismus als Metaphysik: Voraussetzungen und Grundstrukturen von Diltheys Grundlegung der Geisteswissenschaften*, Freiburg/München: Verlag Karl Alber, 1988, S. 28.

② John Merz, *A History of European Thought in the Nineteenth Century*, Edingburgh: Blackwood & Sons, 1904—12, I, pp. 157—225.

③ Heinrich Rickert, *Allgemeine Grundlegung der Philosophie*, Tübingen: J. C. B. Mohr（Paul Siebeck）, 1921, S. 114.

无（Nichts）进行了阐明。[①]受此讲座的启发，李凯尔特也关注了这个问题。李凯尔特主要是在认识论和逻辑学的范畴内讨论“无”这个概念的形成。无这个问题早就是传统形而上学的经典问题，比如柏拉图的《智者篇》、神秘主义者安格鲁斯·西勒修斯的“否定神学”、歌德的《浮士德》、黑格尔的辩证逻辑都讨论过这个概念。李凯尔特指出，这里谈论的存在概念具有双重含义：第一，它可以是一种思想的形式（Denkform）；第二，它可以是一种知识的形式（Erkenntnisform）。李凯尔特举例说明：我们可以思考或者设想一个“有四个角的圆圈”，就是说，这样一个东西作为一种思想形式或者作为一幅图景存在着，但它永远不能成为一个实在的知识对象。我们知道“有四个角的圆圈”不可能存在，在这个意义上，我们能够思考那作为存在之对立者的无，但它永远不能成为我们知识的一个谓项。“无是某个东西，它事实上是存在的思想，但它却并不存在于世界之中。”[②]神话中的独角兽“是”一种思想的形式，但是它并不作为知识的对象存在于世界中。李凯尔特论证道，我们已经考虑过“有四个角的圆圈”，否则我们永远不能说出关于它的真理，即它存在于数学的世界中。

李凯尔特进而区分了一种绝对的无和一种相对的无。绝对的无就是绝不可能被思考的“某物”，它是对任何谓项存在的完全否定，它就是否定每一个某物。但是这个概念往往并不在这个绝对的意义上得到使用。当我们使用“无”这个概念时，它在绝大多数情况下的意义是指它实际上能被思考但事实上并不存在于世界上。这就是相对的无，即处在与世界上的实际存在者的关系中的无。上文提到的“有四个角的圈圈”和“独角兽”就是相对的无的例子。李凯尔特并没有给出一个绝对的无的例子；这是不可能的，因为我们根本就没有办法设想它，根本没有办法

① Martin Heidegger, *Was ist Metaphysik?* Frankfurt am Main: Vittorio Klostermann, 1975.

② Heinrich Rickert, *Die Logik des Prädikats und das Problem der Ontologie*, Heidelberg: Carl Winters Universitätsbuchhandlung, 1930, SS. 210—226.

言说它。[①]

李凯尔特认为，在对存在与无这两个概念的讨论中，海德格尔青睐于形而上学的存在论而拒斥逻辑学和认识论。就无而言，他不认为逻辑学、认识论、理性能够把握且显示它的本质。然而，李凯尔特指出，海德格尔不得不使用语词来解释他的想法，而语词却必须通过理性才能得到理解。"无"就是这样一个必须得到澄清的语词或概念。于是，这个认识论与逻辑学的问题就出现了：海德格尔用"无"到底意谓什么东西，它与作为一种逻辑谓项的"无"的理论——即不仅仅作为一种思想的形式，而且作为一种知识的形式——到底有什么关系。在海德格尔的形而上学中，李凯尔特把无概括为无法言说其实证内容的"某物"，以它的谓语来看，它不"是"一个简单的否定，而是一个非某物（Unding）。实际上，从相对关系上看，海德格尔的"无"就是可知世界的他者（das Andere der erkennbaren Welt）。它甚至是每一个"不"和每一个否定的起源。当海德格尔将我们所生活的世界，即这个述谓的和内在的存在的世界描述为一个有限的世界，而这个世界的另一边是超验的无的无限世界时，他就又往前走了一步。当此在碰到这个超验的无时，存在就在我们的此在中自我显示。李凯尔特想要以一种知识论和逻辑学的方式重新表述这一形而上学的想法："为了从整体上'把握'这个存在者，即**我们的**存在者，或者这个世界，即**我们的**世界，我们需要这个作为世界之他者的无。因此，海德格尔不仅逻辑地而且'逆逻辑地'思考，也就是说他知道，只有当人们同时把'这一个'与'另一个'**区别**时，它们才能逻辑上完整地理解'这一个'。"[②]

从对否定或无的形而上学思考中，李凯尔特取得了两方面的收获：第一，从经验观察上说，他发现所有我们称为伟大的哲学家主要关注的

---

① Heinrich Rickert, *Die Logik des Prädikats und das Problem der Ontologie*, Heidelberg: Carl Winters Universitätsbuchhandlung, 1930, S. 212.

② Heinrich Rickert, *Die Logik des Prädikats und das Problem der Ontologie*, Heidelberg: Carl Winters Universitätsbuchhandlung, 1930, S. 231.

不是无这种形而上学的超越，而是这个能够被我们知道和理解的世界，这个能够被正面述谓的实在的世界。海德格尔对于无的阐明也许可以用歌德的话来总结："你在存在中保持快乐。"[①]第二，从哲学思想上说，李凯尔特发现思想的形式与知识的形式，绝对的无与相对的无、这一个与另一个、有限与无限等概念区分实际上暗含着意识内在性对于形而上学的重要意义。事实与价值的区分只有在真正引入"我们"这个立场才有可能得到稳固的确认。

如上所述，李凯尔特通过对无或非存在等概念的思考，引出了对事实性对象和价值性对象这两个领域的划分。这两个领域都面对着意识的内在性因而是超验的；它们是独立自主的，但仍然互有差异地相互联系着。其中的一个明显的差异即在于，实在的对象不会使任何人感兴趣，它们仅仅存在，仅仅是事实性的，比如在大自然的某个地方存在着的一块花岗岩石。用李凯尔特的话来说，实在的对象是一个"单纯存在"(blosses Existieren)。然而，一个如理论的真理或美学的美那样的价值就触动我们、使我们感兴趣，价值或积极或消极地与我们发生关系。我们面对着价值而采取立场，并且使价值从属于价值判断(Werturteile)。在雕塑家手中的一块花岗岩石就不再是事实性的对象了，不再仅仅存在而已。它变为了一个价值性对象，并且被雕塑家转变为一件体现着某种美学价值的艺术品。李凯尔特进一步在方法论的意义上确认了这两种不同的对象：事实与事实性对象能够被说明(erklären)，而价值与价值性对象必须被理解(verstehen)。这种说法明显受到了狄尔泰哲学思想的影响。

虽然指出了两个领域的不同，但是李凯尔特承认要定义价值概念确实很困难，因为它是那种类似于存在、实在等概念的非常难以重构的概念。不过，通过上述那种与单纯存在的对比，并且将这两个概念都置于

---

① Heinrich Rickert, *Die Logik des Prädikats und das Problem der Ontologie*, Heidelberg: Carl Winters Universitätsbuchhandlung, 1930, S. 235.

否定性的范围内，价值的概念就能够变得清晰。按照李凯尔特的想法，否定就是单纯存在与价值之间差异的判准。我们先看一下事实的否定的情况。比如，一个人可以否定独角兽的存在。这并不意味着存在一种叫做非独角兽（non-unicorn）的东西，而是意味着独角兽这种“事物”根本不存在。对存在的否定就是非存在，就是无。非冷并不是热，不高并不立马等同于矮，非右并不是左。事实上，非存在根本不存在。如果我们说“非冷令人窒息”，那么这句话就会是无意义的。但是，价值的否定自身就是一种评价，它并没有给出无，而是给出了一个相反的价值。不好就是坏，不美就是丑，不真就是假。①

三、价值哲学的内容与意义

正如马克斯·韦伯曾经注意到的那样，在价值的领域中存在着一场持续的，不能被理性地、科学地解决的“诸神之战”；每个“神”总是被一个竞争性的“神”或“魔鬼”反对。②韦伯的意思是说，如果我们想要知道某个单纯存在的东西，那么我们就应该克制自己不做出那些关于可能附着于该东西之上的价值判断。我们不带任何牵连或兴趣地观察某物，正如某物单纯存在那样，这就是一个无价值的存在者。日常生活中每天都在发生这种情况：我们仅仅想要知道一些事情而不去考虑这些事情的价值，无论这些事情是不是事实性对象，无论这些事情是不是单纯存在。韦伯认为这种价值无涉（Wertungsfreiheit），即不做出价值判断，乃是对待实在的科学态度的本质。

自然科学通常始于对研究对象的无价值的态度。科学家首先想要对他们要研究的某物获得知识，这是科学客观性的本质。换句话说，科

---

① Heinrich Rickert, *Die Logik des Prädikats und das Problem der Ontologie*, Heidelberg: Carl Winters Universitätsbuchhandlung, 1930, S. 117.

② Max Weber, “Wissenschaft als Beruf”, in: Ders, *Gesammelte Aufsätze zur Wissenschaftslehre*, Tübingen: Mohr-Siebeck, 1968, S. 604.

学研究的对象是实在的。接下来，科学家想要知道自己对于该研究对象所获得的知识是否正确，也就是该科学理论是否适用于该研究对象。在这个阶段，价值（真理）和价值判断（确证）就发挥作用了。显然，真理就是一种理论的价值，它是一种能够使我们感兴趣并且推动我们的价值。"一个对象是否存在这个问题以及它存在这个命题，使我们感兴趣。这些构造使我们无法'无动于衷'。真理不是简单、单纯地存在，而是使我们感兴趣，并且作为理论界人们的我们不能够忽视这种兴趣。因此，我们不仅设想真理，而且我们还参与真理，它抓住且绑住我们，而我们对它则持有态度。"①

李凯尔特价值哲学的另一个基本的想法是理论价值与非理论价值之间的区分。真理以及作为形式被置于内容之上的实在，都是理论的价值。当我们说"这句话是真的"时，我们关于实在所说的东西是有意义的。更准确地说，这句话将实在这个价值赋予了陈述的内容之上。"这句话是真的"意味着"这句话表现了实在"。科学的本质就在于达到关于实在的有意义且为真的陈述——无论实在究竟是什么样。这种科学的、理论的陈述的本质就是它们的价值即这里所说的真理（Wahrheit），与实在紧密相连。作为科学家与哲学家，我们与真理和实在打交道，它们抓住了我们，而我们则对它们持有态度。在他的价值哲学中，李凯尔特主要感兴趣的就是这些理论价值。事实上，它们是非理论价值的标尺。

非理论价值是美学的（美—丑）、享乐主义的（快乐—痛苦）、伦理的（善—恶）或宗教的（信仰—不信）价值。它们是非科学的价值，不能够通过理性的逻辑得到明智的批判。理性主义者倾向于相信这些非理论的价值能够在逻辑上得到批判，但是他们却没有注意到科学的理性与非科学的理性之间的本质差异。科学的理性是被真理的价值主导甚或掌控的。然而，它却不能够合法地采纳其他非理论领域的价值（比如美、善

① Heinrich Rickert, *Allgemeine Grundlegung der Philosophie*, Tübingen: J. C. B. Mohr（Paul Siebeck）, 1921, S. 115.

或者信仰)，它也不能通过真理的价值到达这些非理论的领域。“这是真的”这个理论的陈述并不能用美学上的美或伦理学上的善予以批判或拒斥，正如我们很难揣摩如何用理论的价值来拒斥“这幅画很美”这句陈述一样，因为从经验上证明这幅画事实上是美的或丑的是不可能的。李凯尔特强调，与理论价值不同，非理论价值依赖于我们的信仰而不是证据。那么这就和韦伯的说法一致了，在价值的领域有一场持续的“诸神之战”。

理论价值与非理论价值属于一个非实在的观念，但它们可以在价值判断(Werturteile)中变得具体从而能够在经验上(社会学或心理学等学科中)得到研究。在李凯尔特称为物品(Güter)的东西中能够使价值得到经验的具体化。例如，理论的价值即真理能够在科学的陈述(论文、著作、讲座)和文化机构(实验室、大学)中具体地、经验地被提供。非理论的价值则在美学的“物品”中得到具体化，比如艺术的对象和类似于博物馆或交响乐团等机构。宗教或享乐主义的价值各自在教堂、庙宇、修道院和娱乐设施等“物品”中找到自己的“客观化”。李凯尔特偶尔也使用意义构造(Sinngebilde)这个概念来代替物品。无论如何，李凯尔特在概念上区分了实在与非实在，同时使得这两者逆逻辑地相关：“只有物品和价值判断是实在的，作为价值的价值则从来不实在。”①

我们不妨以绘画为例进行说明。在一个观察者的眼里，作为一个质料为画布和画油的作品，一幅画谈不上意义或价值(sinnfrei und wertindifferent)。它只是一种纯粹的客观性。站在一幅挂在博物馆墙上的绘画前，这幅画的客观维度并不会使他感兴趣。从另一个角度看，这幅画作为一件艺术作品和一个意义构造代表了一种美学的价值，它与观察者有关，吸引了他的注意力，使他着迷。显然，在实在的、质料的对象和非实在的、观念的价值之间确实存在一个本质的差异。在我们的日常

① Heinrich Rickert, *Allgemeine Grundlegung der Philosophie*, Tübingen: J. C. B. Mohr (Paul Siebeck), 1921, S. 122.

生活中，我们通常不会意识到这一点；但在李凯尔特的价值哲学中，意识到这样一个概念差异则是非常重要的。李凯尔特还举了金钱的价值这个有意思的例子："金钱本身并不是价值，就像实在的艺术作品本身也不是价值一样，而是说价值附着在金钱上。当我们说金钱是一种实现了的价值时，我们的意思是说某种价值与金钱相联系，该价值使得金钱成为一种物品。在这些情况下，价值本身也不实在。如果我们单单将金钱视为一个实在的对象，那么它就是没有价值的。"[①] 为了进一步说明自己的思想，李凯尔特还提到了另外一个例子：享乐主义的快乐价值。作为一种心理学的感觉，快乐是一个能够在经验上得到研究的实在的物品。但同时，我们应当在概念上从实在的心理学的快乐经验中区分出一个非实在的价值。事实上，在所有时代，快乐是一个普遍的、非实在的价值，它实在性地将自己附着于大量享乐主义的个体之上。因此，我们应当区分快乐的实在（Lustwirklichkeit）与快乐的价值（Lustwert）。

显而易见，在理论价值即真理与享乐主义的价值即快乐之间存在着本质性的差异。根据李凯尔特的想法，即使不存在对其具有有效性的个体，真理依然是有效的；但是快乐缺乏这样一种独立和永恒的有效性，因为它总是需要那宣称有效性的历史主体。[②] 李凯尔特在这里明显不同意尼采的想法，按照后者的查拉图斯特拉的歌唱："所有的快乐想要永恒性，想要深刻的、深刻的永恒性。"李凯尔特的说法是，快乐并不想要永恒性，它只想要当下的满足。

李凯尔特指出，包括真理在内的一切价值都不是飘浮在空中的，而是总要与经验实在的评价主体的兴趣与意志联系在一起："没有一个承认或需求价值的意志，就不存在有效的价值；意志总是实在的一部

---

① Heinrich Rickert, *Allgemeine Grundlegung der Philosophie*, Tübingen: J. C. B. Mohr（Paul Siebeck）, 1921, S. 119.

② Heinrich Rickert, *Allgemeine Grundlegung der Philosophie*, Tübingen: J. C. B. Mohr（Paul Siebeck）, 1921, S. 124.

分。”[①]在李凯尔特价值哲学的语境中，这种意志（Wollen）总是与应当（Sollen）紧密地联系在一起：大多数的应当依赖于意志，以意志之名某物应当存在且由此是被需求的。然而，我们应该意识到，一个需求的价值从来不等同于发生在实在中的需求的意志，这是李凯尔特实在与非实在、事实性对象与价值性对象等基本区分的一个简单的推论。不过，如果没有人想要某个价值也没有实际上需求这个价值，那么这个表达了某个需求的价值就显然会消失。我们可以考虑一下规范性法则“你不应当杀人”。它可以被视为一个神圣意志的需求。因为在这个案例中上帝想要它，我们就认为这个规范对我们有效。但如果某人不再信仰上帝，他就要么不再承认该规范的有效性，因为实在的神圣意志消失了，要么他代替上帝提出人的意志并进而宣称这个人的意志将确证这条规范。这个例子想要再次说明的是，价值并不实在，而是有效或者无效。价值的本质并不是存在，而是有效性。这个有效性不是某种类似于经验性的人类一部分的承认，否则价值的有效性只是一种经验的、相对主义的事实。有效性与价值密切相连并且分有价值的非实在性。李凯尔特有点揶揄地写道：“价值无涉的有效性使我们想起了没有尼古丁的烟草或者没有咖啡因的咖啡。有些人喜欢它只是因为他们为了在科学上‘忍受’世界的问题而在哲学上过于‘紧张’。”[②]

表面上看，也许李凯尔特的价值哲学想要与传统形而上学分道扬镳，不再研究存在论问题，以价值概念取代原来的存在概念。然而经过以上的论述我们发现，李凯尔特价值哲学的出发点恰恰在于回应传统形而上学的存在与无的问题。价值并不取代事实、存在等概念的地位，而是能够弥补传统哲学的一些不足。事实性对象仅仅具有存在的一面，它们仅能作为知识论的对象而与我们相遇；只有价值才是有效的，而那些

① Heinrich Rickert, *Allgemeine Grundlegung der Philosophie*, Tübingen: J. C. B. Mohr（Paul Siebeck）, 1921, S. 128.
② Heinrich Rickert, *Allgemeine Grundlegung der Philosophie*, Tübingen: J. C. B. Mohr（Paul Siebeck）, 1921, S. 126.

仅仅单纯存在且不使我们感兴趣的东西不可能是有效的。价值概念使我们看到了存在概念本身无法完好容纳的意义，使我们能够看到理论哲学之外的实践哲学的维度。

就哲学史的意义而言，价值哲学的贡献也绝不能小觑。在当时的思想氛围下，李凯尔特的价值哲学并没有提出一种彻底的经验论或实证主义，也没有滑向粗鄙的实用主义或者享乐主义，而是在承认自己非实在的性质并保持两个领域相互区别但有联系的情况下，提出了一种独特的哲学设想。李凯尔特仍然试图通过价值哲学从另外一个方向上为形而上学给出一种保证，这恰恰是我们正确理解其价值哲学的思想前提。

主题二
心灵与价值——布伦塔诺价值哲学述评

一、布伦塔诺的生平、著作及其思想

弗朗茨·布伦塔诺(Franz Clement Brentano,1838—1917)是德国哲学家、心理学家,现象学运动的先驱。他的哲学思想深深影响了包括亚历克修斯·迈农、埃德蒙德·胡塞尔、卡济梅尔兹·塔多斯基在内的许多著名学者。

1838年1月16日,布伦塔诺出生于德国莱茵河畔的马利恩堡(Marienberg)。布伦塔诺自小就在音乐、绘画与体育方面表现出过人的天赋,深受全家喜爱。布伦塔诺从16岁起,先后在慕尼黑大学、维尔茨堡大学、柏林大学和缪斯特大学学习哲学。其中,1856—1857年,他在慕尼黑大学跟随多林格(Döllinger)教授学习。1857—1858年,他前往柏林,跟随特伦德伦堡(Adolf Trendelenburg)学习亚里士多德哲学。1858—1860年,他在缪斯特大学跟随克莱门斯(Franz Jakob Clemens)学习中世纪亚里士多德主义哲学。在那段时间,他的哲学兴趣点主要集中在亚里士多德哲学与经院哲学上。1862年,他在克莱门斯的指导下于图宾根大学完成学位论文《亚里士多德论存在者的多重含义》(*Von der mannigfachen Bedeutung des Seienden nach Aristoteles*),并获得博士学位。他随后进入慕尼黑大学与维尔茨堡大学的神学院学习神学。1864年8月6日,他被任命为维尔茨堡的天主教牧师。1865—1866年,布伦塔诺写作题为《亚里士多德的心理学，特别是他的主动理智学说》(*Die Psychologie des Aristoteles, insbesondere seine Lehre vom Nous Poietikos*)的授课资格论文，在文中提出"真正的哲学方法不外乎就是自然科学的方法"。[①] 自1866年起，他在维尔茨堡大学担任哲学讲师，长达7年之久。在这期间，布伦塔诺参与关于教皇无谬论(papal infallibility)的论战。1873年，教会通过教皇无谬论的教义，出于对这一教条的反对，他于这一年辞去牧师一职与哲学讲师的教职。随后于1879年彻底脱离教会。但这并不意味着他改弦易辙，恰恰相反，他一生笃信上帝，并始终在研究宗教相关的诸如上帝存在这类议题。在辞去职务后的一年，即1874年，布伦塔诺出版了他最重要的一本著作——《经验立场出发的心理学》(*Psychologie vom empirischen Standpunkt*)。之后，通过洛采的推荐，他前往维也纳大学任教。1880年左右，布伦塔诺与一位女性天主教徒相恋，由于当时的奥地利有曾任牧师的人不能结婚这样的规定，为了同爱人结婚，他不得不放弃奥地利国籍，同时也失去了教授一职。在他婚后，维也纳大学仍旧允许他任教，但只聘他为编外讲师(Privatdozent)。1874—1895年，布伦塔诺在维也纳大学差不多任教20年。许多在那里聆听过他讲课的学生后来成了影响世界的著名人物，其中有埃德蒙德·胡塞尔(Edmund Husserl)、西格蒙德·弗洛伊德(Sigmund Freud)、亚历克修斯·迈农(Alexius Meinong)、卡尔·斯图姆夫(Carl Stumpf)、安东·马尔蒂(Anton Marty)、克里斯蒂安·冯·厄棱费尔(Christian von Ehrenfels)、鲁道夫·斯坦纳(Rudolf Steiner)，还有后来成为捷克斯洛伐克首位总统的政治改革家马萨里克(Tomáš Garrigue Masaryk)。1895年，就在他妻子去世没多久，身患眼疾的布伦塔诺从维也纳大学辞职，前往意大利佛罗伦萨定居，后来在第一次世界大战爆发前夕移居瑞士的苏黎世。在几近失明的情况下，他仍旧没有停止思考哲学问题，笔耕不辍20年，留下大量的书信与口述笔记。1917年，布伦塔诺在瑞

① 冯平主编：《现代西方价值哲学经典·心灵主义路向》，北京师范大学出版集团2009年版，第2页。

士去世，结束了他作为思想家的伟大一生，终年79岁。

布伦塔诺为我们留下了许多很有价值的哲学与心理学著作，这些著作承载着他的伟大思想。在这些著作中，比较重要的有：博士论文：《亚里士多德论存在者的多重含义》（1862年）（*Von der mannigfachen Bedeutung des Seienden nach Aristoteles*），授课资格论文：《亚里士多德的心理学，特别是他的主动理智学说》（1867年）（*Die Psychologie des Aristoteles, insbesondere seine Lehre vom Nous Poietikos*）、《经验立场出发的心理学》（1874年）（*Psychologie vom empirischen Standpunkt*）、《伦理知识的起源》（1889年）（*Vom Ursprung sittlicher Erkenntnis*）、《亚里士多德及其世界观》（1911年）（*Aristoteles und seine Weltanschauung*）、《心理现象的分类》（1911年）（*Von der Klassifikation der psychischen Phänomene*）、《真理与自明性》（1930年）（*Wahrheit und Evidenz*）、《描述心理学》（1982年）（*Deskriptive Psychologie*）。

布伦塔诺的思想非常丰富，别具一格，对后来的哲学产生了巨大影响。首先，他从经院哲学中提取出"意向性"概念，这个概念对后来的现象学与当代哲学产生了深远的影响。他将心灵活动与外部世界之间的关系或者说"关涉性"定义为心理现象的主要特征，并以此将心理现象同物理现象区分开来。在布伦塔诺看来，所有的心理现象都指向一个对象，他用"意向的存在"来说明思想的对象的状态。更为重要的是，他主张只有心理现象具有意向性，物理现象则缺乏意向性，因此意向性可以用来区分心理现象与物理现象。布伦塔诺进而提出描述心理学的概念，在他那里，传统的心理学是从第三人称的角度来研究心理现象，而他提出的描述心理学则是从第一人称的角度来描述意识。他的描述心理学后来被胡塞尔发展成为一种现象学路径。

其次，布伦塔诺宣称"知觉是错觉"（*Wahrnehmung ist Falschnehmung*），这是他比较为人所熟知的观点。他认为我们的感性知觉，也就是相对于内知觉的外知觉，无法向我们提供任何关于外部世界的实际情况，在这个意义上说，知觉仅仅是幻觉或者说错觉。但与此相对，他却对内知觉的真实性抱有绝对的信任。比如，当我走在树林中，我看到某棵树。布伦塔诺认为，我们完全没有理由确信这棵树存在，我们对这棵树的所有知觉都是不可靠的，但是我们的看这一知觉本身确实绝对确定的。我意识到我在看，这个意识在他那里就是内知觉。外知觉只能提供关于外部世界的假设，唯有内知觉才给予我们真理。他的这一思想对胡塞尔等思想家产生很大的影响，某种程度上可以说，这一思想是胡塞尔关于数学与逻辑才是真理的主张的源头。

最后，布伦塔诺通过内在体验的自明性来确立善的原则，对现代价值理论的形成与发展发挥了非常重要的作用。正是因为他主张唯有内知觉才提供真理，这也意味着内知觉是一种自明性体验。通过内知觉，我们才能获得自明性判断，包括关于善恶的判断。在这个意义上说，作为自明性体验的内知觉是善的知识的唯一且最终的来源。因而建立在第一人称的内知觉基础上的描述心理学，不仅提供知识论意义上的真理，还提供伦理价值上的真理；不仅为理论科学提供基础，而且还为实践科学提供坚实可靠的基础。他的这一思想对现代价值理论的构建起到了难以估量的巨大影响。

二、心理现象与物理现象

现象就是我们的意识材料构成的世界，它们可以被划分为两大类，一类是心理现象，另一类是物理现象。大部分学者都同意将现象世界划分为心理现象与物理现象两个领域，但是他们对于划分的界限却有着不同的看法。据此，布伦塔诺认为这种划分的不明确“使得我们越发有必要对两者加以严格的区别”。[①] 他大致梳理出心理现象与物理现象的五

① 布伦塔诺：《心理现象与物理现象的区别》，陈维纲、林国文译，转引自冯平主编：《现代西方价值哲学经典·心灵主义路向》，北京师范大学出版集团2009年版，第4页。

种区别：

第一，布伦塔诺借助实例来区分心理现象与物理现象。例如，对一种声音的听，对一个有色对象的看，对暖和或者寒冷的感觉，对一个普遍概念的思考，每一次判断、回忆、期望、推理、信念、观点、怀疑，每一种欣喜、懊悔、恐惧、希望、傲慢、失望、愤怒、钟爱、厌恶、震惊、惊奇、轻蔑等感情，它们都是心理现象的实例。而与之相对的，我所听到的一种声音、我所看到一种颜色、我所嗅到的气味、我所感觉到的冷热，它们都是物理现象的实例。在布伦塔诺看来，通常具体的词汇比一般的词汇更明白易懂，因此实例比普遍概念更有助于人们理解两者的区分。

第二，布伦塔诺运用表象这一概念来区分心理现象与物理现象。他将心理现象定义为所有表象以及基于表象之上的所有现象。与之相对的，物理现象就是表象以及基于表象的现象之外的所有现象。为了解释清楚，布伦塔诺再做出三种区分：一是区分作为表象的心理现象与物理现象。需要特别说明的是，布伦塔诺这里所说的表象，指的既不是被表象的东西，也不是表象出的东西，而是表象本身。前面谈到的实例也可以比较清楚地说明这一点。表象是对一种颜色的看本身，而不是看到的那种颜色。在布伦塔诺看来，前者是心理现象，后者则是物理现象。二是区分作为表象的心理现象与基于表象的心理现象。布伦塔诺关于心理现象的定义表明，心理现象内部还可以划分出两类：一类是作为表象的心理现象；另一类则是基于表象的心理现象，像判断、回忆、期望以及各种情绪、情感就属于这一类的心理现象。布伦塔诺花了不少篇幅用来论述情感与欲望是基于表象的心理现象。他对这一观点的特别强调主要针对的是两种在当时比较有影响力的观点：一种是赫尔巴特（Herbart）的观点，他主张所有的心理现象都是表象；另一种是麦耶尔（Meyer）的观点，他否认情绪和欲望这类心理现象以表现为基础，主张它们是独立于任何表象而存在的心理现象。布伦塔诺认为他们的错误在于没有认识到情绪这类心理现象是基于表象之上的，哪怕是诸如快乐与痛苦这样情感，也总是基于对空间位置的表象。三是区分基于表象的心理现象与物理现象。布伦塔诺主张作为外知觉对象的感觉材料属于物理现象，而由感觉材料引发的情感情绪属于基于对感觉材料的表象之上心理现象，两者的区分十分明显，只有肤浅的观察者才会将两者胡搅在一起。尽管如此，他仍旧对这种混淆的原因做出分析。在他看来，浅层次的原因是由感觉材料引发的情感通常更为强烈与持久，一旦作为感觉材料的物理现象消失，人们便容易忽略感觉材料，甚至忽略对感觉材料的表象，而只记得并且相信自己所拥有的仅仅是一种无任何表象作为基础的情感；而更为深层次的原因则是语言使用上的混乱，引发某种情感的感觉材料与这种情感往往具有相同的名称，比如疼痛，这就导致包括一些心理学家在内的许多人都将两者混为一谈。

第三，布伦塔诺讨论了用广延性来区分心理现象与物理现象的做法。一些人主张所有物理现象都有广延性而所有心理现象则都不具有广延性，他们据此将是否有广延性作为区分心理现象与物理现象的标准。这其实是一种流传很广、影响很大的古老观点，可以追溯至笛卡尔、斯宾诺莎与康德，在布伦塔诺的时代仍有不少学者（比如A.贝恩）仍沿用了这种区分标准。与此同时，这一传统主张也遭遇到了两个方向的攻击。一方面，许多人认为不仅心理现象没有广延性，不少物理现象同样也没有广延性，因此这种区分标准是错误的。另一方面，有些人主张，尽管物理现象具有广延性，一些心理现象本身也具有广延性，因此这种区分标准是错误的。对于心理现象与物理现象到底有没有广延性这一争论不休的问题，布伦塔诺表示他唯一能够肯定的是心理现象没有广延性。更为重要的是，对这一问题的争论不休表明使他断定广延性并不足以作为标准区分心理现象与物理现象，需要新的区分标准。

第四，布伦塔诺发现意向的内存在是区分心理现象与物理现象的一项标准，因为意向的内存在是心理现象的区别性特征，而没有任何物理现象表现出这一特征。对象的意向性内存在（Inexistenz）或者内在的客体性（an immanent objectivity）是源自中世纪经院哲学的概念。布伦塔诺继承了这个概念，将它视作心理现象的专有特征并用它来定义心理现象，即“它们都意向性地把对象包含于自身之中”。[①]布伦塔诺的这一观点还是存在不小的争议。比如，汉密尔顿（Hamilton）就否认所有心理现象都具有意向性这一特征，他指出包括情绪在内的许多心理现象并不具有意向性的内存在。对于这一观点，布伦塔诺辩解道，多种多样的情感总有其意向对象，即便这个对象并不总是某个外在对象，这个对象可以是它自身。例如，当我听到某段优美动听的旋律时，我产生快乐的情感，这种情感就是以某种方式指向它自身。因此，布伦塔诺坚定地主张“对象的意向性内存在乃是心理现象的普遍的、独具的特征，正是它把心理现象与物理现象严格区分开来”。[②]他又进一步主张心理现象是内知觉的唯一对象，并将内知觉定义为对心理现象的知觉。内知觉不仅仅对象特殊，更重要的是，它具有直接性、不谬性和自明性，因此，就“知觉”（Wahrnehmung）这个术语的严格意义来讲，内知觉是唯一的知觉。心理现象是唯一一种能被真正知觉到的现象，换句话说，心理现象既意向地存在又真实地、实际地存在。与之相对地，物理现象是外知觉的对象，它们不具有直接自明性，因而它们只是意向性地与现象性地（Phenomenally）存在。

第五，布伦塔诺指出心理现象与物理现象的另一个区别就是心理现象总是以统一整体的面目呈现出来而物理现象往往呈现为不相同的诸多现象。包括H.斯宾塞在内的一些学者看到了这一区分，但却错误地理解为心理现象只能前后相继地单个地呈现而物理现象则可以同时多个出现。布伦塔诺指出这些人是把整体事物错当成单一事物，他们没有注意到意识的统一性，这种意识统一性在心理领域具有无可比拟的重要

---

① 布伦塔诺：《心理现象与物理现象的区别》，陈维纲、林国文译，转引自冯平主编：《现代西方价值哲学经典・心灵主义路向》，北京师范大学出版集团2009年版，第15页。

② 布伦塔诺：《心理现象与物理现象的区别》，陈维纲、林国文译，转引自冯平主编：《现代西方价值哲学经典・心灵主义路向》，北京师范大学出版集团2009年版，第16页。

作用。

在上述布伦塔诺归结出的区分心理现象与物理现象的五种特征中，最关键的是意向的内存在性。在他看来，意向的内存在才是心理现象最显著的区别性特征。我们不但可以凭借这一性质将心理现象与物理现象区分开来，更为重要的是，我们还可以凭此将心理科学（Psychischerwissenschaft）与物理科学（Naturwissenschaft）区分开来。布伦塔诺将心理科学定义为研究心理现象的科学，将物理科学定义为研究物理现象的科学。只有在充分理解心理现象与物理现象的区分后，我们才能够真正把握心理学科与物理学科的含义。因此，严格来说，“心理科学的真正对象只能是那些（既是意向地存在又是）实际地存在的心理现象”，[①] 而物理科学的真正对象则只能是纯粹的物理现象。换句话说，“物理科学不考虑世界的绝对本质是什么，它只是满足于承认世界拥有可激发人的感觉的种种能力（powers）”，[②] 而不应当也没必要去研究那些能力。

三、善、更善与至善

伦理学的根本问题是什么？我们每个人存在于世总是朝向着某个目的，目的又变成手段用以追逐后一个目的，在长远的计划中，充斥着林林总总的目的以及达到这些目的可能会使用的各种各样的手段。但是，总要有一个高于其他一切目的的终极目的，如果没有的话，那其他所有的目的以及为之服务的手段都变得毫无意义，长远的计划也失去了驱动力。毫无疑问，存在着五花八门的终极目的，而每个人都必须做出选择，选择一个对自己来说最重要、最终极的目的。只有知道了为什么而奋

---

① 布伦塔诺：《心理现象与物理现象的区别》，陈维纲、林国文译，转引自冯平主编：《现代西方价值哲学经典·心灵主义路向》，北京师范大学出版集团2009年版，第24页。

② 布伦塔诺：《心理现象与物理现象的区别》，陈维纲、林国文译，转引自冯平主编：《现代西方价值哲学经典·心灵主义路向》，北京师范大学出版集团2009年版，第23页。

斗，人才能全力奋斗。那么，我们应该如何选择呢？哪一个目的是正确的？哪一个又是错误的呢？这个问题并不仅仅针对终极目的的选择，而且针对所有其他的目的。对这个问题做出回答就是布伦塔诺的伦理学想要做的。

一个简单的回答就是：我们应该"在能够达到的目的中选择最善的"。但是，这里仍旧存在困难。什么是"最善的"？什么是"更善的"？什么是"善的"？这就有必要考察和分析"善"这个概念的源泉了。

在布伦塔诺看来，善的概念同其他所有的概念一样，都是源于某种具有心理内容的直观表象（Intuitive presentation）。前文已经提到过了，布伦塔诺主张，所有的心理现象都指向一个对象，心理现象与对象之间的关系就是"意向性"关系。他借用笛卡尔的哲学观点，将心理现象划分为三种基本的类别：第一种类别的心理现象即观念，笛卡尔称作为ideae，布伦塔诺也称之为表象（Vorstellungen/Presentation），它们是通过感官（或别的途径）被给予我们的东西；第二种类别的心理现象即判断，笛卡尔称作为Judicia，它们是对观念或表现同它所指的那个对象的意向关系的肯定或否定、接受或拒绝；第三种类别的心理现象即情感，笛卡尔所说的意志或感触（voluntates sive affectus），它们涉及爱或恨、禀好或厌恶、愉悦或不快等意向关系。简单比较这三种心理现象的类别可以看出，第一种心理现象即观念/表象不涉及相对立的意向关系，而第二、第三种心理现象即判断与情感涉及相对立的意向关系。布伦塔诺由此进一步推论说，第一种心理现象即观念/表象无所谓正确与否，而第二、第三种心理现象即判断则涉及对错，因为在对立的意向关系中必是一对一错。

布伦塔诺认为他找到了"善"之概念的源头。"善的概念产生于内知觉"，[①] 这是布伦塔诺的一个重要观点。"善"就是"值得爱，即能够被正

① 布伦塔诺：《伦理学的基础与建构》，许为勤、甘进译，转引自冯平主编：《现代西方价值哲学经典·心灵主义路向》，北京师范大学出版集团2009年版，第95页。

确的爱所爱”。[①]将“善”这一概念同“真”这一概念进行比较能更好地理解它们的含义，布伦塔诺将正确的知识所指涉的东西称作为“真”，将正确的爱所指涉的东西称作为“善”。他还进一步将“善”这个概念区分为原本的善与派生的善，前者是以自因而形成的善，即“善本身”(good in itself)，而后者则是凭借它因而形成的善。布伦塔诺强调他所要讨论的善就是“善本身”。

在布伦塔诺看来，判断有高低上的差别。低层次的判断是盲目的判断，建立在外知觉或者记忆基础上的判断往往属于这一层次，这些判断“没有包含证明其正确性的东西”。[②]与之相反，高层次的判断是自明的(evident)判断，也是内观性的(insightful)判断，它们是建立在内知觉基础上的判断，以及矛盾律这样的判断。这两个层次的判断之间的差异并不在于人们对判断的相信程度，这一点很好理解，我们经常看到一些人对自己所持有的盲目判断坚信不疑；两者之间的真正差别在于明晰性的不同，低层次的盲目判断缺乏明晰性，而高层次的自明判断拥有明晰性。

布伦塔诺进一步主张情感活动也有高低层次上的差别。低层次的情感类似于盲目的判断，它们是人天生的好恶不同以及由感觉表象所引起的快乐与不快乐，这些情感出于本能或习惯，往往因人而异。而与之相反，高层次的情感则类似于自明的判断，它们是“我们在内观的明晰性之中感到愉悦和由于错误和无知感到不快”，[③]这些情感是全人类共同的，不存在因人而异。在这个层次上说，爱与恨都是带有正确性的情感。

由此，布伦塔诺主张“善之概念起源于正确性的情感行为的体验中”，[④]这种情感行为的体验与判断的自明性之间具有相似性。如果对象

---

① 布伦塔诺：《伦理知识的起源》，转引自冯平主编：《现代西方价值哲学经典·心灵主义路向》，北京师范大学出版集团2009年版，第37页。
② 布伦塔诺：《伦理知识的起源》，转引自冯平主编：《现代西方价值哲学经典·心灵主义路向》，北京师范大学出版集团2009年版，第38页。
③ 布伦塔诺：《伦理知识的起源》，转引自冯平主编：《现代西方价值哲学经典·心灵主义路向》，北京师范大学出版集团2009年版，第39页。
④ 布伦塔诺：《伦理学的基础与建构》，许为勤、甘进译，转引自冯平主编：《现代西方价值哲学经典·心灵主义路向》，北京师范大学出版集团2009年版，第101页。

是值得爱的，当我们爱这个对象时，这是体验到正确性的更高层次的爱，会带给人某种本然的愉悦感，我们可以称之为善，反之，我们可以称之为恶。用他的话来说，“我们称某事物是善的，是基于这样一个事实，即指向该事物的爱是对正确性的体验的爱，正如我们说，某对象存在，除非这种认识是直接地或者间接地指向自明性”。[①]

在知道了“什么是善的”之后，紧跟着的一个问题就是“什么是更善”，因为我们经常同时遇到很多善的事物。既然“善”就是爱正确的值得爱的对象，那么“更善”就是“更爱”。有一部分人认为，如果A是善的，B也是善的，如果C是A与B的总量，那么C一定比A或者B更加善。这种观点其实主张这里的“更”就是在量上更大或者在程度上更高，布伦塔诺认为这种观点是错误的。布伦塔诺明确反对边沁等人通过对快乐的程度进行测量与比较来定义善以及更善。他反对的理由在于对心理学测量的否定。在他看来，比较快乐或者痛苦的强度存在非常大的困难，而且严格意义上说，对心理活动的测量是不可能的。他不无感慨地写道：“试想如果一个人告诉你，抽一支上等雪茄体验到的愉悦的量，如果再乘以127，或者1077，就精确地等于听一曲贝多芬的交响乐和欣赏一尊拉斐尔的圣母像时所体验到的愉悦的总量，那该有多荒谬啊！[②]”

“更爱”既不是“更多的爱”也不是“更大的爱”（当然毫无疑问，更多的爱与更大的爱都会带来更多的快乐），而是“偏爱”，这是人类情感中的一种特殊的心理现象类型。在布伦塔诺看来，偏爱是每个人通过自己的内在经验都能够感受到的，并且能够认识到它的特质。因此，“更善”其实意味着“偏爱”，当某人觉得A比B更好的时候，那不过是意味着他更加偏爱A。同样地，偏爱也有高低层次之分，有时属于较低层次的情感，有时则属于较高层次的情感。较低层次的偏爱，类似于盲目的判断，

---

① 布伦塔诺：《伦理学的基础与建构》，许为勤、甘进译，转引自冯平主编：《现代西方价值哲学经典·心灵主义路向》，北京师范大学出版集团2009年版，第103页。

② 布伦塔诺：《伦理知识的起源》，转引自冯平主编：《现代西方价值哲学经典·心灵主义路向》，北京师范大学出版集团2009年版，第44页。

是由纯粹的本能盲目造成的。较高层次的偏爱，类似于自明的判断，具有明晰性，是明白无误的。换句话说，更高层次的偏爱就是指能够被正确地偏爱，是对正确性的体验。因此，我们可以从体验到正确性的偏爱这一情感活动之中，获得对“更善”的内观。

最后，布伦塔诺得出了重要结论，那就是“善的总体原则”。用他的话来说就是“最高的实践之善的领域是一个整体，这个整体就所有善之物可在其中产生而言，受到我们理性活动的影响”。[①] 至善就是善的总体，这就是正确的人生目的。我们所有的行动都应当服务于这个目的，所有的责任都应当以这个目的为基础，努力实现善的总体。因此，每个人都不应当只关心自己，只考虑个体的善，而是应当考虑家庭、城市、国家、人类、地球乃至更宏大的全体，因为总体的善高于个体的善，狭义的、低层次的善应该从属于、服务于最广义、高层次的善。

善的总体并不是布伦塔诺首先提出的，他在整个西方哲学的思想长河中不断地反复涌现。早在亚里士多德那里就有了类似的主张，他认为整体高于部分，部分的存在是为了全体的存在，个别的善必须服从“整体善”，他那句名言“整体大于部分之和”流传极广。之后，斯多亚学派的哲学也从另一个角度主张总体的善。布伦塔诺的总善观念还特别契合基督教的伦理思想。基督教“爱人如己”、“爱上帝胜于一切”以及“爱邻人”的信条都是要求人们放下对自己私利的看重，将集体、更大的世界的利益放在首位。这些伟大思想家同布伦塔诺的总体善的思想殊途同归、万川映月。

四、自然法与自然立法

自然法是否存在？对于这个问题，布伦塔诺明确提出“我相信自然

---

① 布伦塔诺：《伦理知识的起源》，转引自冯平主编：《现代西方价值哲学经典·心灵主义路向》，北京师范大学出版集团2009年版。第44页。

法的存在”。[①]然而，自然法是一个源自古希腊思想的古老概念，历史上不同的学者对于自然法是否存在这一问题存在较大争议，争议的一个焦点就在于“自然法”尤其是“自然”概念本身的含义。因此，布伦塔诺若要论证自己的观点，首先要做的就是澄清这一古老概念的内涵。

布伦塔诺指出，我们通常是在两个完全不同的意义上使用“自然的”这个词语，因此，相应地，自然法也有两种不同的含义。“自然的”一词的第一层含义是天赋的、天然的、天生的、天然赋予的，区别于经验的、历史的，在这个意义上说，自然法指的就是天赋的法则。“自然的”一词的第二层含义则是自在自为的、凭自身本性而正确并具有约束力的，区别于武断的、依靠权威、权利而确定的，在这个意义上说，自然法指的是那些凭其自身而正确并具有约束力的法则。对于这两层自然法的含义，布伦塔诺继承洛克的教导并赞同耶凌（Ihering）的思想，否定第一层含义的自然法，即否认天赋法则的存在；与此同时，他却反对耶凌的思想，转而肯定第二层含义的自然法，即主张凭自身本性而正确并具有约束力的法则存在。

为了清楚表述自己的意思，布伦塔诺认为有必要从“自然立法”（natural sanction）中的立法（sanction）概念入手，通过更加详尽地考察这一术语来阐明自己的观点。作为动词“立法”一词，意思是“确立、建立或者巩固”。[②]立法通常有两种方式：一种方式是通过最高立法权威的认可；另一种方式是通过与一套奖罚体系的相结合的方式，这种方式往往已经预设了前一种方法。通过这两种方法（或者其中的一种），一种法律得以确立、建立或者巩固。

那么，自然法的确立，即自然立法，是否也需要通过这两种方式中的一种吗？还是自然立法有其所需要的独特的基本特质呢？

---

① 布伦塔诺：《伦理知识的起源》，转引自冯平主编：《现代西方价值哲学经典 · 心灵主义路向》，北京师范大学出版集团2009年版，第28页。

② 布伦塔诺：《伦理知识的起源》，转引自冯平主编：《现代西方价值哲学经典 · 心灵主义路向》，北京师范大学出版集团2009年版，第30页。

一方面，布伦塔诺先通过罗列一些错误主张并予以批评，从否定的角度对这个问题进行回答。他主张说自然法的确立不能建立在强制性之上；不能基于希望或恐惧的行为动机（不论是利诱还是威胁）；也不能来自他人的更强有力的意志命令。他指出："我们不可能在关于外在意志命令的思想中，找到法和道德的自然立法。我们更不可能在强制性或对回报的期待和对报复的恐惧中，找到法和道德的自然立法。"①

另一方面，布伦塔诺从肯定的角度对这个问题予以回答。他主张存在一种关于判断和推理的绝对命令，这种绝对命令具有一种赋予道德以自然立法的独特优越性。这种优越性并不是休谟所提出的美的道德感，而是某种内在的正确性。关键就在这里，"正是内在的正确性，使得一个意志的行为优于另一个意志的行为，也正是内在正确性，区分了道德与不道德"。②换句话说，只有具有内在正确性的关于判断与推理的绝对命令才能为道德自然立法。总之，在布伦塔诺看来，只有拥有明晰正确性的真理，才能建立明确的法律，也只有通过这样的立法，法律法则才能获得真正的约束力。

现实中的法律及其条款出现在现存的法律文本上，但是自然法及其规则镌刻在人的心灵上，并通过一套独特的奖惩机制发挥着作用，因其自身的正确性而约束着人的行为，借助理性指导我们实践道德至善。

五、关于上帝的知识与关于善恶的知识

布伦塔诺一生对宗教与神学问题始终保持严肃而深刻的思考，尽管他生前并没有专门就这一主题写过专著，但是从维尔茨堡到维也纳，他自始至终对这一主题的关注不减。在布伦塔诺于1917年去世之后，阿

---

① 布伦塔诺：《伦理知识的起源》，转引自冯平主编：《现代西方价值哲学经典·心灵主义路向》，北京师范大学出版集团2009年版，第32页。

② 布伦塔诺：《伦理知识的起源》，转引自冯平主编：《现代西方价值哲学经典·心灵主义路向》，北京师范大学出版集团2009年版，第33页。

尔弗雷德·卡斯蒂尔整理编辑了他关于这一主题的讲稿，并以《论上帝的存在》为题出版，这部书的最后一章是布伦塔诺在去世前两年即1915年口述的文稿。苏珊·F.克兰兹对这本书作了高度评价，将之视作最最“清楚地传达了布伦塔诺的精神理念”的一部书。

在布伦塔诺看来，每一个认识活动都是善的，但它们并非同等的善，在所有的认识活动之中，关于上帝的认识活动以及由此得到的关于上帝的知识具有最大的价值。

一方面，关于上帝的认识活动及其知识具有巨大的理论价值与意义。评价认识活动价值的标准之一就是认识对象的价值，上帝是无限完美的存在，作为认识对象的上帝具有超过所有其他认识对象的巨大价值，因此很自然地可以得出结论，以上帝作为对象的认识活动及知识具有巨大的价值。此外，更为重要的是，伴随着上帝的知识，我们就获得了一种绝对的真理，这一真理超越所有其他真理，也比其他任何真理都更加确定无疑；同时，这一真理也是所有其他事理的终极原因。所有其他理论问题的解决都依赖于上帝存在问题的解决，换而言之，关于上帝的知识是其他任何知识的先决条件。

另一方面，关于上帝的认识活动及其知识具有巨大的实践价值与意义。关于上帝存在的知识不但给人带来认知上的愉悦，更为重要的是，这一知识是所有人幸福之来源。布伦塔诺指出，每个人心底都有一种先天的渴望，渴望不朽，渴望超越世俗的有限性，而上帝赋予这种渴望以希望与意义。相信上帝存在，不但帮助每一个凡人时刻准备好死亡的降临，而且相信因果报应的审批也会成为社会公正力量延展的基础。因此，在布伦塔诺看来，关于上帝的知识具有伟大的实践意义，这一点是自明的。

就神学与道德之间的关系，即关于上帝的知识与关于善恶的知识之间的关系，布伦塔诺有自己独到的见解。首先，布伦塔诺主张关于上帝的知识并不是关于善恶的知识之间的先决条件。许多人关于善恶的知识是宗教戒律的知识，是因为上帝命令我们去做这样的事情，所以这样的事情是善的。换句话说，这些人认为关于上帝知识是关于善恶的知识的先决条件。对此，布伦塔诺指出这种神学伦理学在理论上是循环论的而且并不正确。在他看来，事情正好相反，恰恰因为这些事情本身是善的，因此上帝才会命令我们去做这些事情。所以，对于那些被我们视作不合常理的事情，哪怕有人宣称它们是上帝的命令，我们也并不会自然接受。比如，摩门教领袖史密斯宣称多妻制是上帝给他的启示，而我们则会拒斥这一说法。

其次，布伦塔诺指出关于善恶的知识可以脱离关于上帝的知识的。他说："要知道什么是善的（值得被爱的），什么是恶的（值得被恨的），以及什么是更好的（即其价值大于另一个事物）而不涉及上帝存在（的论证）是可能的。"[①] 即便我们没有对作为第一因的上帝的思考，我们仍然能明辨善恶，而且行道德之事。我们见过太多并不信仰上帝却正气凛然、一生践行道德的有识之士。布伦塔诺的观点为这些事例做出了很好的解释。

再者，布伦塔诺指出伦理学仍然可以面临神学的问题，对上帝存在问题的不同回答将导致伦理学在不同向度展开。关于上帝的知识与关于善恶的知识之间的关系是复杂的。尽管布伦塔诺将两者的关系从过去密不可分、紧密交织、不分彼此的状态中解开，但是他并没有走向另一个极端，没有将伦理知识同关于上帝的知识完全分裂开来视作两个互不相干的理论。相反，他的思想是温和而又有洞察力的，他看到了上帝存在问题对人们思考伦理善恶问题的重要性。当我们每个人在认识到个体生命的有限性而渴望超越、渴望生命的"延续"时，我们就已经在思考与上帝问题相关的伦理问题了。当人们在入世伦理学与遁世伦理学之间做出选择的时候，情况也是如此。

---

① 布伦塔诺：《论上帝的存在》，转引自冯平主编：《现代西方价值哲学经典·心灵主义路向》，北京师范大学出版集团2009年版，第75页。

最后，布伦塔诺强调上帝存在问题对于伦理道德思想起到了决定性的作用。我们总是依据对未来的期望来安排当下的生活，因此起决定性作用的是对未来的想象与期许。怎样的对未来的期许是最好的？我们应当如何按照对未来的期许来安排现在呢？在布伦塔诺看来，这个问题的回答同关于上帝的知识联系在了一起。因为只有上帝的存在，才能保证世界的目的性秩序，才能给予每个灵魂超越个体有限性的希望，才能让人类自愿服从于基于来世的道德律令。值得指出的是，布伦塔诺这里谈到的关于上帝的知识，并不是通过信仰和服从教会而接受的知识，而是指通过理性形而上学的建立得到的知识。因此，布伦塔诺宣称主张借助形而上学建立关于上帝的知识，而这一知识带给人们对于未来的希望，只有在此基础之上，关于善恶的真正知识以及实践伦理学的建立才得以可能。正是在这个意义上说上帝存在问题对于伦理道德思想起到了决定性的作用。

上帝的存在问题除了对伦理道德至关重要之外，对其他领域也十分重要。布伦塔诺以政治学与艺术这两个领域为例来说明这一点。关于上帝的知识对政治学也起到了决定性作用，这一点很好理解，因为政治学的基础是伦理学，因此我们可以很自然地根据上帝问题在伦理学的地位做出上述推理。在布伦塔诺看来，艺术领域更是受益于对上帝的信仰。关于上帝存在问题的思考给予艺术家大量的灵感，并使得人类在建筑、绘画、雕塑、诗歌、戏剧等艺术领域达到了前所未有的高度。而且布伦塔诺认为，艺术对上帝观念的彰显反过来证明了上帝观念“遍布于高级生命的每一个领域”。[①]

培根的一句名言也许是对布伦塔诺关于上帝的哲学思想最好的诠释——“不经意地研究哲学，导致我们离开上帝；而对哲学更深入的钻研，又把我们拉回到上帝身边！”

---

① 布伦塔诺：《论上帝的存在》，转引自冯平主编：《现代西方价值哲学经典·心灵主义路向》，北京师范大学出版集团2009年版，第77页。

六、伦理学及其建构

前文已经讨论过“善”与“更善”的含义了。在布伦塔诺看来，当我们认识到我们自身正在以体验到正确性的爱去爱某物的时候，我们就会认识到这个事物是善的，换句话说，善的事物意味着它能够被正确地爱；当我们认识到我们自身正在以体验到正确性的偏爱去偏爱某物的时候，我们就会认识到这个事物是更善的，换句话说，更善意味着它能够被正确地偏爱。正如自明性判断具有普遍性，建立在对正确性情感的体验之上的善的概念也具有普遍性。这就是布伦塔诺从情感认知角度得到的伦理学原则。布伦塔诺更进一步地指出，伦理学必须建立在这一伦理学原则之上，因为“只有当伦理学的基础以这样的方式建立的时候，伦理学才能以逻辑的方式令人信服地建构起来”。[①]

布伦塔诺的时代同我们的时代类似，都将所有学科划分为理论学科与实践学科。在整类实践学科之下，各门实践科学有着各自不同但又相互关联的目的。比如，制药学的目的是健康，造船学的目的是船只。但是所有这些目的必然会以第一因结束，这个第一因就是终极目的。在布伦塔诺看来，正如一定存在一个终极目的那样，也必定存在着一门知道我们选择终极目的，并且传授我们服务于这个目的的相应手段的学科，这门学科通常被称作为伦理学或道德哲学。

伦理学这门学科属于实践学科这一大类，却又不从属于其他任何具体的实践学科，而是所有实践学科中的最高学科。伦理学同其他学科的关系是指导与被指导、控制与被控制的关系。布伦塔诺犀利地指出，只有在作为最高实践学科的伦理学的指导与控制之下，人类的技术进步才不会在灾难中结束。布伦塔诺的这一思想无疑是极其富有洞察力和远见的，他在100多年前就已经预见到了不加约束的技术进步会给人类与

---

① 布伦塔诺：《伦理学的基础与建构》，许为勤、甘进译，转引自冯平主编：《现代西方价值哲学经典 · 心灵主义路向》，北京师范大学出版集团2009年版，第107页。

地球带来巨大的灾难。此外，伦理学的指导与控制并不仅限于农学、医学、造船这样的实践科学，而且还应当应用于法学、政治学这样一些实践科学。布伦塔诺主张政治学家的决策、法律学家的立法等同样都应当在伦理学提供的伦理知识的指导之下。

从赫尔巴特那个时代起，人们就习惯于把实践科学的最高形式称作“实践哲学”，在这个意义上说，伦理学就是实践哲学。但是，布伦塔诺指出，这一称呼并不仅仅因为伦理学是实践的哲学，不仅仅因为它是哲学领域中的实践科学，事实上，美学与逻辑学也可以算是实践的哲学。亚里士多德曾把形而上学称作“智慧”，真正的智慧就是去追问贯穿与影响整个宇宙世界的终极原则。在布伦塔诺看来，形而上学追问的是关于存在于真理的终极原则，是理论领域中的智慧；而伦理学追问的则是关于行动原则的知识，是实践领域中的智慧，因此，我们可以说作为实践智慧的伦理学是实践哲学。

伦理学是“规范科学”（normative science）吗？“规范”（norm）一词强调的就是“应该”，“规范科学”就是指那些由规范建构起来的科学。那么，一门规范科学是如何建立起来的呢？在布伦塔诺看来，规范科学的根本特征就在于“它所包含着的一切认识，都是为一个唯一的目的服务的。这个目的就是一条红线，它将各种在其他方面完全不同的事物联系在一起”。[①] 从这个意义上说，并且通常人们也是如此认为的，伦理学属于规范科学。

伦理学是相对的吗？在布伦塔诺看来，伦理学的建立本来是为了适应不同的情形，因此它在具体规则上呈现出多样性，从这个意义上说，伦理学具有某种相对性。但是，他明确反对耶凌所主张的伦理学相对主义，这样一种相对主义使得任何伦理命题都失去了绝对的准确性与有效性。

---

① 布伦塔诺：《伦理学的基础与构建》，转引自冯平主编：《现代西方价值哲学经典・心灵主义路向》，北京师范大学出版集团2009年版，第86页。

要清楚地理解一门学科，就要了解这门学科的任务。那么，伦理学这门实践学科的任务有哪些呢？第一，伦理学的任务是指出那些就其本身值得追求的目的，并且决定这些目的的相对价值，以便人们在不同目的发生冲突时做出选择。第二，伦理学的任务是提供达到这些目的的手段，也就是规定人们的行为规范。第三，对自由问题的研究也是伦理学的任务之一，因为不解决这个问题，人的伦理思想与行为是否有用这个关键问题也无法得到妥善的回答。第四，伦理学还要了解人在道德品性上的差异，研究这些道德品性的性质与构成，寻找改变（发展、保持、增强、减弱、消灭）道德品性的方式，以及探索不具备完善道德品性的人仍能够正确行动的可能性。此外，伦理学另一个重要的任务是研究建立在美德基础上的社会关系，比如友谊、婚姻与家庭、国家、宗教社团或教会。第五，也最为重要的是，伦理学需要研究伦理知识原则问题，作为道德起点与道德内观基础的判断有哪些，这些问题充满着争议与分歧。而且，伦理学还可以据此对历史上伟大思想家的伦理学观点进行研究。

主题三
摩尔价值哲学述评

在西方哲学中，“价值论”有三种不同的含义。就其最窄的含义而言，价值论意指*axiology*，它是规范伦理学（normative ethical theory）尤其是功利主义的子领域，主要考察什么是善的，以及如何是善的。这一价值理论基本属于英美哲学的传统。价值论最广的用法指广义的实践哲学，包括规范伦理学、应用伦理学、元伦理学和道德心理学、政治哲学、法哲学、艺术哲学等以价值评价为主要构成的哲学领域。英美大学的哲学专业习惯于把这些研究领域都称为价值理论（theory of value），同哲学史、形而上学和认识论、科学和数学哲学三种主要的研究领域并肩，一同构成英美哲学专业的四个主要二级学科。[①] 而价值论最常见的用法介于最窄与最宽的含义之间，它是道德哲学的一个研究领域，关注价值与善的各类理论问题。它不仅包括最狭义的价值论*axiology*，也包括许多其他问题，诸如价值与善的本性、价值与其他道德范畴的关系等。这一意义的价值论的出现与传统将道德理论划分为规范理论、元伦理学的做法不同，它是一个独立的问题域，具有自身的研究历史，而其探讨的问题可能涉及规范理论也可能属于元理论。下文将在这种意义上使用价值论这一术语。[②] 在西方对价值与善的讨论中，存在各种不同的研究路径。

---

① 包括中国哲学在内的东方哲学、女性哲学和种族哲学无法归为哲学这四个二级学科的其他领域，可以参见网上的全球哲学专业评价报告The Philosophy Gourmet Report。

② 本段参考斯坦福哲学百科全书对value theory的条目，https://plato.stanford.edu/entries/value-theory/。

古典哲学、中世纪哲学以及当代欧洲与英美哲学都无可避免涉及对价值与善的研究，虽然它们的注意力都围绕价值与善展开，但是这些不同时代与不同地域的哲学传统千差万别，它们对价值与善的讨论方式也大相径庭。在这诸多对价值的论述中，摩尔的价值哲学无疑具有独特的哲学品格。

摩尔，全名乔治·爱德华·摩尔（George Edward Moore，1873—1958年）是20世纪前半叶的著名英国哲学家，他曾担任剑桥三一学院的教授（1925—1939年），在摩尔退休后（1939年）该教授席位为维特根斯坦继任。他还连续20多年担任世界最重要的哲学杂志《心灵》（*Mind*）的编辑。摩尔与罗素、维特根斯坦并称剑桥大学哲学三雄，摩尔本人也被后世追认为分析哲学的开创者之一。摩尔30岁时就发表了他最负盛名的著作《伦理学原理》（1903年），在1912年又发表著作《伦理学》，之后还写过诸如《道德哲学性质》（1922年）等论文，这些著述展现出摩尔独特的价值理论研究。首先，摩尔的价值理论涉及元伦理学，也涉及规范伦理学。他对善本身的性质做出思考，而且对各种前人提出“善的观念”背后的理路及其可靠性进行反思与批判，从而全面反对他之前的所有规范伦理学，这种意义上的价值论属于价值论最常用的含义。其次，摩尔也为狭义的价值理论作出了贡献。他主张某个个体采取某个行动的道德义务就等价于“这一行动将在宇宙中产生可能产生的最大的善”，并且认为理想事物能产生最大的善，其立场因而也被称为“理想功利主义”（ideal utilitarianism）。① 再次，在讨论价值的方法上，摩尔也很不同于前人。他通过分析哲学的方法（包括语言分析、概念分析等）对善、价值及其相关的概念与人类思考这些概念的方式进行深入的反省。自《伦理学原理》以这一方式讨论价值问题之后，摩尔坚持以该方法研究价值问题，

---

① 理想功利主义（ideal utilitarianism）出自摩尔的同时代人拉希达尔（Hastings Rashdall）的《关于善和恶的理论》（*The Theory of Good and Evil*, Clarendon, Oxford: 1907），他和摩尔都曾是西季威克的学生。

为后世研究价值问题贡献了一种独特的方法论。摩尔的价值哲学主要由三个方面构成：元伦理学的方面、他对规范伦理学的批判，以及他的狭义价值论主张。

一、关于“善”的元伦理学

摩尔哲学理论的最大贡献便是其对价值与善的形而上学的思考，亦其元伦理学方面。对善的形而上学思考事实上早在古希腊就已存在，苏格拉底的游叙弗伦问题、柏拉图的善之理型、亚里士多德对善是多而非一的论证都是西方哲学史上非常著名的元伦理学问题。摩尔延续了西方哲学对善的一贯重视，他认为伦理学就是关于善本身的真理。那什么是善呢？摩尔的结论很简单，那就是善是不可定义的，但是其推理让西方对善持续2000多年的形而上学讨论成为一门新的学科，即元伦理学，这可能是摩尔价值理论对后人的最大贡献。摩尔是如何得到这一结论的？他从常识出发，主张伦理学无疑是与“什么是善的行为”这一问题相关，这要回答两个问题：一个是什么是善的问题，另一个则是什么是行为的问题。由于什么是行为一般人们都很清楚，所以伦理学的问题就是“一般来说，什么是善的”。而许多哲学家直接考虑善的行为，就容易将善看作行为的特性，而忽略其他事物也分享善，其后果是仅仅将对善的探究局限于行为，这是摩尔反对的许多伦理哲学家曾犯下的错误。那么，什么是善呢？或者更严格地说，什么是伦理学要讨论的善？摩尔指出了两类错误：一类是以“这个”来回答“什么是善”的普遍追问，即以一个独特的、个别的、绝对特殊的事物回答对善的普遍追问；另一类则是以介于普遍与特殊之间的事物填充“什么”，来回答“什么是善”的追问，诸如德性伦理学认为“勇敢是善”“公正是善”，这些回答尽管也是伦理学的一部分，但是这些判断不能辨别决定“勇敢”或“公正”成为善的价值因素，因此它们还不是伦理学必须首先追问的善，而是属于决疑论的内容，只能放在伦理学的末尾。[①]可见，对于“什么是善的”问题，不能以“‘某个’或‘某类’事物是善的”来回答，摩尔认为对伦理学而言，回答“什么是善的”问题就是回答“如何给善下定义”的问题，后者才是全部伦理学中最根本的问题，因为不知道这个问题的人虽然可以过好的道德生活，却不可能知道什么是任何一个伦理判断的依据，而伦理学作为系统的科学主要是为这一判断提供理由。

那么如何对善下定义呢？摩尔提出通过语言分析的方法来考察，他主张首先考虑人们一般怎样使用“善”这个词来发现善这一客体与观念的本性，以这种方式考察善，对“什么是善的”的回答只能是“善就是善”。然而，这并不是同义反复，摩尔认为这个命题“极其”重要，因为它告诉我们关于善的诸命题都是综合的，而绝不是分析的。所有可以定义的命题都必然是综合的，诸如马的定义是有蹄四足兽，这里提到组成马的部分“四足”和“蹄”，如果我们可以更好地描述马头的形状，也可以用对马头的描述来定义马，而人们看到马的任何可辨识的部分诸如马头或其独特的足蹄，都会想到马。但是“善”没有部分，也不能用任何东西来代替它，就概念而言，它是绝对单纯（simple）的。为了避免误解，摩尔反复强调他所说的定义既不是对善的东西的定义，诸如“快乐和理智是善”这类命题虽然在日常语言中也可以叫作定义，但严格来说只是指出了“什么是善的东西”。摩尔说的定义也不是词典中某个词的含义，而是探究“善”所表达的客体或概念的真实本性。善的不可定义性表明除了知道善是单纯的思想对象或客体（object）[②]外，我们无法进一步探究善的本性。这意味着善属于人类思想对象中的“基本粒子”，人们依靠它来对各种具体的事物进行判断，但是其自身却是绝对不可分割的，因而无法用语言描述。

---

① 摩尔：《伦理学原理》，陈德中译，商务印书馆2017年版，第1、2、3页。

② 在长河的译本（上海人民出版社2003年版）中，这类用法的object都被译为“客体”，而在陈德中的译本中，它们都被翻译为“对象”。除了思想对象或客体外，最主要还有自然对象和客体。

既然无法描述，那么善是否存在呢？摩尔通过反驳那些自认为通过分析的命题定义单纯概念的做法证明了这点。这些命题看似是同一性命题而不可能被否定，但是仔细考察就会发现被用来定义单纯概念的东西和单纯概念并不完全相同。譬如，任何被人们称作善的东西似乎都是快乐的，那似乎“快乐是善”这个命题并不断言两个不同概念之间的联系，而是指善包含被认作特殊实体的快乐的概念。但善与快乐是两个不同的概念，摩尔反驳“快乐是善”的方法非常简单，他认为在提到善的时候，人的心境跟快乐等是不同的，每个人实际上都理解“这是善的吗”这一问题和“这是快乐的，还是被欲求的，还是被赞成的”属于不同的命题，因为当面对“这是善的吗”这个问题时，人的心灵状态与面对其他三个问题是不同的，这说明人明白“善”是一个独一无二的对象，而且它与哲学家给出的那些看似接近的概念都不同。摩尔因此批判哲学史上任何试图为“善”提出公理的尝试，尤其反对那些坚持自己对善的看法而反驳其他立场的主张，他说：“如果我是对的，那么谁也不能借口‘善这个词的真正意义’正是唯一的善或是被欲求的，而把诸如‘快乐是唯一善的东西’或者‘善是被欲求的’这样的公理强加给我们”。[①]

二、从批判到建构：自然主义谬误和理想功利主义

在提出善不可以定义之后，摩尔开始对以往的伦理学进行批判，这就是其著名的“自然主义谬误”，但是对自然主义谬误的理解却存在诸多混乱。摩尔认为善本身是不可定义的，但是自伦理学在西方诞生的那天起，伦理学就难以摆脱犯错的命运。伦理学家发现属于善的事物的各种性质，却误认为他们是在给善下定义，而且认为他们给出的定义不仅是正确的，也是唯一正确的。从语言角度加以解释，在主词—系动词—

---

① 摩尔：《伦理学原理》，陈德中译，商务印书馆2017年版，第7页。

谓词的结构中，系动词“是”可以表达两种不同的语义功能，一种是表达主词的属性，另一种则是完全的等同关系。摩尔认为以往的伦理学都犯下一个错误，它们将系动词“是”的第一种对善的描述的语义功能误认为第二种语义功能即等同关系，因此他们误以为“某某是善的”命题是给出了一个同善完全等同的对象，而实际上他们只是给出了善的一个属性。人们以为这就是自然主义谬误，而摩尔似乎的确如此定义这一谬误，他说：“伦理学也意在发现什么是那些具有善属性的事物所拥有的其它属性。但是有太多的哲学家认为当他们命名那些其它属性时，他们事实上已经在定义善。他们认为这些属性事实上压根就不是‘别的’，而是绝对完全地与善相同的东西。我提议把这种观点称作‘自然主义的谬误’。”[①] 可见，把描述善的属性的命题误认为是定义善的命题，因而排斥其他“某某是善”的命题的推理方式就是自然主义谬误。但是，在后文中，摩尔又提到了自然主义谬误的另一个条件，他说：“当一个人把两种客观对象（object）彼此混淆，用一个客观对象来定义另外一个客观对象时，例如说，他把作为自然对象的自己，与另外的客观对象‘快乐的’或‘快乐’混淆起来了，那是没有理由称这种混淆为自然主义谬误的。但是如果他把‘善’（它不是这种意义的自然对象）与不管什么样的自然对象混淆起来了，那就有理由称这种混淆为自然主义谬误了。”[②] 可见，自然主义谬误还在于将一个自然对象及其属性与善混淆起来。那什么是自然对象呢？善究竟和自然对象有什么不同？摩尔曾将善看作思想对象，但是他没有解释什么是思想对象，不过他却解释了什么是自然对象。他说，自然对象“包括了在时间上已经存在的、正在存在的和即将存在的东西”，[③] 即自然对象的本质是在时间中实存，而如果将思想对象看作是自然对象的对立面的话，那么善似乎就应当是超越时间的存在。然而，摩

① 摩尔：《伦理学原理》，陈德中译，商务印书馆2017年版，第11页。
② 摩尔：《伦理学原理》，陈德中译，商务印书馆2017年版，第15页。
③ 摩尔：《伦理学原理》，陈德中译，商务印书馆2017年版，第46页。

尔将形而上学的伦理学也划入自然主义谬误的范围。形而上学的伦理学好作如下断言，某种具有超感觉实在之某个特征的东西必定是完全善的，这个东西是自然对象吗？显然它们不同于一般的在时间中存在的自然对象，摩尔说它们是由精神事实所组成的另一类自然对象，但是它们也有可能是不存在于时间中的非自然对象，或者它们根本不存在，但是形而上学的伦理学家却否认这些。所以，“将一个自然对象及其属性与善等同”作为自然主义谬误的另外一个条件本身也不够准确。

即使摩尔的论述颇为模糊，还是可以大致总结出自然主义谬误的两个条件，已有学者对此说明，在此基础上，笔者进一步加以提炼：第一，在对“某某是善”的主张中，将对善的属性误认为是定义；第二，将与善不同类型的对象与善等同。[①] 对于自然主义谬误，摩尔在《伦理学原理》第二版的序言中明确表示自己混淆了三种不同意义的自然主义谬误：一是“善等同于任何与其自身不同的谓词”，二是“善等同于任何可以分析的谓词”，三是“善等同于任何自然的或形而上学的谓词”，摩尔承认自己用自然主义谬误这一术语时，有的时候指称第一种情况，有的时候指称第二或第三种情况，而且在第三种情况中，他在自然谓词之外还提到形而上学谓词，就是为了避免讨论形而上学对象是否属于自然对象，而直接将形而上学谓词列入其中。尽管摩尔得出任何犯下其中一种谬误的人，也同时犯下另外两种的结论，但是这三种论断并非完全相同。此外，摩尔还表示用“等同”与用“混淆”会传递不同的意义，如果将自然主义谬误的三种意义中的“等同”换成“混淆”，涉及的只是第二个自然主义谬误的条件，而用“等同”则包括对“是”的系动词用法的混淆。但是对系动词“是”的混淆虽然导致自然主义谬误，其本身却不等于自然主义谬误，这意味着混淆善与其他类型的谓词或对象，同对“是”这一系动词用法的混淆同时是构成自然主义谬误的条件。[②]

---

① 陈真：《决定英美元伦理学百年发展的“未决问题论证”》，《江海学刊》2008年第6期，第27页。
② G. E. Moore, *Principia Ethica*, Cambridge University Press, 1993, pp.17—20.

此外，学术界还盛行另外一种对自然主义谬误的想当然的理解，就是将自然主义谬误等同于事实与价值二分的休谟问题。[①]从前一段自然主义谬误的两个条件可以看出，这一谬误本身与事实价值二分没有直接关联。譬如摩尔反复提到，将快乐这一在时间中实存的自然对象等同于善犯下了自然主义的谬误，而“快乐是善”这一典型的自然主义谬误命题并没有将事实同价值同一，而只是将两类不同的对象（object）同一，而自然对象与思想对象的区分，也不能等同于事实与价值的区分。通过反证法可以轻易说明这点，例如，色彩“黄”在摩尔那里也是思想的对象，因为摩尔意义上的“黄”是一种超越时空中的人的思想中的实存，但是显然“黄”同价值没有多大关系。

到这里，摩尔完成了其元伦理学和对规范伦理学的批判，这些推论的本质是否定和批判，有趣的是摩尔最著名的思想都是“破”的部分，而其“立”的部分影响小得多。但是，对其价值理论的论述不可能不涉及“立”的部分，这就是摩尔的狭义价值理论，被哲学家称为理想功利主义的立场。首先，摩尔批判传统功利主义理论。摩尔采纳西季威克的观点，批判传统功利主义的原则。他认为边沁忽略了功利主义原则在论证上的问题。边沁认为人们的最大幸福就是人类行为的正当目的，但是他接着把正当界定为“有助于公共幸福”，那么功利主义的原则就成了“人们的最大幸福就是有助于公共幸福的目的”，以此为功利主义的原则似乎很可笑，但摩尔认为这正说明道德行为的善是无法界定的，可惜边沁既没有意识到其论证中的问题，也就更不可能从中明白善的特性。其次，针对功利主义被等同于“快乐主义”的基本看法，摩尔批判的不是“快乐是善”，而是“唯有快乐是善”或“除去快乐，没有别的善”，因为边沁与穆勒以快乐界定善犯下自然主义的谬误，而且那样势必会让所有产生快乐的美好事物都只具有间接或手段的价值。再次，即使撇开自然主

① 颜青山：《“自然主义谬误”：从摩尔到胡塞尔》，《哲学研究》2008年第2期，第51页。

义谬误，而承认快乐在客观上是善的，但是如果人没有对快乐的意识，其价值也大打折扣。

尽管批评了传统功利主义，摩尔还是承认了功利主义寻求最大的善的做法，只是他否认这是对善的界定。换言之，摩尔认为我们应该如此行动，使得我们的行为具有最好的可能的结果，不过这结果不仅仅是快乐最大化。那么什么才给人最好的结果呢？摩尔提出这些事物是理想事物，并主张理想事物对人而言无疑是快乐的事物，他提出了两类理想事物，审美享受，以及与人的交往和对人的爱，并认为它们是人能想象的最大的善。审美享受和对他人的爱都是复杂的有机体，审美享受不仅包含认知和审美的对象，也包含人对美的认知和因对美的认知而产生的审美愉悦，因为只有两者一起，审美享受才是具有更高价值的有机体。与人的交往和对人的爱则更为复杂，摩尔认为交往和爱的对象其自身不仅是美的，也是善的。作为理想事物，美和善的对象，即他人的精神品质具有很高的价值，但是摩尔仍旧主张对象和人对对象的认知而产生的情感才是理想事物，它比对象自身或人的情感的任何一方面具有更高的价值。但是，正如学者已经看到的人不仅会从与他人的交往中获得积极的情感，也可能遭受厄运或带来负面情感，而对此摩尔没有提出有力的辩护，证明与人的交往能给人带来最大的善，[①] 这也是摩尔的理想功利主义立场一直没有得到学术界重视的原因。

三、评价与启发

以上就是摩尔价值哲学的基本内容。摩尔首先通过对善本身的探讨得出善是绝对单纯、不可定义的元伦理学结论，其次通过提炼出各种规范伦理学的形式，摩尔分析出以往伦理学犯下的最大谬误即自然主义

---

① 龚群、陈真：《当代西方伦理思想研究》，北京大学出版社2013年版，第123页。

谬误，在此基础上，他试图对伦理学给出建构性的建议。摩尔的创见主要是在其元伦理学和对自然主义伦理学的批判上。总体而言，摩尔价值哲学有得有失，无论其得还是失，都对后人具有启发意义。

第一，就声望最高的元伦理而言，学术界通常认为其理论具有极高的原创性和洞见。实际上该结论虽然并没有学术界判定的那样独特，其论证却十分难能可贵。就“善”不可定义因为它不是复合体，而是绝对单纯的主张而言，摩尔并非持有该观点的第一人。中世纪的一些哲学大家曾提出过非常接近的看法，阿奎那和一些神秘主义神学家甚至给出了同样的表述，即他们称为神圣的单纯性（divine simplicity）的存在。譬如阿奎那认为善是绝对单纯的，因而是根本上没有部分、不可分析的存在，[①] 这一观点多少得益于中世纪学者战胜了摩尼教那种带有诺斯替主义色彩的二元论的思想。但是即使这一观点在历史上曾出现过，却没有像摩尔那样，能通过详尽的证明来坚持这点。在以往西方伦理学家对终极善的追问中，为了达到真相，会用更高的善，或者善自身这样的方式来推进，譬如亚里士多德和阿奎那都否认将财富、荣誉、快乐等同于善自身，而提出善自身应该是所有事物都以其为目的，而其目的在自身中的存在。但是摩尔采取了完全不同的论证策略，他不是用古典和中世纪哲学惯用的“善的等级”来逼近善自身，而是以命题和概念分析的形式来证明善的不可定义性。譬如，对于“做这件事情对某人是善的”这类命题，摩尔否认它们是对善本身的定义，其理由是分析其主语“做某件事对某人”是完全特殊的、个别的存在，它只能是规劝，而与伦理学追问的具有普遍性的善的谓词不同。而这种做法，影响到后世许多分析哲学家对善的价值论研究。对于“善”究竟是什么，一些后世学者通过对日常语言中使用“善”这一语词的不同分析，指出“善”的概念是有多个层次，但是语言分析的方式却有一个必须注意的前提，不然则不可能理解摩尔

---

① 多玛斯·阿奎那：《神学大全》，周克勤等译，台南市：碧岳学社；高雄中华道明会2008年版，第一部的第三和第五题。

这些论证的高妙。这就涉及语言分析背后的哲学前提。

第二，摩尔的论证看似有许多不严谨之处，但实质是同语言分析方法背后的哲学前提相关。一些学者认为摩尔虽然用一套分析哲学的方法讨论善本身，其立场却是唯心主义的。他直接肯定“善”这一抽象客体的存在，而且尽管善的观念与经验事实无关，摩尔却认为它同经验对象一样真实，因此学者认为他的这一立场接近柏拉图主义。[①]柏拉图将善看作一个实存的抽象理型，摩尔看似也独断地肯定了善的存在，但实际上他和柏拉图的立场有根本差异。仔细考察摩尔的推论不难发现其语言分析的方式有一个基本前提，那就是信任人的语言和思维。对于认为善可能不存在的观点，摩尔反驳道，当人想到“这是善的吗”这一问题和“这是快乐的，还是被欲求的，还是被赞成的”，其内心的状态不同，这意味着善作为一个思想对象的确存在，而摩尔并不关心这一思想概念之后是否有一个柏拉图式的理型或任何别的什么实体来支撑，这不是因为他的伦理学缺乏对形而上学的关心，而是事实上语言分析的方式不需要考虑类似善的观念是唯名还是唯实的问题。语言分析的前提是主张语言代表了人类的思想观念，在人们使用善的时候，他们的内心对应任何其他观念都无法代替的对象，那么善作为人的思想观念真实存在，而伦理学就是基于这一实存的思想观念而存在的学科，其存在的必要性也仅在于人的思想观念中。这一点看似普通，事实上却通过语言分析的方式回避形而上学问题，从而避免伦理学无法展开的尴尬，如果要对善本身有明确的认识，人们才能知道自己应该如何行动，那么根据摩尔的元伦理学立场（即善不可定义），人们永远都不可能展开任何关乎行为的讨论，而古代的道德哲学都需要以此为基础才能展开，譬如中世纪的道德理论基于作为善与真的上帝的命令和基督对人的爱，而柏拉图的美德即知识的立场基于善是一个实存的理念。而摩尔则通过其语言分析的方

---

① G. E. Moore, Principia Ethica, Cambridge University Press, 1993, xii.

式告诉人们善的实存就在人的语言与其背后的观念中，因为只要人有善的观念，那么人就需要伦理学来指导行动，因此无须任何形而上学的支持，善就是实际存在的，哪怕这种存在属于思想或精神，它也丝毫不会动摇伦理学的基础。

第三，关于摩尔的理想功利主义的立场，一般被认为是摩尔较为失败的理论，这也暴露出语言分析哲学的局限。一方面，鉴于其元伦理学立场，摩尔不应该试图证明理想事物只能有两种，但是另外一方面，要把审美享受，以及与他人的交往和对他人的爱看作是能达到功利主义推崇的最大善的手段，即使摩尔主张他提出的只是善的某些相关属性，或者最有可能达到善的手段，但是他毕竟需要给出提出这个而非那个事物作为理想事物的理由。换言之，摩尔虽然不会以过去哲学家的强硬态度对待他人，但是他必须提出充分的理由证明为何他提出的价值比别的存在更合理。在这点上，摩尔似乎很难同他批判的一些哲学家完全区别开。更严重的问题是既然善本身不可界定，那摩尔又如何能肯定什么能给人带来最大的善？或什么才是善的东西？换言之，摩尔将很难沟通其元伦理学与规范伦理学即其理想功利主义，其元伦理学与规范伦理学之间存在摩尔本人无法弥补的断裂。事实上，对于摩尔这样的分析哲学家而言，要弥补断裂是就其自身方法提出挑战，因为分析哲学要求每一步推论都明确、清晰，而且它只能以语言可以表述的命题为依据，既然善自身无法用语言表述，那么对善的形而上学探讨其实就不可能继续，因此要连接其不可用语言探讨的善本身和可以用语言表述的善的属性就成为摩尔无法解决的难题。

此外，笔者要说明的是，摩尔价值哲学的方法虽然很难为大多数中国学者接受，这是因为西方哲学家对伦理学的独特理解所致。对于摩尔的研究方法，国内学者最容易感到困惑，因为自古中国人就有很强的实践哲学传统，中国人认为伦理学必须是对实践的指导，而像摩尔和其后继者那样对善的概念和各种命题的分析似乎与实践毫无关系，读懂摩尔对于提高个人道德品质没有任何帮助，因此有国内学者怀疑摩尔的伦理学是不是真伦理学。摩尔自己的回答是因为不知道这个问题的人虽然可以过好的道德生活，却不可能知道什么是任何一个伦理判断的依据，而伦理学作为系统的科学主要是为这一判断提供理由，但是他说的伦理学判断是避免将自身的道德主张当作唯一正确的，即避免犯下自然主义的谬误。摩尔其实没有回答中国学者心目中的问题，而且不仅是摩尔，西方伦理学再迈入近现代之后，的确有不断抽象化的倾向，摩尔只是这一倾向中的一个代表。西方伦理学的抽象化倾向基于一个基本的认识，那就是伦理学必须成为一门普遍的科学，如果只是告诉人特殊的情况下应该如何行为，那么伦理学很难超越社会习俗的局限，成为具有反思与批判习俗的能力并能寻求普遍善的学问。虽然当今西方学者已经意识到抽象的伦理学可能会导致形式主义的后果，让伦理学丧失行动的动力，他们因此开始复兴德性伦理学等比较偏重实践的道德理论，但是西方学者并没有放弃伦理学必须后习俗化的基本主张，而是寻求结合两者，因为普遍化是让人能够反思与批判已有伦理规范和制度的力量来源。

如果不论摩尔的论证方法，摩尔提出的观点事实上与东方哲学具有本质上的亲缘性。摩尔对善自身的看法与东方的儒释道传统非常相似。道家认为善是和道相似存在，它们是不可能通过分析或语言来言说的。道家从不定义善。《道德经》对“善”最直接的描述是“上善若水，水善利万物而不争，处众人之所恶故几于道。居善地，心善渊，与善仁……夫唯不争，故无尤”，这种描述也只是采用譬喻，将善比作水，之后全是对水的描述，而从没有直接描述善，老子讨论的是具体的善的事物，诸如善人、善战、善谋之类，而很少直接用“善”这个词，所以不会引起任何与自然主义谬误相关的误解。儒家与佛教也一样，从没有正面定义过善，儒家只是告诉人要如何行善，避免讨论善本身，而佛教认为终极真理是不可言说的，而且终极真理也无所谓善与恶，所以佛教大量采用譬喻的方式来帮助人自己体悟真理，而对善的讨论大多着力在善行上。所以，虽然摩尔的价值哲学采纳了国内学者很难接受的论证方式，其思想本质上离中国人并不遥远，研究摩尔无疑能帮助东方哲学以更为严谨的方式表达自身，而东方哲学所擅长的各类论证方法诸如譬喻等或许也能为摩尔式的西方伦理学提供启发。

后　记

本书为上海社会科学院“价值论：路径依赖与中国实践”创新工程阶段性成果。研究团队成立于2017年7月，6位青年才俊学术背景和专长各有不同。施璇研究笛卡尔，赵琦以西方中晚期宗教哲学为业，张锦枝专治宋明理学，高桦主攻狄尔泰生命哲学，鲍文欣熟悉近现代思想史，白照杰对中古道教有更多观照。如何使他们各展其长又纳入价值论研究的相关领域，颇费周折。

本项研究尝试以“马克思主义哲学与中国实践”“西方伦理与人文精神”“儒释道传统及其现代转化”为三种路径，结合团队成员已有的专长和基础，结合中西方价值哲学经典，希望综合不同路径的优势和特色，实现价值论研究的集成创新。当然这还仅是一个开始，问学之路不断不尽。在写作过程中，我们还借鉴、吸收了王战、马学强等专家学者已有的相关研究成果，在此一并致谢！

具体分工如下：

全书总体框架和基本思路	黄凯锋
马克思主义哲学与中国实践（主题一至六）	黄凯锋
儒释道传统及其现代转化（主题一至二）	黄凯锋
儒释道传统及其现代转化（主题三）	张锦枝
儒释道传统及其现代转化（主题四）	白照杰
儒释道传统及其现代转化（主题五）	鲍文欣

西方伦理与人文精神（主题一）	高　桦
西方伦理与人文精神（主题二）	施　璇
西方伦理与人文精神（主题三）	赵　琦

由于时间和水平所限，本书尚有不少需要斟酌之处，恳请学术界同仁批评指正。

2018年6月

图书在版编目（CIP）数据

价值哲学：理论路径与中国实践 / 黄凯锋主编. —
上海：上海社会科学院出版社，2018
ISBN 978-7-5520-0287-4

Ⅰ. ①价… Ⅱ. ①黄… Ⅲ. ①哲学—研究—中国—现代 Ⅳ. ①B261

中国版本图书馆CIP数据核字（2018）第213995号

价值哲学：理论路径与中国实践

主　　编：黄凯锋
责任编辑：董汉玲
封面设计：裘幼华
出版发行：上海社会科学院出版社
上海顺昌路622号　邮编200025
电话总机021－63315900　销售热线021－53063735
http://www.sassp.org.cn　E-mail: sassp@sass.org.cn
排　　版：南京展望文化发展有限公司
印　　刷：上海天地海设计印刷有限公司
开　　本：710×1010毫米　1/16开
印　　张：17.25
插　　页：1
字　　数：236千字
版　　次：2018年10月第1版　　2018年10月第1次印刷

ISBN 978-7-5520-0287-4 / B・249　　定价：79.80元